抗战烽火中的中山大学

吕雅璐◎主编
姚明基　许存芝　刘一凡◎副主编

Kangzhan Fenghuo Zhong de Zhongshan Daxue

中山大學出版社
SUN YAT-SEN UNIVERSITY PRESS
·广州·

图书在版编目（CIP）数据

抗战烽火中的中山大学/吕雅璐主编；姚明基，许存芝，刘一凡副主编．—广州：中山大学出版社，2017.11
ISBN 978-7-306-06157-7

Ⅰ.①抗…　Ⅱ.①吕…②姚…③许…④刘…　Ⅲ.①中山大学—校史　Ⅳ.①G649.286.51

中国版本图书馆 CIP 数据核字（2017）第 206388 号

出 版 人：王天琪
策划编辑：李海东
责任编辑：李海东
封面设计：林绵华
责任校对：何　凡
责任技编：靳晓虹
出版发行：中山大学出版社
电　　话：编辑部 020-84110771，84113349，84111997，84110779
　　　　　发行部 020-84111998，84111981，84111160
地　　址：广州市新港西路 135 号
邮　　编：510275　　传　　真：020-84036565
网　　址：http：//www.zsup.com.cn　E-mail：zdcbs@mail.sysu.edu.cn
印 刷 者：佛山市浩文彩色印刷有限公司
规　　格：787mm×1092mm　1/16　22 印张　350 千字
版次印次：2017 年 11 月第 1 版　2024 年 9 月第 2 次印刷
定　　价：88.00 元

本书编委会

主　编：吕雅璐

副主编：姚明基　许存芝　刘一凡

编　撰：李敏玲　李林悦　赵丽萍　陆炜斌
崔秦睿　李小霞　林同莉　刘　莉
刘惠源　彭　洁　冉　静　伍志勇
许　凌　佘瑞昆　张建奇　张珊瑜
朱志奇

序

战争，对于今日多数的中国人来说，是一个遥远又似乎清晰的记忆。除了在几次局部战争中的参战者外，已经有三代中国人大多没有沐浴过战火，亲历过战难。人们从各种文学作品和回忆录中感受的战争，越来越变得虚幻，充满想象：漫天战火与满目疮痍，仿佛就是战时的全部世界图像；战争中的行为，不是血腥的屠杀，就是英勇的杀敌；战争时期的人，不是牺牲品就是勇士或懦夫。在战争的历史中，人们敬慕的英雄，自然是沙场上的战士和将军。然而，既然战争是一场摧残人类文明、践踏人类尊严的灾难，那么，在国难中守护着民族精神，在战火中秉持着人类良知，在艰苦卓绝的条件下继续着知识传承的功业，亦同样是战争历史中同样悲壮，影响更为久远，不能被覆盖被遗忘的一页。在战争硝烟中，那些为制止和扑灭战火奔赴沙场的勇士当然值得后人永远讴歌和怀念，为民族的精神永存和文脉赓续坚守教坛不离不弃的文弱书生，亦铸造出坚毅的灵魂，竖立起不朽的丰碑。

在抗日战争胜利七十二周年的时候，由中山大学档案馆编纂的这本《抗战烽火中的中山大学》，把我们带回到那个烽火连天的年代。书中展现了中山大学的前辈在战争中怎样肩负着大学的使命，为民族精神的维系、科学知识的传授和人文传统的存续，历三迁更执宗旨，蒙千难而志不移，写下这样一部炮火连天弦歌不辍、山野村舍书声回荡的历史。这部在中山大学办学历史上悲壮而感人的史诗，为后来一代代中大人留下一笔珍贵的精神财富，其现代价值也由此得以发挥。

那场把中华民族推到了最危险的时候的战争，从爆发到现在，已

经过去了八十多年。八十多年来，关于这场战争的记录描写，从文学作品到回忆实录，可谓竹帛无数，有目不忍睹的烧杀惨状，有可歌可泣的英勇杀敌，有悲痛欲绝的生离死别，有催人泪下的人性大爱。不过，在我走过从一个受教育者到以教育为生命所寄的人生之路时，读过最触动心弦、最不可忘怀、最充满感动的描写这场战争的文字，无过于郑振铎先生的散文《最后一课》①——

……

十二月八号是一块试金石。

这一天的清晨，天色还不曾大亮，我在睡梦里被电话的铃声惊醒。

“听到了炮声和机关枪声没有?” C 在电话里说。

“没有听见。发生了什么事?”

“听说日本人占领租界，把英国兵缴了械，黄浦江上的一只英国炮舰被轰沉，一只美国炮舰投降了。”

……

我授课的地方，在楼下临街的一个课室，站在讲台上可以望得见街。

学生们不到的人很少。

……

我不荒废一秒钟的工夫，开始照常的讲下去。学生们照常的笔记着，默默无声的。

这一课似乎讲得格外的亲切，格外的清朗，语音里自己觉得有点异样；似带着坚毅的决心，最后的沉着；像殉难者的最后的晚餐，像冲锋前的士兵们上了刺刀，“引满待发”。

然而镇定、安详，没有一丝的紧张的神色。该来的事变，一定会来的。一切都已准备好。

……

① 《郑振铎全集》第二卷，花山文艺出版社 1998 年版，第 411 ～ 415 页。

对于要“辞别”的，要“离开”的东西，觉得格外的恋恋。黑板显得格外的光亮，粉笔是分外的白而柔软适用，小小的课桌，觉得十分的可爱；学生们靠在课椅的扶手上，抚摩着，也觉得十分的难分难舍。那晨夕与共的椅子，曾经在扶手上面用钢笔、铅笔或铅笔刀，有意识或无意识地涂写着，刻划着许多字或句的，如何舍得一旦离别了呢！

街上依然的平滑光鲜，小贩们不时地走过，太阳光很有精神的晒着。

我的表在衣袋里低低的嗒嗒的走着，那声音仿佛听得见。

没有伤感，没有悲哀，只有坚定的决心，沉毅异常的在等待着；等待着最后一刻的到来。

远远的有沉重的车轮辗地的声音可听到。

几分钟后，有几辆满载着日本兵的军用车，经过校门口，由东向西，徐徐的走过，当头一面旭日旗，血红的一个圆圈，在迎风飘荡着。

时间是上午十时三十分。

我一眼看见了这些车子走过去，立刻挺直了身体，作着立正的姿势，沉毅的阖上了书本，以坚决的口气宣布道：

“现在下课！”

学生们一致的立了起来，默默的不说一句话；有几个女生似在低低的啜泣着。

没有一个学生有什么要问的，没有迟疑、没有踌躇、没有彷徨、没有顾虑。个个人都已决定了应该怎么办，应该向哪一个方面走去。

赤热的心，像钢铁铸成似的坚固，像走着鹅步的仪仗队似的一致。

从来没有那么无纷纭的一致的坚决过，从校长到工役。

虽然这篇文字描写的事，具体发生在我们的一间兄弟学校，但我们从中能感受到的，不是某间特定学校的特定场景，而是在那个战火

蔓延的年代，中国大学共同的处境和大学师生的反应。就是这样一个普普通通的课堂，老师和学生，都如同平日一样，“照常的讲下去，照常的笔记着”；但这平常的一幕中的情景气氛，又是这样的不平常，“格外的亲切，格外的清朗”，最后老师发出“现在下课!”的宣布时，“学生们一致的立了起来，默默的不说一句话；有几个女生似在低低的啜泣着。没有一个学生有什么要问的，没有迟疑、没有踌躇、没有彷徨、没有顾虑。个个人都已决定了应该怎么办，应该向哪一个方面走去。”在敌人来到的时刻，迁校的行动就这样开始了。

这一幕，最生动形象地表现出抗战时期中国大学里的师生员工面对战争、国难当头时表现出来的镇定与坚定。我们看到的，不是避难逃亡，更不是苟全偷生、委身屈从。读着这篇文字，弥漫在眼前的，是一种神圣的氛氲；涌动在胸臆的，是一种不能被亵渎的崇高。在敌人的铁蹄声下，以教育为天职的教师和以承担民族科学文化传承为使命的学生，就是以如此的坚毅与沉着，默默地做出了最强有力的抵抗。今人要真切地了解历史，需要进入同一境界，生出一种理解的同情。没有经历过战争体验的人们，在阅读战争时期中国大学的历史之前，若果能够先读读郑振铎先生这篇散文，必能萌发出一种身临其境的情感，再带着这种情感来阅读这本《抗战烽火中的中山大学》，走入书中展现的场景，就可以从书中记叙的人与事中，领悟到一种不朽的精神。这种精神，不仅曾经支持着抗战时期的中国大学，在中华民族抗战史上，写下了一篇篇同血战沙场的军事抵抗一样值得骄傲、值得讴歌、值得永远铭记的历史，更将在我们心中升腾并凝结成一种坚定的信念，激励我们为神圣的教育事业奉献终生。

毋庸置疑，这种为神圣的教育事业奉献的精神，无论在战争还是和平的环境，都一直是存续着的，都是大学灵魂之所系，为学校师生乃至全社会共同守护着。然而，在战争环境下，在每个人都面对生命受威胁、文化被践踏、心灵被拷问的情境下，人类本性中对知识和文化的珍重和尊崇，会令这种精神以更感人的方式更具仪式性地表达出来，也就更具象征性，更显其永恒的力量。这是我们特别珍视战争时期大学历史，尤其是抗战时期中国大学历史之一个理由。

那场战争已经结束了大半个世纪，中山大学和中国的大学教育已经有非常大的发展。但是，即使在和平的环境下，我们的大学仍然经历过种种风风雨雨。疾风暴雨的“革命”曾经令大学濒临灭顶之灾，师生在不是迁校的情况下被迫离开校园，教师被剥夺教书权利，离开讲台；日日翻新的“改革”，把许许多多与学术理念相悖、违背教育规律的东西带入大学，无时不在挑战乃至亵渎着学术和教育的神圣，亦令象牙塔里的教师和学生的学术空间蒙上了一层云翳，需要师生们做出不同的行动来应对，在这个精神家园里的坚守，仍然会在另一种处境下深陷艰难。这些历史与现实令我们相信，即使在和平时期，我们的大学教育事业仍然会面对着种种以不同方式出现的危机和挑战。今日中国大学的发展，就大环境来说，可能已经走上了一条前所未有的坦途，但新的困难，新的挑战，新的考验，依然布满在我们面前。因此，抗战时期我们的前辈用顽强的生命守护大学精神，以艰苦的努力维系着大学之道的历史，在我们心中奠定的，是一座永远支撑着我们坚守教育的理念，历千万劫不动摇的基石。

刘志伟

于2017年中国人民抗日战争胜利纪念日

目　　录

石牌编

第一章　巍巍中山……………………………………………………… 3
　第一节　伟人手创………………………………………………… 3
　第二节　迁入石牌………………………………………………… 7
　　一、建设背景…………………………………………………… 7
　　二、建设经费…………………………………………………… 8
　　三、新校落成 ………………………………………………… 11
　第三节　规模宏大 ……………………………………………… 21
　第四节　备战教育 ……………………………………………… 25
　第五节　成果斐然 ……………………………………………… 30
　　一、科研机构概况 …………………………………………… 30
　　二、国内外学术交流 ………………………………………… 31
　　三、国防科研 ………………………………………………… 36
　第六节　学生管理与资助 ……………………………………… 39
　　一、整顿学风与加强品德教育 ……………………………… 39
　　二、强化军事训练和体育教学 ……………………………… 40
　　三、学生的资助与救济 ……………………………………… 42
　第七节　服务国家社会 ………………………………………… 44
　第八节　抗日救亡 ……………………………………………… 47
　　一、九一八事变与中大的抗日活动 ………………………… 48
　　二、"一·二八"淞沪抗战与中大的抗日活动 ………… 50

三、国立中山大学抗日剧社 …… 54
四、"广州文总"六烈士 …… 56
五、国立中山大学北上救护队 …… 57
六、"一二·九"运动与国立中山大学 …… 59
第二章 空前浩劫 …… 61
第一节 备战措施 …… 61
一、防空建筑 …… 61
二、防空组织 …… 64
三、防空系统 …… 65
四、防空规章 …… 67
五、防空教育 …… 69
第二节 日军轰炸下的校园 …… 70
第三节 内迁的准备 …… 77
第四节 救死扶伤 …… 82
第五节 抗日救亡 …… 85
一、御侮救亡工作团 …… 87
二、战地服务团 …… 91
三、随军服务团 …… 93
四、抗日先锋队 …… 95

澄 江 编

第三章 西迁澄江 …… 101
第一节 西迁的经过 …… 101
一、抢救校产 …… 101
二、从罗定改迁澄江 …… 103
三、迁校损失 …… 107
第二节 澄江概况 …… 112
第三节 学校的安置与建设 …… 114
一、行政组织 …… 114
二、学校环境和校舍建设 …… 115

第四节　立足于西南的教学活动…………………………………… 122
一、丰富多彩的学术报告会………………………………… 122
二、大规模考察、调研西南大后方………………………… 124
三、教学、实习配合国家在西南的战略需要……………… 125
第五节　立足于西南的科研活动…………………………………… 129
一、西南研究发展的新机遇………………………………… 129
二、积极参与大后方的资源勘探和地理研究……………… 131
三、研究解决抗战军民的衣食问题………………………… 132
四、学术刊物的恢复出版和学术团体的成立……………… 134
第六节　图书馆的馆藏建设………………………………………… 135
第七节　学生人数锐减及其资助管理……………………………… 140
一、学生人数………………………………………………… 140
二、学生的日常开销………………………………………… 143
三、学生资助措施…………………………………………… 144
四、训导制的实施…………………………………………… 146
第八节　迁澄后的校园文化………………………………………… 148
一、报刊和社团……………………………………………… 148
二、毕业典礼………………………………………………… 149
三、校庆纪念………………………………………………… 150
第九节　服务澄江…………………………………………………… 154
第十节　抗日救亡…………………………………………………… 159
第十一节　学潮再起、中大易长和告离澄江……………………… 162

坪　石　编

第四章　二迁坪石………………………………………………… 169
第一节　迁坪的经过………………………………………………… 169
第二节　坪石概况…………………………………………………… 171
第三节　学校的安置和发展………………………………………… 177
一、坪石开学及学校管理…………………………………… 177
二、坪石时期院系设置……………………………………… 180
三、坪石时期中大职员、教员和技术人员编制情况…… 186

四、防空设施的建设和防空制度…………………………… 190
第四节　丰富多彩的教学考察和实习…………………………… 193
第五节　科研活动…………………………………………… 206
一、学术刊物………………………………………… 206
二、国内外的学术交流…………………………………… 207
三、与政府合作解决实际问题…………………………… 210
四、出国进修………………………………………… 212
第六节　图书馆的发展……………………………………… 213
第七节　学生人数的增加及学生资助…………………………… 215
一、学生人数激增……………………………………… 215
二、对学生的资助……………………………………… 216
第八节　学生活动与学生运动………………………………… 219
一、学校积极组织各种纪念、文娱活动……………… 219
二、学潮频发………………………………………… 220
第九节　服务社会…………………………………………… 222
第十节　抗日救亡…………………………………………… 224
一、服务军需征调……………………………………… 224
二、后方战时服务……………………………………… 228
三、奔赴战场………………………………………… 231

粤　东　编

第五章　三迁粤东…………………………………………… 239
第一节　迁校背景…………………………………………… 239
第二节　迁校经过…………………………………………… 241
第三节　迁校后的情况……………………………………… 243
一、梅县校本部情况…………………………………… 246
二、连县分教处情况…………………………………… 250
三、仁化办事处情况…………………………………… 252
第四节　公物损失情况……………………………………… 253
第五节　艰难的教学科研…………………………………… 255
第六节　组织群众保卫曲江………………………………… 257

复 员 编

第六章　重见石牌……………………………………………… 261
第一节　抗战胜利与复员计划……………………………… 261
第二节　校产、校舍的回归及重建………………………… 267
一、校园、房产及仪器的回归……………………………… 267
二、校舍、实验场所的重建………………………………… 269
第三节　机构、院系的调整………………………………… 271
一、人事调整……………………………………………… 271
二、院系调整……………………………………………… 272
第四节　教学、科研的恢复………………………………… 273
一、秩序的恢复…………………………………………… 273
二、学生注册人数激增和对困难学生的资助……………… 274
三、调研和实习活动的恢复………………………………… 276
四、学术活动的恢复……………………………………… 277
五、对外学术交流的恢复…………………………………… 280
第五节　校园文化的恢复…………………………………… 283
一、举办展览……………………………………………… 283
二、音乐文艺活动………………………………………… 284
第六节　图书馆的恢复……………………………………… 284
一、解决燃眉之急………………………………………… 284
二、藏书量的增长………………………………………… 285
第七节　沉痛悼念…………………………………………… 288

附　　录

附录一　国立中山大学历任校长名单……………………… 293
附录二　相关档案名录（附照片）　……………………… 294

后　　记……………………………………………………… 336

石牌编

第一章　巍巍中山

第一节　伟人手创

民国初期，中国陷于军阀割据的战乱时代。中华民国的创建者孙中山①先生（图1.1）所进行的革命活动，并非一帆风顺。他虽然屡受挫折，却百折不挠，一直没有停止捍卫民主、共和的斗争。为了实现国家统一和民族强盛的愿望，他曾先后三次在广州建立革命政权。

图1.1　孙中山

① 孙中山（1866—1925），广东香山县（现中山市）翠亨村人，学名文，号逸仙。他是伟大的民主主义革命先行者，中国国民党创始人，建立了“起共和而终帝制”的伟大功勋。他一生都“适乎世界之潮流，合乎人群之需要”，革命救国的同时不忘规划未来的建设蓝图。他晚年实行联俄、联共、扶助农工的三大政策，使中国革命发展到一个新的阶段。为“振兴中华”，他奋斗了一生。

图1.2　邹鲁

孙中山视“教育为神圣事业，人才为立国大本”，认为“革命的基础在于高深的学问”。1924年1月4日，他下令筹办“武学堂”——陆军军官学校，即黄埔军校。2月4日，孙中山颁布两道大元帅令，开始筹办“文学堂”：一是《着创建国立广东大学令》，“着将国立高等师范、广东法科大学、广东农业专门学校合并，改为国立广东大学”[①]；二是《委派邹鲁职务令》，“派邹鲁[②]（图1.2）为国立广东大学筹备主任”[③]。这一文一武两学堂，是孙中山为培养革命和建设人才而创建的最高学府。

1924年5月，国立广东大学召开筹备大会。当时所聘请的35位筹备委员包括国共两党的重要人物、著名教授和社会贤达，可谓盛极一时之选。国立广东大学从筹备到成立，孙中山都十分重视，亲为策划，时加督促。大到学校的大政方针、办学经费，小到学生宿舍、学生体育训练的器材，他都一一考虑。

当时国立广东大学的办学资金严重短缺。孙中山带头捐款2万元，并多次发布大元帅令，饬令各方筹集经费，争回20万元庚子赔款和各种税契、筵席捐等经费，使学校走出了在开创之初无米之炊的困境。

孙中山在世时，所下达的关于国立广东大学的命令、训令、指令、题词以及演讲达45篇之多。他以将国立广东大学办成全国最高学府为目标，对全校师生寄予了殷切的期望，曾十几次到广州文明路

---

① 中国社科院近代史所等编：《孙中山全集》第9卷，中华书局2011年版，第433页。

② 邹鲁（1885—1954），原名邹澄生，广东省大埔县人，民国时期著名政治家、教育家。1905年加入同盟会，是孙中山忠实的追随者，曾任广东省财政厅厅长，国立广东大学筹备主任，两度出任中山大学校长。1954年病逝于台湾。

③ 中国社科院近代史所等编：《孙中山全集》第9卷，第434页。

高师礼堂（今鲁迅纪念馆，图 1.3）为师生、党政军官员以及各界人士系统演讲三民主义。

图 1.3　高师礼堂

1924 年 11 月 11 日，国立广东大学隆重举行成立典礼。孙中山因准备北上不能亲临，特地摘录了《中庸》第二十章中的“博学、审问、慎思、明辨、笃行”十字，手书为国立广东大学成立训词（图 1.4），委托代行大元帅职权的胡汉民向师生致训词。这十个字是孙中山给国立广东大学师生留下的最后遗训，成为中山大学校训并沿用至今。

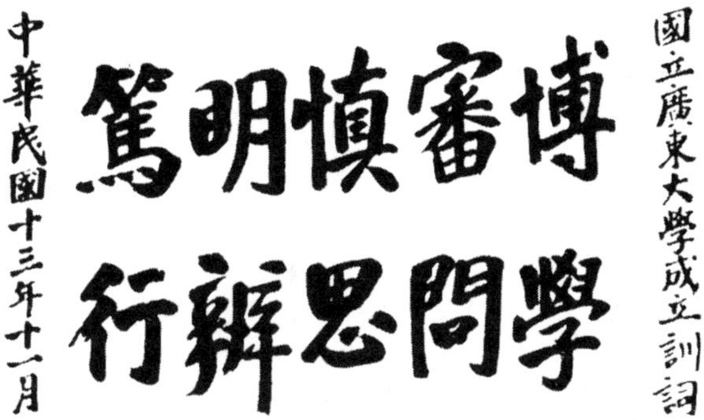

國立廣東大學成立訓詞

博學　審問　慎思　明辨　篤行

中華民國十三年十一月

孫文

图 1.4　校训

1925年3月12日，孙中山逝世于北京。噩耗传来，国立广东大学师生无比悲痛。全校钢琴诗歌课均停习一个星期，教职员连续一周每天上午到大礼堂大元帅灵座望祭一次，以表沉痛悼念。

孙中山逝世后，为了永远纪念并继承、发扬孙中山的伟大精神，国民政府于1926年7月17日正式明令将国立广东大学改名为国立中山大学。随着国民党内部进一步分化，学校人事变动频繁，教学、科研受到影响。但总的来说，国立中山大学还是取得了不少的成就。到1929年底，学校有本科生、预科生2000余人；建立了当时较为完整的学科体系①，拥有文科、理科、法科、医科、农科和预科，研究机构达13个，图书馆馆藏中外文书籍达22万余册，各科仪器标本、设备费达30万元②；延揽了一批名师，如冯友兰、郭沫若、郁达夫、鲁迅、许寿裳、施存统、孙伏园、傅斯年、何思敬、许德珩、江绍原、容肇祖、顾颉刚、俞平伯、赵元任、罗常培、汪敬熙、朱物华、陈焕庸、罗宗洛等教授相继前来任教。

同一时期，首都北京和直隶、奉天、四川、江西、湖南、浙江等省都曾有推动专门学校合组为大学的计划，却很少成功。国立广东大学因孙中山亲自创办，得以在很短时间内建成；建校不久，就取得了令人瞩目的进展，成为国内知名度最高的大学之一，在中国教育史上具有特殊的地位和产生了深远的影响，创校人孙中山是功不可没的。

---

① 国立广东大学筹备期间，其前身原三校分别被改设为科（学院）；1925年又将广东公医医科大学合并，设立医科。

② 《国立中山大学一览》，1930年2月，第9～268页。

第二节 迁入石牌

一、建设背景

从1920年代的文明路时期，到1930年代的石牌时期，国立中山大学迎来了历史上首个辉煌时期，其间经历了许多惨淡的经营和人事的更迭。其前身国立广东大学四校合一，校区分散：高师在广州文明路贡院旧址（今越秀区文明路），法大在天官里后街（今越秀区法政路），农专在东山（今越秀区农林路），医大在百子岗（今越秀区中山二路，中山大学广州校区北校园）。据首任校长邹鲁回忆，1924年国立广东大学初创时，孙中山先生就觉得学校分散在各处，管理上十分不方便；而且校舍处于市区，车马喧嚣，也不适合学生求学。于是他命邹鲁校长另觅新的校址。经过多次勘查，新校址最后选定为广州东郊外的石牌。石牌曾是晚清大败法军的名将刘永福①（图1.5）的驻

图1.5 刘永福

资料来源：全国政协文史和学习委员会、广西壮族自治区政协文史和学习委员会编：《名人故居博览·广西卷》，中国文史出版社2015年版，第101页。

① 刘永福（1837—1917），字渊亭，本名义，广西钦州人，“黑旗军”创建人。中法战争时，“黑旗军”曾因帮助越南政府成功抗击法国的侵略而名闻中外。刘永福曾屯军于石牌。1937年，湖南省政府主席何芸樵捐资千元，建“刘义亭”以为纪念。该亭现位于华南理工大学北校区北区四号楼西面。

军之所。因其远离闹市，风景清幽，地域广阔，是一个难得的办学佳地。但由于当时战事连绵，财政困难，无法建设新校园，只决定了在那里成立一个农场，先行垦殖。后因孙中山先生逝世，学校人事频繁更替，新校建设未能付诸实施。

二、建设经费

1932 年 2 月，邹鲁重长国立中山大学，见学生数量与日俱增，原有校址不敷应用，而且早已残破不堪，便决定秉承孙中山先生遗志，实行筹建石牌新校区的计划，为国立中山大学奠定永久的基础。是年以胡汉民、邓泽如、萧佛成、陈济棠、许崇清、林翼中、区芳浦[①]（图

---

① 胡汉民（1879—1936），原名衍鸿，字展堂，原籍江西庐陵，生于广州。1905 年加入同盟会，是孙中山的重要助手，曾任广东军政府都督、南京临时政府秘书长、广东省省长等职。1936 年病逝于广州。

邓泽如（1869—1934），字秋远，广东新会人。1906 年加入同盟会，积极筹款，支持同盟会在两广和云南发动多次武装起义。曾任国民党临时中央执行委员、国民党中央监察委员等职。1934 年 12 月在广州病逝。其照片引自辛亥革命纪念馆编：《辛亥革命时期的广东名人传略》，华南理工大学出版社 2014 年版，第 98 页。

萧佛成（1862—1939），字铁桥。福建人，生于泰国曼谷。1908 年加入同盟会，曾任国民党中央执行委员、国民党中央监察委员、国民政府委员等职。1937 年病逝于曼谷。

陈济棠（1890—1954），字伯南，广东防城（今广西防城港）人。1908 年加入同盟会，曾任粤军旅长、国民革命军第四军军长、第八集团军总司令、国民政府农林部部长、国防最高委员会委员等职。1929—1936 年主政广东期间，他在广东经济、文化和市政建设等方面则颇有建树，有“南天王”之称。1954 年病逝于台北。

许崇清（1888—1969），广州人，著名教育家。早年加入孙中山领导的同盟会，参加辛亥革命，忠诚于孙中山的事业和政策。曾任广州市教育局局长、广东省教育厅厅长等职。曾两次出任国立中山大学代理校长。新中国成立后，出任广东省副省长、中山大学首任校长，1969 年病逝于广州。

林翼中（1887—1984），原名家相，广东合浦（今属广西）人。1905 年加入中国同盟会。辛亥革命时率众在廉州起义响应。1911 年入读广东高等师范学校。曾任广东省民政厅厅长、国民政府农林部次长、广东省参议会议长等职。1984 年在香港病逝。

区芳浦（1891—1951），广东南海人，广东高等师范学校毕业。曾出任广东国民政府政务委员会委员、西南政务委员会常务委员、广东省政府财政厅厅长、农林部总务司司长等职。1951 年病逝。

1.6至图1.12）、邹鲁为学校董事会董事，林云陔[①]（图1.13，时任广东省政府主席）为主任董事，筹划在石牌的建校事宜。邹鲁校长和董事会商议，制定了建筑新校的“六年计划”，分三期兴建，预计建筑和设备费用在2000万元以上。

图1.6 胡汉民

图1.7 邓泽如

图1.8 萧佛成

图1.9 陈济棠

① 林云陔（1881—1948），广东信宜人。1920年随孙中山赴粤，曾任广州大元帅府秘书、大本营金库部长、广西银行行长、广州市市长、广东省政府主席兼财政厅厅长、中央审计部部长等职。1948年病逝。

图 1.10　许崇清

图 1.11　林翼中

图 1.12　区芳浦

图 1.13　林云陔

当时中央和地方的财政均处于极度窘迫的境地，教育经费经常被拖欠。邹鲁校长面对困境，仍毅然决定实施庞大的建校计划。1932 年初，可靠的款项，仅有他请准西南政务委员会在舶来肥田粉（化肥）捐和洋米捐中拨出的区区数十万元。于是他在学校董事会中发起海内外募捐，得到了各界人士和侨胞的热烈赞助。是年 12 月，中央政府又允每月拨助 5 万至 10 万元，基本解决了第一期的建筑经费。

而第二期的建筑经费却因中央政府和西南政务委员会所支持的经费陡然缩减，只能付出80余万元，其余约200万元完全没有着落。为使工程能如期进行，邹鲁校长四处奔波，绞尽脑汁，才向西南政务委员会、交通银行和国华银行等筹得款项，又得到由陈济棠下令广东全体军政人员捐薪一月的筹款，才渡过此次难关。邹鲁形容自己当时形神俱瘁，苦辱交加，"为了筹款，除了没有叫人爸爸和向人叩头外，可说一切都做到了"[①]。第三期的建筑经费因得到了中央政府议拨的100万元，故困难减少很多。正当国立中山大学雄心壮志地建设第三期校舍，实践其宏伟计划的时候，日本发动了全面侵华战争。1938年10月，日军攻陷广州。学校仓促迁往罗定，石牌新校舍沦落于日寇之手，饱受蹂躏。石牌新校建设的第三期工程，至此被迫停工。

三、新校落成

第一期的建设从1933年3月开始，至1934年秋止。先后兴建的建筑物有：工学院土木工程、电气工程、机械工程三系教室，农学院的简易蚕室、调桑室及数座附属房舍、稻作场办公室及数座附属房舍，理学院的化学教室，六座男生宿舍、一座女生宿舍、两座膳堂，以及植物标本园、绒球场、篮球场、自来水厂等。1934年秋，第一期建筑告成，农、工、理三学院由文明路旧校迁入石牌新校。同年11月11日，国立中山大学隆重举行了十周年校庆暨石牌新校落成典礼（图1.14）。参加庆典的师生和来宾达6000多人。乘此东风，各学院纷纷举办了教学和科研成果展览，第四次全校运动会也如火如荼地进行。庆典堪称一时之盛会。

① 吴承学主编：《中山大学与现代中国学术》，商务印书馆2014年版，第68页。

第二期的建设从 1934 年 10 月开始，到 1935 年秋大部分工程告成。先后建成大门石牌坊，文学院全座，法学院全座，农学院的农林化学馆、园艺温室、农场总务股办事处、农艺股办公室、农场储藏室、农场主任办公室、蚕学馆、乳牛房，理学院的数学天文物理教室、生物地质地理教室，工学院的化学工程教室、发电厂、机械实习厂和铸铁厂、弱电流实验室、材料实验室，四座男女宿舍、一座教职员宿舍、一座学生膳堂，等等。第二期校舍建成后，除医学院尚在百子路原址外，文、法二院相继迁入新校，文明路的旧校舍则全部拨给学校的附中、附小为校舍。至此，石牌新校的规模初具，当初荒山野岭、人烟稀少的石牌，突然变成了堂皇瑰玮的大学校园。

石牌校舍用地 1 万多亩，连同林场计算在内有 4 万多亩，占地面积之大，使“中山大学校，半座广州城”（图 1. 15、图 1. 16）之语流行一时。国立中山大学效仿美国大学办农、理、工等各科，实行教学、科研和生产三体结合。石牌农场占地约 1 万亩，专供学校师生研究、实验和实习之用。当时学校农场所生产的米粮、蔬果和肉食可以满足全校的供应，所出产的牛奶除了供给全校需要外，还远销于校外。学校的自来水厂位于石牌校园的西北面，由工学院的机械工程学系负责办理，同时也是该系学生的实习基地。全校水管铺设达万余米，每小时给水量约 120 立方米，可供万人之用。① 发电厂位于学校的“洞庭湖畔”，由工学院的电气工程学系管理，负责为全校供给电力，同时也作为该系学生的实习基地。

将历来消费巨大的教育事业，化为生产的教育，是邹鲁校长向来的主张。石牌新校的建设，实现了他多年的理想。故此他感慨道：孙中山先生创办国立中山大学时，除广州一隅，四境皆敌。政府财政大权一直以来都被军阀把控，孙中山先生排除万难而建立本校，并划定石牌为新校基，其高瞻远瞩之意，是“为树一学府，以救中国救民

① 张掖主编：《国立中山大学现状（1937 年）》，国立中山大学出版部 1937 年版，第 273 页。

图1.16　国立中山大学石牌校园全景

图1.14　国立中山大学十周年校庆暨农、工、法三学院迁入石牌新校园庆典

图1.15　石碑新校园主要建筑物

族而已”①！

邹鲁校长曾数次游历海外，经历了 29 个国家。每到一个国家，他都必定参观该国的著名大学，后著有《二十九国游记》一书。他以世界的眼光来看大学的建设，本着“不但求之中国不落后，即求之世界各国中亦不落后”② 的宗旨来筹建石牌新校。石牌新校基本落成后，其规划之完备、建筑之宏伟，令外国人刮目相看。1934 年 11 月 11 日，在国立中山大学成立十周年纪念大会上，学校摄制了六部全校活动的影片，并派专员将影片送到国外放映，以作广泛宣传。待石牌校舍第二期建设完成，各项设施渐臻完善，1936 年春，学校又请上海耿华影业公司来校增摄了两部石牌新校富丽堂皇的影片。同年 5 月，邹鲁校长远赴德国，参加万国大学会议和海特堡大学（即海德堡大学）550 周年纪念大会（图 1. 17），将这些宣传学校的影片带到欧洲放映，备受赞扬。

图 1. 17　1936 年邹鲁（前排左六）在德国海特堡大学与各国大学校长合影

资料来源：中山大学图书馆邹鲁纪念室。

---

① 吴承学主编：《中山大学与现代中国学术》，第 67 页。

② 吴承学主编：《中山大学与现代中国学术》，第 69 页。

新校落成之后，到石牌新校参观的国内外学者络绎不绝。意大利罗马大学的教授来校参观之后，赞不绝口，当即提出与中大交换学生和教授的建议；日本驻粤正副领事来校参观后，称羡不已，认为石牌校园规模之宏伟、设备之完善，前所未见；香港大学工学院院长C. A. Middleton Smith到石牌新校参观，认为自己在中国从事教育生活已有24年，却从来没有见过如此伟大的大学，非常钦佩邹校长建设新校的毅力；前文科学长郭沫若（1926年3月受聘于国立广东大学，同年7月辞职，随国民革命军北伐）回校参观，对邹鲁校长苦心建设新校和员生的努力极表赞叹。

置身其中的中大师生感受最深刻：

> 石牌时代的洞天福地，是中山大学划时代的阶段。那皇宫式的建筑，那沥青的大马路，太阳把屋顶鳞瓦反射得闪闪有光，巨大的圆柱，意大利式批荡，皮鞋在士敏土（编者注：水泥地）上敲得格格的响。那绿油油的草茵切得像地毯一样，普遍地平铺着。一丛丛的细竹、芭蕉树、仙人掌，散布在转弯拐角的小径上；一座座的洋房，星罗棋布。宿舍有电灯、电话和抽水小马桶，坐着大汽车，学生进城有“巴士”（bus）。教室宿舍大礼堂的地板永远照出人来。到处都是士敏土，香花垂柳，静水幽山。总之，这儿是现代化了，科学化了。大学生高兴得说不出话来，这才是大学啊！……石牌变成美丽的桃源，教职员宿舍附近有一条笔直的马路，二行油加利树，在晚昏日斜的时候，放出一阵阵或然的香气，会令你心旷神怡。弯月形的五座学生宿舍前面，是一个大广场，广场有无数石条长凳，许多小组辩论和人约黄昏都在这儿产生出来。横在女生宿舍前面的洞庭湖，更是垂钓、泛舟、游泳的所在。①

① 黄仕忠编：《老中大的故事》，江苏文艺出版社1998年版，第83～85页。

第三节　规模宏大

1924 年 2 月至 1925 年 11 月邹鲁校长第一次长校时期，孙中山先生制定教育经费独立的政策，划定各种税收作为办学经费。而 1925 年孙中山先生逝世后，此项政策便难以推行。时国内军阀混战，政治沉浮，学校的经费主要依赖地方政府拨给，学校大多时候未能按照预算领支，倍感困难。1932 年邹鲁校长第二次长校，极力向中央政府及地方政府争取办学经费，除筹款建设了两期石牌校舍外，又争取到中央政府每年拨给国币 190 万元，从 1936 年 1 月起，由财政部按月以国币的形式拨发，“自是本校经济乃不如以前之竭蹶耳”①。

1932 年初，国立中山大学只有文、法、理工、农、医五学院，而各学院中的学系建设也有所欠缺。邹鲁校长重新长校后，积极调整和扩充。到 1938 年内迁前，学校拥有文学院、理学院、法学院、工学院、农学院、医学院、师范学院 7 个学院、23 个学系和研究院，另有广东通志馆、民族法律顾问处、天文台、化学工业研究所、两广地质调查所、稻作试验场以及研究所、医院等 20 多个附属机构，纵向上幼稚园、小学、中学、大学而至研究院都已建立，横向上有文、理、法、工、农、医、师 7 个学院，其规模日趋宏大，体制日趋完备，堪称巍然壮观（图 1. 18、表 1. 1）。

---

① 张掖主编:《国立中山大学现状（1937 年）》，第 60 页。

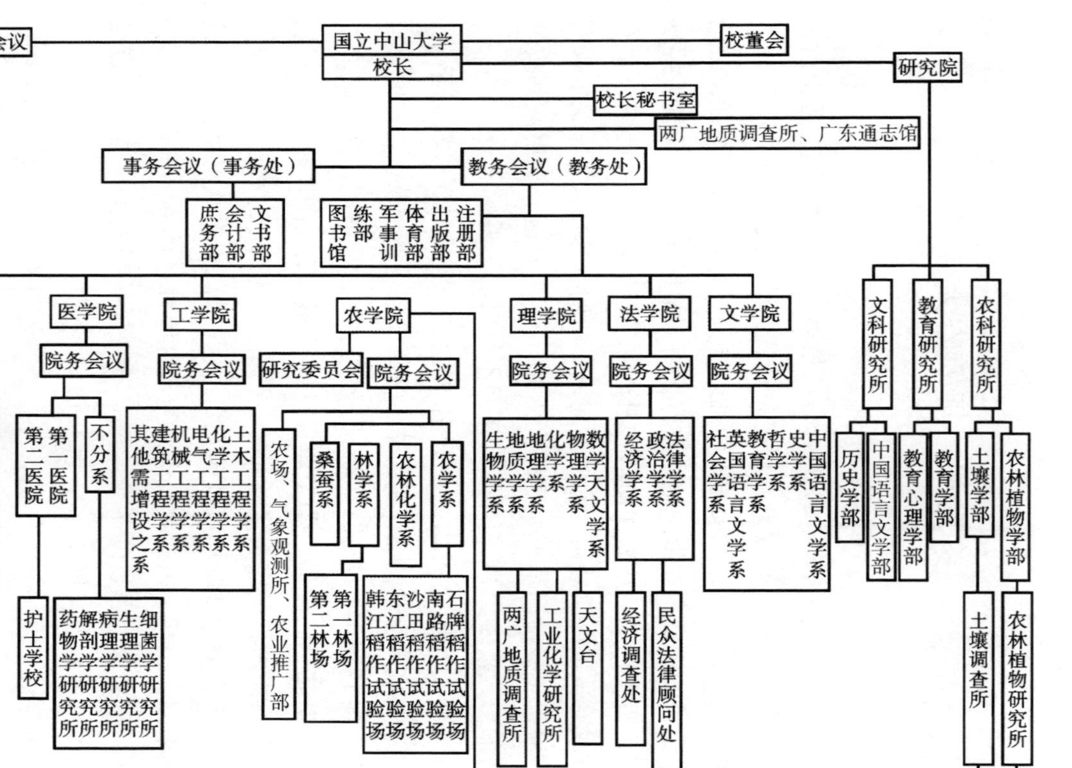

图1.18　1938年国立中山大学行政组织及院系结构

表 1.1 国立中山大学历年度全校学生人数统计 单位：人

年度	各学院	预科或高中	初中	小学	合计
1927	816	652（预科）	757	900	3125
1928	1059	560（预科）	632	812	3063
1929	1243	649（预科）	482	815	3189
1930	1587	313（预科）	382	823	3105
1931	1379	670（高中）	472	839	3360
1932	1770	832（高中）	617	1372	4591
1933	2157	974（高中）	888	1378	5397
1934	2274	847（高中）	920	1542	5583
1935	2177	661（高中）	881	1606	5325
1936	2017	560（高中）	796	1631	4986
合计	16479	6718	6827	11700	41724

资料来源：张掖主编：《国立中山大学现状》，第 28 页。

如表 1.1 所示，自 1932 年邹鲁校长重新长校后，国立中山大学的学生人数得到了较大幅度的增长。特别是 1934 年石牌校园第一期建设完成后，学生人数达到 5583 人；其中大学生的人数达 2274 人，在全国大学中名列前茅。

随着学校规模的扩大和学生人数的增加，教师队伍也在不断加强和扩大（表 1.2）。学校非常重视师资力量的建设，每年秋季，学校必根据自身的发展，不惜重金多方聘请国内外各学科的著名专家、学者来校任教。教师队伍中，多数有海外留学的背景，也有部分来自国内知名大学的毕业生。除引进之外，学校还从自身的师资队伍中大力培植具有国际学术水平的高深专门人才。学校规定，每一学系每一学年有一个教师名额（必须是在校长期任教，服务满 5 年以上）可出外考察一年，考察期间照支全薪。此外，学校每年还在各院系中选拔成绩优秀的毕业生，聘为助教，在教授的指导下从事专门的研究；若干年后，在研究领域有一定成就，了解国情又精通某种外国语的，便

有机会被选派到德、美、日等国留学。如当时法国的数学水平位居世界前列，中大数学等系的学生大多派往法国留学，学成后回国任教。后来蜚声中外的李国平院士、黄用诹教授和李华宗教授等，都是中大数学天文学系1930年代的学生。中大医学院的师资力量更是全盘德国化。在1930年之前，医学院已经聘请了七八位德国教授；本国的教授中，也大多数是德国留学生出身。医学院采用德国教材，用德语授课，医院设备也从德国购置，附属医院查房用德语，写病历、开处方全用德语。医学院不招收研究生，只从助教中选拔成绩优异者派遣到德国留学，他们毕业之后大多回母校服务。相较于文明路时期，石牌时期的国立中山大学的学风、校风愈趋优良，科研学术的发展达到了中大历史上的第一个辉煌，成为南中国乃至全国的学术重镇。

表1.2　1932—1936年国立中山大学教员统计　　单位：人

职别	1932年	1933年	1934年	1935年	1936年
教授	118	130	139	147	154
副教授	13	18	27	31	30
讲师	38	23	37	47	47
合计	169	171	203	225	231

资料来源：张掖主编：《国立中山大学现状》，第25～27页。

在国立中山大学创办初期，学校图书馆已经是广州国民政府辖下最大的图书馆。在1926—1930年戴季陶校长任职期间，学校图书馆购进书刊共16万册，其中珍贵碑帖3万余张、地方志900余种、族谱400余种，还有不少善本书、西文书和国内外知名期刊。在国外期刊的收藏中，有一套号称价值5万美元的《英国皇家植物学会报》，这是中大以一套在瑶山采集的动植物标本交换所得。

石牌新校落成后，学校更加重视图书事业的发展。1936年学校筹得80万元建设图书馆新馆，并致力于增加馆藏图书量，一面增加图书仪器的经常购置费，一面设法筹募专款来添置图书，并劝人捐赠图书。后来因增设学院，图书仪器更与日俱增。学校除有图书总馆外，各院系也设有分馆。内迁前，全校有中外文藏书30余万册，据《国立中山大学现状（二十四年）》引用国民政府教育部的统计，当时国立中山大学藏书量居全国大学图书馆之首，其次为燕京大学、北京大学和金陵大学等。

第四节 备战教育

自晚清始，中国高等教育以科技、工程为重。然而民国以来，由于文科的培养成本较低，而且文科学生毕业后多从政为官。所以国立大学在较长一段历史时期，文、法、商科学生的比例大大超过了理、工、农、医等学科。邹鲁校长一度对国内高等教育甚感忧虑。

九一八事变之后，国立中山大学在课程设置上，体现了鲜明的时代特征，那就是紧密配合抗战，服务抗战，高度重视对战争急需的高层次人才的培养。1932年邹鲁校长在西南各机关联合纪念周报告中山大学概况时说："我国天然富源，未知开发；而国防设备，又付阙如；遂启强邻觊觎之心，强占我土地，劫夺我财源，陷我国家于垂危之境，贻我民族以莫大之羞，乃知救我国族，则发扬科学精神实刻不容缓。"① 因此，他在对学校师生的讲话中强调："关于增进我们抗战的力量方面，更不可忽视加紧做科学的研究。自抗战以来，国内发生一个很大的问题，就是科学的落在人后，以及科学人材的不敷应用。……现在不论兵工厂、制弹厂、硫酸厂、炼钢厂等等，都感觉到人材的难得，人材的不敷。……因此中大同学中研究自然科学的，都该认清抗战对于你们的期待，加紧努力研究，把自己造成抗战时期中所急需的人材。"②

① 吴承学主编：《中山大学与现代中国学术》，第58页。

② 邹鲁：《中大员生应有之认识与责任》（1938年6月），程焕文编：《邹鲁校长治校文集》，中山大学出版社2004年版，第81～82页。

因此，一方面，学校着力添设实科，从1932年开始筹备设立工学院。到1934年秋，工学院在文明路校址成立，分设土木工程、化学工程、机械工程、电气工程四个学系，开始招收新生。

由于“一战”期间交战各方均大量使用毒气，造成了巨大的损失，1925年6月，世界各国在日内瓦订立了禁止使用化学毒气的协定。然而日本不顾国际协定，变本加厉研制毒气。1930年10月，日本在我国台湾第一次使用了毒气弹，镇压台湾民众的反抗。九一八事变后，日本进一步发展毒气和毒气弹的生产。

有鉴于此，中大于1931年度开设军用化学课程，专门研究关于军事应用上的化学知识和技能；到1932年度，又开设毒气学和炸弹学课程，研究各种毒气的性质、制造，使用和防御人工烟幕、烧毒剂和彩光炸药学，以及各种炸药的制造方法。这些课程每周授课两个学时，所有课程和实验都有中文讲义。这些课程设立之初暂定为选修课，1932年起定为四年级学生的必修课。此外，学校开始筹备以下事项：设立军用化学讲堂和实验室，以便讲授和实验含有剧毒的药品；购备防毒面具、防毒衣、发雾器、烧夷器等教学用具；另外还计划补充特种仪器、用于制造活性炭的锅炉，设立制造防毒面具的场所等。①

另一方面，在教育部指令全国各高校开设备战教育课程之前，中大已经开始着手在全校范围内开设各科目的备战课程。1935年冬，学校教育研究所拟订《战时教育工作计划》，建议学校采择施行，配合抗战，加强抗战教育和普及有关抗战的科学知识与技能。这是当时全国最早的战时教育计划，发表在教育研究所主办的学术期刊《教育研究》第64期。1936年1月6日，中大在文明路校园的礼堂举行全体职员救国会议，邹鲁校长和全校各系主任、教授均出席了会议，到会者达400余人，会议逐一讨论了教育研究所拟订的《战时教育工作计划》。各个学院根据自身的情况，陆续实施备战教育工作计划，对课程做出调整，首先减少某些课程的授课时数或干脆暂时停开，进

---

① 《粤中山大学研究国防化学》，《江西教育旬刊》1932年第4卷第1期。

而结合各专业的特点增设备战课目和实习项目。1936 年 2 月，文学院率先添设备战课目；3 月，理学院也在《国立中山大学校报》上公布了该院抗日备战教育工作的实施计划。其他各学院也陆续推出抗日备战教育的相关课程（表 1.3）。

表 1.3　国立中山大学备战课目

学院名称	系级别	科　目	学分	备　注
文学院	中文系	国难抗战文	2	
	中文系	民族文学	3	
	中文系	历代抗敌诗选	2	
	哲学系	战争哲学	2	
	史学系	太平天国革命史	2	
	史学系	近七十年中日交涉史	2	
	教育学系	战时教育问题研究	2	
	教育学系	民众组织研究	2	
	教育学系	战时教育	3	
	教育学系	民族教育	2	
	教育学系	战时教育问题研究	3	
		国防社会组织	3	
		日本社会研究	3	
		民族问题与国际问题	2	
		战时社会统制	3	
	教育学系、社会学系	战时都市行政	3	
		日本战时工业问题	3	
法学院	法律学系	空战法规	1	
	政治学系	战争经济学之原理		
	经济学系三年级、政治学系三年级	战时财政学	2	
	各系级	战时经济政策	2	

续表 1.3

学院名称	系级别	科目	学分	备注
农学院		农村服务	2	
		战时农村问题	2	
工学院	机械系[1]三年级	航空机	2	
	机械系	防空防毒及演习	4	
	机械系	近代战术概要	2	
	机械系三、四年级	兵器学及内外弹道学	3	
	机械系三、四年级	军用机械学	3	
		防空建筑	2	
	机械系	汽车修理及飞机坦克车机件之拆装		
	机械系	兵器修理及配件制造		
	电工系	防空防毒		
	电工系一、二年级	汽车驾驶法		
	电工系三、四年级	汽车驾驶法及修理法		
	电工系二、四年级	电气通讯		
	电工系三年级	电气通讯（电报电话机之修理及信号装置）		
	电工系四年级	飞机修理		
	电工系四年级	兵器概论		

续表 1.3

学院名称	系级别	科　目	学分	备　注
工学院	电工系四年级	摄影		
	土木系			随时举行各种军用土木工程演讲，各教授尽量介绍军用土木工程参考书
	化工系	火药学及化学兵器	2	各年级学生于开学一月内，授以防毒知识及技能，定一月内授完。本系员生均应认定战时化学工作，包括研究、制造、调查、训练、编译各项
		火药学及化学兵器实习	2	
		采矿学	2	
医学院	四、五年级	战争外科学		各科授课时数不一，由各教授自行决定
	四、五年级	防毒学		此项战时科目于1937年度上学期开始讲授完毕后即恢复正常课目
	三、四、五年级	毒气病理学		
	四、五年级	军队卫生学		
	一、二、三年级	战时救护学		

续表 1.3

学院名称	系级别	科　目	学分	备　注
理学院	化学系四年级（上）	火药及化学兵器	3	
	化学系四年级（下）	火药及化学兵器		
	地质学系三年级	采矿学	3	岩石学及地史学
	地质学系四年级	中国矿产专论	2	经济地质学
	地质学系四年级	冶金学	3	定性及定量化学分析
	地理学系四年级	日本地质	2	
	地理学系各年级	战争地理学	3	

1）本表中机械系为机械工程学系简称，以下电工系、土木系、化工系分别为电气工程学系、土木工程学系、化学工程学系简称。

资料来源：《中大工学院课程表》，《工学季刊》1935 年第 1 卷第 1 期；国立中山大学理学院编：《国立中山大学理学院概览》，国立中山大学 1936 年；萧冠英：《一年来校务概要》，1938 年 7 月。

到 1938 年 3 月 30 日，国民党临时全国代表大会通过了《战时各级教育实施方案纲要案》，强调“对于自然科学，依据需要，迎头赶上，以应国防与生产之急需”时，国立中山大学已经结合各专业的特色，在全校范围内增开与抗战有关的课程接近两个学年了。

第五节　春华秋实

一、科研机构概况

国立中山大学向来重视师生的学术研究，提倡自由研究的精神。1935 年 6 月 1 日，国民政府教育部批准国立北京大学、国立清华大

学和国立中山大学设立研究院，国立中山大学成为中国最早设立研究院的三所国立大学之一。当时中山大学研究院下设三所，即文科研究所、教育研究所、农科研究所。每所又分为两个学部：文科研究所分为中国语言文学部和历史学部，教育研究所分为教育学部和教育心理学部，农科研究所分为农林植物学部和土壤学部。1938 年，师范学院成立，教育研究所又改称为师范研究所。

除了研究院下设的研究所外，还有几个不隶属于研究院系统下的院属研究所，如文学院的社会研究所，医学院的病理研究所和药物研究所，农学院的农林植物研究所、稻作研究所和蚕桑研究所，等等。这些研究所的科研成果之丰硕，并不亚于研究院下属的各研究所。如梁伯强教授主持的病理研究所和陈焕镛教授主持的农林植物研究所的学术成就，不仅在国内学术界居于前列，而且在国际学术界也享有盛誉，因此，中华文化基金委员会特别给予他们研究经费上的资助。在各个院系，又有各种研究会。凡有优良成绩的研究机构和团体，都由学校补助经费，创办学术刊物。1936 年学校出版的定期学术刊物有 11 种，学术书籍有 40 余种，[①] 力求将学术研究的成果尽量发表，以服务国家社会。

二、国内外学术交流

在广州沦陷前，国立中山大学和国内外的高校和学术机构保持着紧密的合作与交流（表 1.4），其活动之频繁，开拓了学校对外交流史上的新局面。学校大力支持老师的学术交流，规定学校聘任的“长期教授继续服务满五年以上者，得出外考察一年，照支全薪”[②]。

① 张掖主编：《国立中山大学现状（1937 年）》，第 10 页。

② 《国立中山大学组织大纲》，《国立中山大学法规集》，国立中山大学总办公厅 1937 年 5 月，第 2 页。

中大尤其致力于扩大学校在海外的影响，提高学校在国际上的学术地位。1936年5月25日，邹鲁校长应万国大会和海特堡大学550周年纪念大会的邀请，启程赴德。在大学会议席中，他提出根本改善哲学基础的议案，旨在使一切科学发明须为人类谋幸福，致世界于大同；改变昔日以教育家作政治家、军事家、杀人工具的观念；树立推己及人、仁民爱物的哲学基础。他的观点受到与会各国学者的推崇。两会告毕，海特堡大学敬赠邹校长以法学博士学位，借志景仰。①

表1.4　国内、国际合作与交流活动的统计

交流类别	时间	参加人员	院系	地点	交流活动主题
国际	1930年1月		理学院生物学系		柏林博物馆鸟类学部 主任Stregemann博士赠送生物系“鸟类标本五十五枚”
国际	1930年2月6—11日		理学院生物学系		法国鸟学会长Delecour来校参观生物系标本室
国际	1930年11月		理学院生物学系		生物系寄赠柏林博物馆银莺雄鸟标本，该馆回赠马来群岛鸟类标本16种21只
国际	1931年	陈焕镛	农学院	英国	第五次世界植物大会
国际	1931年5月7日	任国荣	理学院生物学系		瑞士日内瓦鸟类学会寄赠《鸟学目录》与本校《广西瑶山鸟类目录》相交换
国际	1931年6月24日		医学院		德国医学博士希士菲教授参观医学院

① 张掖主编：《国立中山大学现状（1937年）》，第8页。

续表 1.4

交流类别	时间	参加人员	院系	地点	交流活动主题
国际	1932 年夏	庄泽宣	教育学系	欧洲	国际新教育会议
国际	1934 年	杨成志	人类学系	英国伦敦	首届国际人类民族科学大会
国际	1935 年	全体学生	法学院经济学系		组织中日经济考察团
国际	1935 年 5 月 1 日	邓植仪	农学院	英国	第三次国际土壤学会及国际教育大会
国际	1935 年 8 月 1 日	吴康	文学院	法国巴黎	第九届国际哲学大会
国际	1935 年	吴康	文学院	欧洲	出席罗马国际东方学会第十九届大会；应巴黎大学聘，担任该校中国学院文学讲座；应国际大学协会之聘，赴比利时首都演讲《中国大学教育》，并任大会主席；应捷克政府外交部邀请，赴捷京大学演讲《中国文化及其近千年建设进步概况》，被选为捷京国家学院通讯会员
国际	1935 年 9 月 1 日	陈焕镛	农学院	荷兰	国际植物学会第六次会议
国际	1936 年	萧冠英	工学院	欧洲	考察工业教育
国际	1936 年	吴康	文学院	法国巴黎	巴黎大学中国学院讲课
国际	1936 年	言心哲	文学院社会学系	美国	
国际	1936 年 4 月 3 日	余文照	工学院	美国	学习水利工程

续表 1.4

交流类别	时间	参加人员	院系	地点	交流活动主题
国际	1936 年 5 月	邹鲁		德国	万国会议
国际	1936 年 5 月	邹鲁		德国	海特堡大学 550 周年纪念大会
国际	1936 年 6 月 19 日	邹仪新	理学院	日本	参加日全食观测队，同往北海道伎幸村担任拍摄日食电影及定初亏于复圆时刻
国际	1936 年 7 月 13—18 日	刘俊贤	数学天文学系	挪威	国际算学大会（国际数学家大会）
国际	1936 年 7 月 31 日—8 月 14 日	萧冠英	工学院	英国	第七届世界新教育会会议
国际	1937 年 3 月 23 日			巴黎	国际博览会
国际	1937 年 3 月 29 日—4 月 3 日	杨成志	人类学系	日本	日本民族学会、东京人类学会联合举行的第二届年会
国际	1937 年 4 月 1—4 日	潘士华	医学院	日本	日本全国解剖学会
国际	1937 年 5 月		第一医院	法国巴黎	国际博览协会
国际	1937 年 7 月 23—31 日	崔载阳	研究院	法国巴黎	国际小学教育及民众教育会议
国际	1937 年 9 月	杨成志	人类学系	罗马尼亚首都布加勒斯特	国际人类学与史前考古学大会第 17 届会议
国际	时间不详		农学院		寄赠矢野真山早禾等稻种以作交换

续表 1.4

交流类别	时间	参加人员	院系	地点	交流活动主题
国内	1930 年 10 月 18 日	何思敬	法科学院	广东	应广东戏剧研究所邀请，前往讲演《社会学与戏剧》
国内	1931 年 4 月 3 日		医学院		云南东陆大学考察团一行 10 人参观医学院
国内	1931 年 4 月 4 日		医学院		香港大学医内科教授张惠霖偕医生多人到附属第一医院参观
国内	1932 年 11 月 1 日	庄泽宣	教育学系	广东	赴岭南大学讲演《赴欧调查教育所得》，赴广州青年会讲演《出席世界新教育会议之经过》
国内	1934 年 2 月 1 日	杨邦杰	农学院	南京	成立全国经济蚕桑改良委员会
国内	1935 年 9 月 5—11 日	何衍璇	理学院	上海	审查数学名词专门会议
国内	1935 年 11 月	梁伯强	医学院	中山大学医学院病理学研究所	中国病理学微生物学会第二届年会
国内	1936 年 7 月 1 日	傅尚霖	社会学系	浙江	应浙江大学邀请向该校农学院讲演《农村与城市的关系》
国内	1936 年夏天	邓植仪	农学院		中国土壤肥料学会成立
国内	1937 年	杨成志	人类学系	海南岛	与岭南大学社会经济研究所合组“黎苗考察团”，深入海南岛五指山考察

续表 1.4

交流类别	时间	参加人员	院系	地点	交流活动主题
国内	1937 年 2 月	杨成志	人类学系	海南岛	文科研究所与岭南大学西南调查所联合组织“海南岛黎族考察团”，以历史学部指导教授杨成志为团长，于 2 月 3 日出发，前往海南岛黎族地区调查
国内	1937 年 4 月 1—8 日	杨简	医学院	上海	中华医学会第四届全国大会
国内	时间不详	居、曹两人		北平	应北平研究院邀请，参加中法教育基金委员会

资料来源：据中山大学档案馆馆藏档案和黄义祥编著《中山大学史稿（1924—1949）》一书统计。

三、国防科研

1938 年 3 月 30 日，国民党临时全国代表大会通过了《战时各级教育实施方案纲要案》，高度重视高校的科研与国防紧密结合。1938 年 5 月 11 日，教育部次长顾毓琇到国立中山大学演讲，强调当下“要紧的是要把自然科学应用于国防生产。要最后胜利得到保证，必要国防生产能够充分供应战事之需要。要国防生产能够充分供应战事需要，必须尽量利用自然科学于国防生产。目前我国自然科学的人才是这样少，我们研究自然科学的人更要加紧为国防的生产服务”①。

事实上在九一八事变后，国立中山大学的科研力量已开始朝着配

① 易汉文主编：《金声玉振——名人在中山大学演讲录》，中山大学出版社 2004 年版，第 124 页。

合抗战转向。学校意识到必须结合坚持抗战和大后方开发的实际需要，加强工、农等实类学科的科研，除了根据战时急需增设工学院及相关的学系，加大事关国防和大后方建设研究的投入，还瞩目于考察和研究国际、国内、广东及西部边疆区域的重大历史、经济、政治、民族、社会、地理和地质等问题，成效颇著。

从1928年开始，中大各科系就开始重视西南边疆问题的研究。1932年中大还成立了“西南研究会”，出版学术专刊《西南研究》，其目的是“为挽救国家危亡计，为发扬科学探讨计，为唤醒政府及民众注意西南边疆问题与设施计”①。诚如杨成志教授所说：“本大学十余年来对西南边疆问题之研究，素具注意，如研究院文科研究所对于西南民族之调查，农科研究所对于农村与土壤之考察，两广地质调查所对于地质之探讨，地理与生物两系对边区地势与动植物之检〔调〕查，前后继续曾刊行不少专门学术之报告。”② 抗日战争全面爆发后，国民政府西迁，高度重视西南边疆学，该学科的地位空前提高。中大西南研究的成果，为中国边疆学的构筑奠定了坚实的基础，是中国边疆学构筑的学科源头。

1930年代全国的天文台“总计只得二三”，中大理学院的天文台（在文明路校园），是当时“国内孕育天文基础人才之唯一机关”③，一直以来受到国内外学术界所重视，除供师生教学和科研之用外，还服务于国家、社会。如广州市经纬度之首次天文决定，广州市时政之主理，以至广东空军需用的日月出没时刻计算，以及航空学校天文学的任教，均曾由中大天文台人员担任。④

抗日战争爆发后，广东省因其钨矿、锑矿等重要军需矿藏资源的丰富储量而受到国民政府的重视。在这之前，隶属于中大地质学系的两广地质调查所，已在两广地区进行较为深入的地质调查，成果显

---

① 《国立中山大学西南研究会成立宣言》，《西南研究》创刊号，1932年。

② 杨成志：《西南边疆文化建设之三个建议》，《青年中国季刊》创刊号，1939年9月30日。

③ 《国立中山大学现状（1943年）》，国立中山大学出版组1943年版，第73页。

④ 《国立中山大学现状（1943年）》，第74页。

著。在中大内迁前，该所的调查地域涵盖了广东省面积的五分之四，调查过煤、油页田、铁、锰、铜、铅、锌、钨、锡、铝、锑、金、银、硫铁等，“著有各种专刊，记有年报七册，特刊十五册，临时报告二十九册，此外尚有各项地质图及图表等项”①。

工学院教授在培养国家急需的人才之余，更因应战争时期的国防需要从事著述，在毒气研究、防毒面具的制造、毒气救护所需药品的制法、改良牛胶的制法、桂油蒸馏的研究、纸粕纤维的研究以及煤气厂、发电厂、防空建筑等方面的研究成果颇为丰富。石牌校园规划设计之初便考虑到了防空问题，“固早有相当设备，如某实验室下建有防空地库一所，及各学院附近亦增设防空壕等”②。因此，当1938年日军对广州进行长期空袭轰炸时，中大的师生能在敌机的肆虐下，仍坚持教学与科研，得益于石牌新校对防空建筑前瞻性的研究成果和未雨绸缪的规划建设。

农学院为解决抗战军民的衣食问题，在农业科技的研究与推广上下了很大的功夫，取得了相当大的研究成就，在国内外学术界都享有盛誉。科学研究成绩最突出的是水稻试验、植物研究和土壤调查。抗战前，广东粮食不足，每年进口粮食价值达1亿元③，因此改良土壤、稻作，提高产量，具有重大的现实意义。水稻试验工作主要在稻作研究所丁颖教授的领导下进行，由林亮东、谢申、赵善欢等协助。他们通过野生稻与本地稻杂交，育成了抗寒、耐酸、高产的“中山一号”“黑督四号”“东莞十八号”等优质品。1936年，他们用印度野生稻与广东栽培稻杂交，获得世界第一株“千粒穗”类型，一时轰动海内外。广东省政府为了增加粮食产量，大规模推广优秀稻种，这些推广的稻种都是由中大农学院的农场育成的。此外，农学院的土壤调查所也取得了很好的成绩。广东各县的土壤，已由该所调查清楚，详细化验后制成许多土壤图，出版了系列报告书。为配合抗战教

---

① 邹鲁：《广东通志稿》，“中国公共图书馆古籍文献珍本汇刊·史部”，全国图书馆文献缩微复制中心1997年版，第877页。

② 萧冠英：《空袭与建筑》，《工学季刊》1937年第3卷第4期。

③ 梁山、李坚、张克谟：《中山大学校史（1924—1949）》，上海教育出版社1983年版，第58页。

育与研究，农学院还出版抗战专号研究刊物，如《农声》第 212 期的《战时粮食作物研究专号》。

日军占领中国东北三省后，根据国内外形势的需要，中大教育研究所确立了全所统一的研究目标——为推进全民抗战目标服务的“民族中心教育”研究，并取得了较为突出的成果。1935 年，该所拟订了我国第一份《战时教育工作计划》，在全国开创了战时教育方案研讨的先河，受到学界的瞩目。不仅如此，该所还举办了多项配合时局的抗战教育活动，如在拥有 7000 多名学生的广东儿童教养院大规模地试行民族中心小学的课程，并努力抓好各所男女中学的课外训育活动等。全面抗日战争爆发后，教育研究所即在《教育研究》上连续组织发起四期“战时教育”讨论，完成了《各国战时学校动员调查》《广西军事教育的考察》等调查报告。

除此之外，中大还配合抗战的需要，积极参与国家军政部门对军事和后方建设问题的研究，以及对抗战急需专门人才的培训，直接为军事需要服务。1937 年 8 月，中大应实业部中央农业实验所的要求，选派农学院肥料研究部技助伍志刚，到实业部中央农业实验所农业技术人员训练班受训；同年，又根据教育部令，选派农学院黄得范赴南京兵工署研究毒气防护；同年 10 月，附属第一医院应航空委员会第五临时医务所的要求，接收该所医师罗文才到院接受战时外科特别讲座的培训；等等。

第六节　学生管理与资助

一、整顿学风与加强品德教育

邹鲁校长于 1932 年 2 月至 1940 年 4 月第二次长校。接任初期，他着力于整顿学风。学校发布了《国立中山大学学生须知》，在学生

考勤和宿舍生活等方面有了细致而严格的规定。一方面，学校对学生的旷课行为进行严厉的处分："凡学生每一课目内，缺课时数，超过五分之一者，不得参与该课目之考试"，"未经请假，擅自旷课者，将所缺席时间倍算"。[①] 每班都有一个固定的课室，课室每张座椅的靠背上都漆上座位号码。学校严抓考勤，上课时，有的学院直接派教务员或助教站在课室门口点名。另一方面，学校设立勤学奖，对平时勤奋学习，绝少请假，而且"学年成绩每种必修课目均在75分以上，而总平均在85分以上，或经院务会议认为成绩优异"[②] 的学生，酌情给予奖励，从奖励书籍，到免缴一学期或一年的学费不等。

在学生思想品德教育方面，1936年3月1日，根据教育部的指令，国立中山大学公布推行导师制度暂行办法，开始在各学院一年级学生中推行导师制。规定每10个学生为一组，每组设导师一人，由教授担任，负责指导学生学业、生活和道德修养等事项，并规定了各导师在校指导学生从事研究的时间和地点。导师制的实行，有利于学校营造良好的学习风气，自是"学子向风，举校穆然"[③]。

二、强化军事训练和体育教学

国立中山大学对学生的军训和体育锻炼尤其重视。因此，当1929年南京国民政府教育部训令全国中学以上的学校普遍开展军训、学生宿舍进行军事化管理时，中大已经有了相当的基础，举办也至为顺利。

早在国立广东大学时期，学校就已经有军训的课目，由黄埔军校

---

① 《国立中山大学学生须知》，国立中山大学出版部1933年版，第86页。

② 《国立中山大学学生须知》，第87页。

③ 张掖主编：《国立中山大学现状（1937年）》，第9页。

的教官负责军事训练。邹鲁校长是孙中山先生“强国保种”“尚武精神”的践行者。在日军侵占东北三省的背景下，他认为军训可使学生纪律整肃，并增长军事知识，在国难时期可执干戈以卫社稷。到1932年邹鲁再次长校时，新生入学以前，都必须接受一段时间的军训，并且每天由校长亲自训话。学校成立了军事训练部，设主任1人，教官、助教各4人，副官书记若干人，负责各学院的军事训练和军事管理。军训的目的，在于锻炼学生的身心，使其具备预备军官的军事学识，增进国防能力，培养学生刚健勇敢、刻苦救国的精神。军训课目也高度配合国防和抗战的需要，设有步兵操典、射击教范、阵中要务令、战术学、筑城学、兵器学、交通学、地形学、通信学、军制学以及防空常识、瓦斯常识、军队卫生等13门，女生还需进行看护训练。学校规定，授课和训练时间为每星期学科1小时、术科2小时，平时还需要野外演习。军训期满，总平均分不及格的，不得毕业。

在体育运动方面，邹鲁校长认为，运动场所和器材不能只为培养运动员而服务，应该让所有学生都能共享。因此石牌新校特地建了体育馆，开辟了极大的运动场，并在理学院和工学院之间建了12个篮球场；更顺着天然的地势，将原有的大水塘改为游泳池；各种建筑也因地制宜，按山坡的天然形势建造，以方便学生走路和登山等运动。学校成立了体育委员会，规定体育课为必修课，每年举办各种体育比赛，因季节气候而定比赛项目，使人人都有运动的机会（图1.19）。中大的体育竞赛成绩突出，不少学生参加了全国运动会、远东运动会和奥运会等国内外各种体育赛事。在1936年的柏林奥运会上，中国共派出69名运动员，其中中大就有3人参赛，分别为黄英杰、司徒光和黄纪良。

图 1.19　中山大学女子网球选手合影

资料来源：《图画晨报》1933 年第 62 期，第 2 页。

三、学生的资助与救济

1904 年，晚清《癸卯学制》正式规定教育收费后，许多来自贫穷的偏远乡村的贫困大学生在经济上承受着巨大的压力，而且在心理、学习、人际关系等方面也存在着一些问题。这种情形一直延续到了民国时期。学生因交不起学费而自杀的新闻，一度常见诸民国报端。九一八事变后，大批身处战区的大学生离开故土，流离失所，经济困难，依赖国民政府的政策和高校的救济才得以完成学业。

国立中山大学在教育部的指导下，结合本校的具体情况，为解决贫困生和战区学生的问题，除积极落实教育部所规定的奖贷政策外，还制定了十余种奖贷和资助办法。早在 1920 年代，中大就建立了相应的组织机构，先后设立了贷费委员会、免费及公费学额委员会、战区学生贷金委员会等机构，负责学生奖贷制度的制定和组织实施。

1930 年 9 月，学校制定了《缓缴学费条例》，针对学生因家在战区，兑汇不通，经济来源断绝的情况，规定了学生申请缓缴学费的日

期、程序和延缓期限。1934 年，学校进一步完善了此项条例，增加了五条内容，更名为《请缓缴学费生先行注册者须知条例》。

1936 年，根据国民政府教育部的规定，中大设有免费生与公费生，以资奖励。奖励的条件是家境清贫，体格健全，资禀颖异，操行端谨，学业优良。免费生免除学杂费、图书费及体育费。公费生除免上述各费外，每人还给予广东毫银 150 元。1936 年度中大在全校评选并批准了公费生 30 名、免费生 36 名。①

1937 年 4 月，学校又针对家境清贫、操行优良、努力上学，但学业成绩未达公费或免费之标准的同学，制定了《贫苦学生工作及补助办法》，规定学生在保证学习时间的前提下，按个人的能力和兴趣，可在课余时间参与学校的各项工作，学校按工时或工作性质为学生计算报酬。这项勤工助学的条例，使相当部分的贫困学生克服经济困难，得以顺利完成学业。

九一八事变后，东北的学生流离失所；"一·二八"淞沪抗战也使上海的各所大学蒙受了巨大的损失。因此请求收容入学的国难失学学生日益增多，留日归国的学生也有同样的请求。为了救济这些学生，中大在 1932 年 1 月 10 日的教务会议上，决议收容此类学生为特别旁听生。

七七事变爆发后，大批战区的大学生无家可归，在经济上难以为继。根据国民政府的训令，中大又收容了大批留日返国学生，以及各地转学学生和借读学生，分配到各个学院和各个年级。截至 1938 年 7 月的统计，共有 256 名大学生在中大借读。② 1938 年 4 月，根据教育部的要求，学校又成立战区学生贷金委员会，主席由学校教务长担任，委员由事务长、各学院院长和注册部主任担任。学校颁行了《战区学生贷金暂行办法》，规定家在战区，失去经济来源的学生可以申请贷金，使战时贫困的大学生得到基本的生活保障，从而完成学业，成长成才。

---

① 张掖主编：《国立中山大学现状（1937 年）》，第 65 页。

② 萧冠英：《一年来校务概要》（稿抄本），1938 年。

第七节　服务国家社会

国立中山大学的历任校长均主张大学应该和社会密切联系，重视大学生的社会实践活动，使科学实验和服务社会并举，学校的教学、科研的力量和成果要服务于国家和社会。

1928年，在傅斯年、顾颉刚等教授的呼吁下，广东民政厅厅长刘栽甫先生将所积存的前省长公署档案移交给中大保管。语言历史研究所积极接洽，将所内中山楼辟为档案整理室，聘请陈功甫为档案整理室主任，安排专职档案员10多人，并由顾颉刚教授商请了20多名法科的学生助理参与整理。经过1年的时间，语史所将清光绪中叶至1924年广东民政厅积存案卷整理完毕。其共计10类，包括民政11240份、财政600份、教育11100份、实业1240份、警政10400份、交通600份、司法400份、统计120份、慈善140份、总务600份，总计36440份。① 之后，广东财政厅、教育厅等单位也纷纷表示愿意将其旧档悉数移送。语史所于是决定对广东官署的档案文献进行大规模的收集检订，连各县署旧档也在整理之列。通过对广东官署档案的接收和整理，中大使大量面临销毁的珍贵政治档案得以留存，为后人研究广东近百年的政治、经济、社会史留下了重要史料。

1932年5月，广东省政府决定续修《广东通志》。8月，中大接收了广东通志馆，邹鲁校长自兼馆长，下设主任、纂修。1935年，年仅18岁的饶宗颐被中大聘为广东通志馆纂修。修志的工作由中大全校师生合作完成，按通志的门类分工，由各科教授兼任纂修，并由教授指导学生协助整理。这种师生合作的模式，既促进修志工作，让学生有一个实习的机会，同时也为政府节省了大量的人员开支。当时

---

① 姚逸之：《档案整理室十七年十二月份工作报告》，《语史所周刊》第71期，1929年3月6日。

拟订省志的总目有列传、外交、金石略、教育、古迹略、宗教等 20 多个门类，在 1938 年学校内迁之前，省志所有门类志稿已全部完成。但因经费缺乏，当时只先印了列传四本，其余书稿由于抗战烽火，学校被迫搬迁，未能付梓。

1935 年 1 月，中大教育学系及教育研究所与番禺县政府合作，开办龙眼洞乡村教育实验区，实验区的办事地点设在龙眼洞一洞宗祠及乡立小学校内。实验区的乡村小学在改进乡村社会中心的实验、民族中心小学课程的实验、集团教育实验、乡村青年训练、推进义务教育、识字教育等方面都取得了较好成绩。① 医学院也积极参与到该实验区的服务工作中，长年轮派医生和护士为该实验区赠医送药。

1936 年 4 月学校创办了乡村教育实验服务区，由法学院院长郑彦棻与教育研究所主任崔载阳两位教授负责。该服务区以石牌附近的十乡和龙眼洞各村为工作对象，由同学自由参加任教工作；参加教育实验服务的同学，白天以村民为服务对象，夜间也在乡村住宿。1936 年全校各学院共有 170 名学生参与该服务区的平时工作，有 60 名学生参与该服务区的暑期工作，尤以文学院、法学院和农学院的学生最为踊跃。学校发动知识青年到乡村去做种种实际工作，如开办民众夜校识字班、推广普及农业知识、举办时事讲演会、成立抗日农余剧团等，目的是："（甲）大学教育之推广，与学生乡村工作之训练；（乙）大学研究材料之搜集，与解决问题各项方案之实验；（丙）乡村青年教育之实施，与战时工作之推行；（丁）乡村方面生活之改进，与本校毕业出路之开闯。"②

农学院早在国立广东大学时期，已经设立了推广部，多年来一直坚持将学院研究试验的成果向全国农村推广，促进一般农民林业种植、农桑畜牧工作的科学化和合理化，从而增进全国农业生产。如 1930 年代初，广州及其周边、东莞、茂名、西江、北江、南路和海

---

① 吴定宇主编：《中山大学校史（1924—2004）》，中山大学出版社 2006 年版，第 134～135 页。

② 许若平：《广东国立中山大学学生生活》，《青年月刊》1937 年第 4 卷第 6 期。

陆丰各县，甚至广西和江西，都已经大量采用中大试验场的改良稻种。为普及农业教育，农学院1928年秋创办《农声月报》，到1936年已出版发行206期，订阅和赠阅对象达千户之多；另有28种农业浅说类的刊物出版发行，随时赠予农民观阅，使农业常识能普及给文化水平不高的农民，以收农业改良推广之效；推广部还设立了农民询问处，凡各处农民及农业团体对于农事有所询问，都分别为之答复，或加以指导，同时将问题和答复刊登于《农声月刊》，以收农事推广之效。

附属第一医院设赠医室，每天下午赠医，对前来就诊的病人，完全不收诊金，给予贫苦病人便利。医学院的学生在各科主任医生或助教医生的监督与指导下，可以在该室实习诊病，开展学术研究，但不能开具处方。病理研究所因尸体解剖实习的机会丰富，除供本所学生实习外，还代办教育部委托的病理学师资进修班，培养全国各高校选送的人才。1938年，医学院组织卫生工作队，共计八队。每队队长一人，由五年级的同学担任；队员七八人。卫生工作队每周日到冼村、石牌和龙眼洞等八乡开展医疗服务，共计为数千人施种天花痘苗，为千余人注射霍乱伤寒疫苗，为千余人治疗各种疾病。医学院还受广州市社会军事训练总队部的聘请，派出20多名学生担任市内各区社壮丁队的救护、防毒、卫生、救急等训练，以适应战时社会的需要。①

除此之外，文学院还举办防空救护训练班，创办《抗战周报》，设立函授学校；法学院的经济调查处在石牌开展农村经济调查工作，广泛吸收学生参与，1936年参加平时工作的有52人，参加寒假工作的有11人，入选“石牌附近农村经济特约调查员”的有6人。

---

① 《国立中山大学医学院关于函复办理社会教育经过情形及计划等情的函》，中山大学档案馆馆藏档案，关联号020－002－0053－005。

第八节　抗日救亡

1931年9月18日，日本帝国主义出兵侵占我国东北沈阳。其时国民党军政当局奉行所谓“攘外必先安内”的政策，东北军基本没有抵抗，使日本侵略者很快占领了整个东北。为了挽救中华民族，9月22日，中国共产党临时中央发出《中央关于日本帝国主义强占满洲事变的决议》，指出党在目前的中心任务是加紧组织领导群众广泛开展反对日本帝国主义侵略暴行的运动。之后，上海、南京、北平、天津、武汉等城市，成千上万学生罢课，成立抗日救国会、抗日义勇军、日货调查团、看护训练班等，推派代表或结队到南京向国民政府要求抗日。抗日救亡浪潮动摇了蒋介石的统治，国民党内部各派系纷纷乘机反蒋。蒋介石被迫宣布下野。经反复较量、磋商，国民党部分元老胡汉民、古应芬、邓泽如等与西南实力派人物陈济棠等联手，迫使南京国民党中央和国民政府同意，组建了“中国国民党中央执行委员会西南执行部”和“西南政务委员会”，以“抗日”相标榜，实际上处于半独立状态，在政治上同南京分庭抗礼；但表面上仍统一于南京国民政府，在法律制度上与其一致，一般人事安排等也接受其任免。

正当国家处于水深火热之时，国立中山大学的师生们在中国共产党的抗日号召和华北学生爱国运动的影响下，读书不忘救国，积极投身于抗日救亡运动之中。国立中山大学的方针是“本着孙中山先生的救国主义，读书、救国、抗日”。1934年9月5日，邹鲁校长在新生训词中，痛批蒋介石“如果抗日，三日必亡国”的荒谬言论，强调：“抗日的办法，除了消极的抵制日货外，积极的就有赖于武力的抵抗。但现代武力抵抗，其条件是在科学，而科学的昌明，有赖于读书。现世的战争，可说是科学的战争，一切枪炮弹药，均由科学发明出来。毒气细菌死光莫不在研究所内试验，还有战争时期的粮食交通

等等，无一不赖于科学。所以我人谈起救国问题，各位就不能不切实做学问的功夫，使我科学昌明起来，能够自己发明制造新式的枪炮弹药毒瓦斯死光等等，以至粮食交通等等均有法解决，将救国的条件准备得很充实，则抗日救国的愿望，必能早日完成。"① 学生的救国运动日上轨道，抗日情绪更加浓厚。由于中大师生抗日救亡运动的成效显著，日本人称国立中山大学为"抗日大本营"。

一、九一八事变与中大的抗日活动

在抗日战争全面爆发（以下简称全面抗战爆发）前，国立中山大学的抗日活动主要是学校组织抗日游行、募捐、军训以及发动民众抗日等活动。九一八事变后，日本侵占东北三省，全校师生悲愤无比，纷纷起来控诉和反抗日本帝国主义侵略的野蛮行径。

1931 年 9 月 23 日，中大 2000 多名师生在学校大礼堂召开反日救国运动大会，推举代理校长许崇清和师生代表 21 人组成"国立中山大学反日救国运动大会执行委员会"，领导开展抗日救亡运动。大会通过多项决议：电请全国同胞，一致奋起呼吁，息内争而御外患；请政府即日通电对日经济绝交；以全体同学名义，召集全市各校开反日大会，通电国内外，宣布日本破坏世界和平之种种暴行；即日组织宣传队，做大规模宣传；组织全市学生大游行；等等。

24 日下午，中大召集 2000 多名师生员工，在文明路校园操场集合，浩浩荡荡地出发到市区举行游行示威，并向广州国民政府递交抗日请愿书，要求政府对日绝交，发动全国力量一致抗日。

在中大师生的带动下，广州各中高等学校的师生，也纷纷投入抗日救亡的洪流中。26 日上午，广州全市中等以上学校的 1 万多名学生，集合在国立中山大学的操场上，参与抗日运动大会。当时会场到

---

① 邹鲁：《读书，救国，抗日！》，程焕文编：《邹鲁校长治校文集》，第 97 页。

处贴着“促蒋下野，以组织统一政府”“对日绝交”“打倒日本帝国主义”① 等标语。会后，全体学生列队到市区示威游行。中大反日救国会发出《告全世界学术机关电》《告张学良电》和《告全国人民书》等抗日通电，号召全国人民团结起来，一致抗日。

为了给全校师生研究日本侵占我国东北三省的事实提供资料查询，学校图书馆专门汇集了关于日本和东北三省的馆藏图书资料，誊写出目录和书码，在图书馆借书处公布，并刊登在校报上，以便于师生查阅。②

从10月5日起，中大举行国难宣传周，请蔡元培等社会名流来校作抗日演讲，组织抗日宣传队奔赴广东各地宣传反日并开展抵制日货、提倡国货的群众运动。广州市永汉警察分局局长杜煊泰开设的新世界洋货店专卖日货。10日，愤怒的群众将该店的日货搬出焚烧。杜竟调其下属警员到场，三次开枪射击，当场死5人，伤80多人，中大学生姚国桢头部中弹，双目被毁。广州市公安局局长率队到场将行凶警察缴械，杜被押解入狱。11日，以中大学生为主体的广州学生和各界抗日团体带着血衣到广州国民政府请愿，汪精卫、萧佛成、邓泽如接见代表时称：公安局局长陈庆云已引咎辞职，将组织特别法庭审讯，对死难者予以抚恤，并表示保护民众运动。12日，中大学生不满意汪精卫等的答复，宣布罢课。同学们在《宣言》中表示“誓以鲜血争民意，以头颅保国土，内除殃民大憝，外抗日本帝国主义”③。

1931年11月，日军攻占黑龙江，东北军马占山部奋起抗击，饷尽援绝。中大反日救国会于11月16日致电马占山，表示对马占山部的支持。随即，中大师生成立了由校长、各学院院长、各系主任、高中主任、初中主任、附小主任、军训部主任和各学院学生代表组成的募捐委员会，全校员生工友总动员3天出外募捐。捐款办法如下：教

---

① 《全市学生抗日大会昨在本校开会》，《国立中山大学日报》1931年9月28日。

② 《图书馆启事》，《国立中山大学日报》1931年9月29日。

③ 陈玉川主编：《相扶风雨　共舞朝阳——中山大学统战工作》，中山大学出版社2004年版，第25页。

授全月薪水半数；职员全月薪水十分之一；大学和高中同学每人1元，初中同学每人6毫，附小同学每人4毫；工友每人1毫（最低限度）。[①] 广大师生踊跃捐款，首批募得款项大洋15000元。中大反日救国会将款项汇寄马占山部，并致电："我公统率三军，尽责守土，塞外孤军，长期血战，北望黑山，曷胜感奋！敝校员生输将劝募，经集巨款，为我公援。现正候电汇上，尤盼努力杀贼，光我中华。"[②]

由于许崇清校长对本校学生开展抗日救亡运动持积极态度，被全校师生反日大会推举为学校反日救国会委员，支持并实际领导了抗日救亡运动，为西南政务委员会所不满，被国民政府免去职务。1931年12月，国民政府任命广东省政府委员兼财政厅厅长林云陔为国立中山大学校长，林未到校任事并呈请辞校长之职。国民政府又改任命西南政务委员会委员邹鲁为校长。邹鲁于1932年2月1日到校宣誓就职，许崇清调任广东省教育厅厅长。"永汉路惨案"并没有令中大师生员工退缩，他们不畏强暴，继续以各种形式开展抗日救亡活动。

二、"一·二八"淞沪抗战与中大的抗日活动

1932年1月28日，日军进犯上海，中国军队奋起抗击，连续击退日军进攻，使敌三易主将，数次增兵，死伤逾万，受到沉重打击。中国军队的爱国行动，得到全国人民和海外侨胞的热烈支持。淞沪抗战爆发后，国立中山大学的学生再次走上街头，停课开展抗日宣传活动，发动民众捐款援助十九路军。邹鲁校长领衔发起募捐的倡议书，倡议书指出："暴日逞凶，称兵犯境，既侵占我东北，复袭击我沪宁"，"幸我十九路军将士忠勇御敌，迭奏奇功；扫荡强寇，振我国威"，"同人等诚以我校同事抗日救国之忱，素不后人，爰发起募捐

---

① 《本校全体员生工友昨开大会纪盛》，《国立中山大学日报》1931年11月23日。

② 《本校反日救国会昨致马占山电》，《国立中山大学日报》1931年12月1日。

之举”。[1] 2月29日，中大与广州各校学生绝食一天，将省下的膳食费用捐赠给十九路军将士。3月4日，中大师生将前援助马占山部的余款和新筹募的款项共36000元交惠州会馆第十九路军驻粤办事处沈载和主任。[2]

“一·二八”淞沪抗战爆发后，国民党中央执行委员会制定、国民政府颁发抗日檄文《学生义勇军教育纲领》，号召全国教师学生遵行，一时之间全国各地活跃着一支支学生义勇军。1932年3月5日，“国立中山大学义勇军”成立，何春帆即日就任学生义勇军办事处主任。《义勇军编练大纲》规定：“本校高中一年级以上，及大学一、二、三、四年级之男生，均编为本大学学生义勇军受军事训练，女生编为救护队”，“每日以下午3时至5时为学生义勇军训练时间”，“不受训练者以旷课论”，“本军之大学队拟定军事学科每周8小时，术科每周4小时，高中队军事学科每周4小时，术科8小时”，“义勇军须一律穿本校规定之军服，以壮军容”。[3] 学校第12次教务会议讨论决定，学校各借读生、旁听生等，也一律要求参加学生义勇军训练。本校所有高中一年级至大学各年级女生，均应该加入训练，由医学院负责编队，以便进行学生义勇军的救护事宜。[4]

1932年6月30日，十九路军军长蔡廷锴到国立中山大学发表演说（图1.20），向学校师生陈述十九路军“一·二八”抗日战役的经过，对中大的学生怀抱殷切期望：“现在中国前途，异常危险，挽救之责，惟诸君是赖。希望各位须本总理遗训，读书不忘救国，救国不忘读书之旨，努力奋斗。学成之后，非只望做官，须负责救国。方算略尽学人天职，方无负于国家。”[5] 他的演说深深感动和激励了全校的师生。

---

① 《本校教职员发起募捐援沪之原函》，《国立中山大学日报》1932年2月26日。
② 《本校援黑捐款余款转助十九路军》，《国立中山大学日报》1932年3月8日。
③ 《本校义勇军编练大纲》，《国立中山大学日报》1932年3月5日。
④ 《报告办理组织义勇军经过情形》，《国立中山大学日报》1932年3月21日。
⑤ 易汉文主编：《金声玉振——名人在中山大学演讲录》，第57页。

星期六　民國二十一年七月二日　國立中山大學日報　第一版

中華郵政掛號認爲新聞紙類（本報今日半張）

中華民國二十一年七月二日

國立中山大學日報

通訊處：（廣州市）國立中山大學日報編輯處

發行處：（廣州市）國立中山大學事務管理處出版部售書處

（集總理手蹟）

第一二〇七號

總理遺囑

余致力國民革命凡四十年其目的在求中國之自由平等積四十年之經驗深知欲達到此目的必須喚起民衆及聯合世界上以平等待我之民族共同奮鬥

現在革命尚未成功凡我同志務須依照余所著建國方略建國大綱三民主義及第一次全國代表大會宣言繼續努力以求貫徹最近主張開國民會議及廢除不平等條約尤須於最短期間促其實現是所至囑

九曜坊（華文）印務局承印

文告

◎大學布告

爲布告事，照得本學年考試，業經完竣，依校曆規定，由六月廿七日起至九月七日止，爲本科暑假之期；由六月廿七日起至八月卅一日止，爲高中暑假之期，合行佈告，仰各生一体知照。此布。

校長鄒魯

中華民國廿一年七月一日

◎大學佈告

爲布告事：茲定於本月五日（星期二日）下午一時，在本校大禮堂舉行本科第六屆高中部第一屆畢業典禮，希本校全體員生，屆時一律出席參加，爲要。此布。

校長鄒魯

中華民國二十一年七月一日

◎教務處公函

逕啟者：本校第六屆畢業典禮定七月五日舉行，亟應分行籌備，關于宣讀畢業論文一節，請貴院長將本屆畢業論文題目，於七月四日前送處。再本屆畢業應行給獎之姓名及成績，並希開送，希併速辦爲荷。此致

各學院院長

教務主任蕭冠英　七月一日

演講錄

◎蔡廷楷將軍演說詞

曾紀蔚　周鼎培　筆記

（民國二十一年六月三十日在本校歡迎大會）

鄒校長，各位同志：今日蒙貴校邀赴斯會，覺得非常慚愧，同時覺得非常榮幸：自從中大成立以來，屢欲參觀而未果；今得此機會與諸君會面，欣快何如；茲承校長之囑，將抗日戰役經過大畧，向諸君報告，惟兄弟不善詞令，諸希見諒。

(a)

第二版　國立中山大學日報　民國二十一年七月二日　星期六

十九路軍，四五年來，常在槍林彈雨中生活，但經過各種戰爭，實際於自我改良；去年秋，適在剿匪時期，忽接中央電報東北在九一八之變，不過二十四小時，失去三省幅員，在當時東北軍隊，有三十萬之衆，竟持不抵抗主義而退卻，尚能勝算自由；與暴日作殊死戰，安知不能殺敵致果，為民族爭光，現東北淪陷，已垂手讓人。吾輩當時，兄弟等時，悲憤填膺，千七萬軍人天職，欲本軍調赴京滬時，即擬請調往東北，與暴日抗戰，謀收復失地；旋以軍隊甫集，未能如願，乃將十九路軍，由贛調防，改編整頓，開赴東北後援，佈置略為就緒，正擬出發，而忽有一二八之變；其始，日人在滬侵辱我民衆，焚劫我工廠，更提苛約四條，以示威脅；上海市政府，雖忍辱委曲，接受日方所提條件，日本領事，亦認為滿意，豈知是夜日本軍隊，突然迫市政府退出閘北，要求二十公里，同時向京，閘，滬，寶諸地，紛紛挑戰；但本軍守土有責，民衆抵命令，不容不舍棄地，不意日本繼續增兵，進攻閘北，故祗有迎頭抵抗；有人什麼北京抵抗是否違命令？兄弟覺得此種問法，實在矛盾。當十九路軍有衛戍京滬之責，暴日不顧公理，突然犯境，我軍自不甘受其欺負，必盡力抵抗，實行正當防衛；在初期抵抗，我軍僅約有一萬人，日陸戰隊有四五千人，日軍大敗後，要求暫時停戰；未幾日軍增援，至五師團，我軍加入六一師，七十八師，八十七師，八十八師，統計日軍共十二萬人，佔全國兵力三分一，飛機三百架，戰艦六七十艘，我軍四萬人，經過四十餘日之戰爭，惟以團結之精神，民衆之熱誠，與暴日奮鬥，雖未全勝，亦可使日人得一大教訓，不至欺我民族太甚也。此次在滬抗日，多賴民衆赴援，各地軍隊，及匪共猖獗，一時未克調中援救，亦時勢所使然，但覺得到軍援效之各地學生，異常熱誠勇敢，紛組義勇軍相從助，實可欽感也。現在中國前途，異常危險，挽救之責，惟諸君是賴，希望各位須本總理遺訓，讀書不忘救國，救國不忘讀書之言，努力奮鬥，學成之後，非祗專做官，須負責救國，方算盡學人天職，方無負於國家，完了。

校聞

◎聘馬博士貽綬任兒科教授

本校醫學院兒科教授現已聘定馬貽綬博士充任，馬君係德國柏林根大學畢業，曾獲兒科醫學博士，畢業後歷於德國各大學醫院及公私立醫院如Universitaets-Kinderklinik, Tuebingen; Orthopaed. Prov. Kinderheilanstalt Fuechtin Rbld; Kaiserin Friedrich- Kinderkrankenhaus der Stadt Berlin; Evangelise Kes Krenhenhaus Lippstadt等處任兒科醫生及年，復往奧國維也納大學醫院任兒科醫生二年，回國後任上海惡心醫院兒科主任醫生暨亦有年云。

◎聘黃博士錫雄任化學系主任兼化學工程系主任

本校校長鄒海濱先生，自蒞任以來，對於校務力謀發展，近特聘請廣東兵器製造廠技師兼化學室主任黃錫雄博士來校充本校化學系主任兼化學工程系主任，聞黃博士留德十餘年，專攻化學，民國十五年畢業於德國柏林工業大學化學系，得特獎工程師，卒業後從名師徒勞伯Traube教授作博士工作，題為「伊洪白極速度與膠狀分佈系向極速度之關係 Der Einfluss der Ionenbeweglich Keiten auf die Kataphoretische Wanderungsgeschwindigkeit Kolloider Sola」。民十七年面試後，得工學博士學位，旋任該校膠狀化學院助教半年，再進柏林西門子電器廠電解化學部任工程師兼研究軍事化學一年，民國廿年六月返國，即在廣東兵器製造廠任職，聞黃先生應校長之聘後已將該處職務辭去云。

◎本屆及高中部畢業典禮定期舉行

本校本科第六屆及高中部第一屆畢業典禮，頃已定于本月五日（星期二）下午一時在大禮堂舉行，昨經函呈西南執行部及西南政務委員會屆時派員蒞校訓話，同時並函市政府派銅樂隊到場行禮云。是日典禮秩序，並誌如下：（一）齊集，（二）奏樂，（三）唱黨歌，（四）向黨國旗總理遺像行三鞠躬禮，（五）主席恭讀總理遺囑，（六）主席宣布開會，（七）頒發畢業證書，（八）宣布畢業論文題目，（九）奏樂，（十）西南執行部政務委員會委員訓話，（十一）校長訓話，（十二）演說（及宣讀祝詞），（十三）畢業生代表答詞，（十四）頒發獎品，（十五）奏樂，（十六）拍照，（十七）禮成。

(b)

图 1.20　十九路军军长蔡廷锴到国立中山大学发表演说的报道

由于共产党人参与和领导的抗日救亡活动冲击了国民党的统治秩序，触怒了广东军政当局，1932 年 7 月 22 日，行政院院长汪精卫、教育部部长朱家骅联名发出《中央通令严厉整顿教育》的通知，列出十余年来“教育纪律，愈见凌替，学校风潮，日有所闻”的状况，宣布对“屡犯学规，言行越轨者宜分别戒饬。其有习气太深，不堪栽成者，宜断然开除”。国立中山大学当局于 8 月 4 日贴出布告，在引用行政院、教育部联合电文之后，宣布自九一八事变以来积极从事抗日救亡运动的学生骨干“马景曾、许培干、邱庆镛、林荫棠、方楫、孔昭成、尹应官、詹伯庭、郑锡祥（李凡夫）、李宗尧、李硕芬等十一名，习气甚深，不堪栽成，应予开除学籍，以肃校规；该学生马景曾等十一名，业经开除学籍，则本校一切团体，即失其参加的资格”。中大反日救国会在支援“一·二八”淞沪抗战后不久，由于学校对学生实行军训而停止了活动。①

三、国立中山大学抗日剧社

尽管受到当局的各种压制，国立中山大学的爱国师生们仍充分利用各种机会，高举抗日旗帜，为挽救中华民族而斗争。在中国共产党的政治影响下，中大高中部学生李克筠、吴永年、钱兴、曾振声②（曾生）、虞焕章③（杨康华）等，纷纷组织读书会，阅读和传播介绍

---

① 黄义祥编著：《中山大学史稿（1924—1949）》，中山大学出版社 1999 年版，第 285 页。

② 曾振声（1910—1995），又名曾生，1937 年 7 月在国立中山大学文学院教育学系本科毕业，取得学士学位。1936 年 10 月加入中国共产党。东江人民抗日武装创始人之一，曾任东江纵队司令员、两广纵队司令员。新中国成立后，先后担任广东军区副司令员、华南军区第一副参谋长等职。

③ 虞焕章（1915—1991），又名杨康华。1936 年加入中国共产党，同年毕业于国立中山大学。曾任中共广州市委、粤东南特委宣传部部长，香港市委书记，东江纵队、两广纵队政治部主任。新中国成立后，历任中共珠江地委书记，中共广东省委文教部、统战部部长，广东省第二届政协副主席、副省长兼暨南大学校长等。

马克思学说的书刊以及鲁迅等左翼作家的著作，讨论时局和群众运动中的问题，并积极参加当时的抗日救亡活动。

1932 年 1 月 9 日，李克筠、吴永年成立“高中部抗日剧社”（图 1.21），以生动的戏剧为载体，向学生、工人、市民公演，宣传抗日救国，激起了强烈的反响。2 月 10 日，剧社在省教育会举行了第一次公演，演出了《工场夜景》《钱》《活路》三个独幕剧。5 月第二次公演时，大学部和初中部的同学也参加了演出，剧社改名为“国立中山大学抗日剧社”，和其他高校的学生联袂演出。1934 年 5 月李克筠被捕，剧社被查封，剧社运作了 2 年 4 个月后结束。剧社从它诞生到结束，共演出了 12 次，演出场地多在省教育会礼堂，少数是用中大附小礼堂。每场大约有观众 1000 人，累计看过中大抗日剧社演出的校内外群众至少超过 12000 人次。由于当时群众抗日情绪高涨，演出的内容和技巧也比较好，几乎场场满座，有些场次还有观众宁愿站着看到底的。至于台上台下一齐喊“打倒日本帝国主义”的场面，更是经常看到的。①

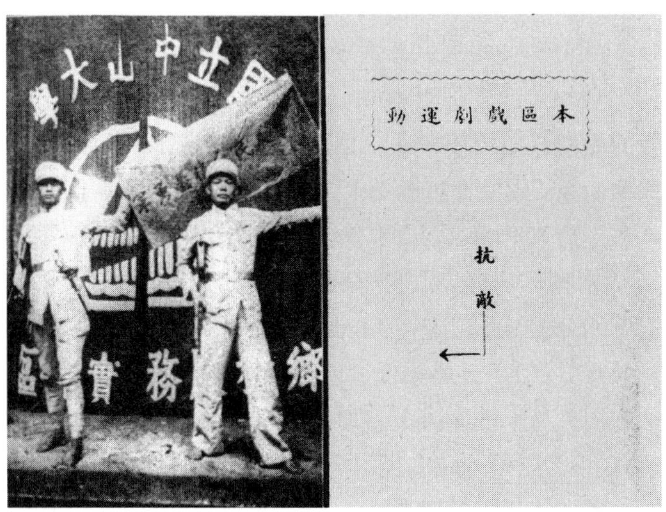

图 1.21　国立中山大学抗日戏剧剧照

---

① 陈嘉编：《抗日剧社和易扬》，广州：出版社不详，2001 年，第 153 ～ 154 页。

1932 年 5 月，剧社成员卢芳通过上海左翼文艺刊物《文艺新闻》的关系，与中国左翼戏剧家联盟的负责人赵铭彝取得联系，并接受赵的建议，成立了左翼剧联广州分盟。在中大抗日剧社存在的两年多时间里，他们还先后组织了新兴读书会和苏维埃之友会。1934 年 5 月，剧社被国民党查封，其主要成员吴永年、肖宜越、黄志潜等被迫离开广州，李克筠被捕（1937 年出狱），其所属的组织均停止活动。

四、“广州文总”六烈士

“广州文总”六烈士是指温盛刚、谭国标、凌伯骥、赖寅仿、郑挺秀、何仁棠六名为抗日活动而牺牲的热血青年。这六位烈士均与国立中山大学渊源非浅：温盛刚是中大的代课教师，谭国标是中大高中部的毕业生，郑挺秀是中大经济学系的毕业生，其他三位都是中大的在读学生。

1933 年 4 月，受中国共产党抗日主张影响，在中大著名“红色教授”何思敬和代课教师温盛刚（中共党员）的指导下，以抗日为主要任务的秘密革命团体——“中国左翼文化总同盟广州分盟”（简称“广州文总”）成立，直接受中共中央文委领导下建立的中国文化总同盟（驻上海）领导，下辖广州“社联”（中国社会科学家联盟广州分盟）、“剧联”（中国戏剧家联盟广州分盟）、“左联”（中国左翼作家联盟广州分盟）等组织，领导人为何干之、欧阳山、连贯（中大职员、共产党员），温盛刚任宣传部长，谭国标任组织部长。

在这些中大骨干的努力下，加入“广州文总”的学生越来越多，最多时达 70 多人。另外还有读书会成员 200 多人。从 1932 年到 1934 年间，在左翼文化运动的影响下，中大学生（以及与外校的进步师生联合）出版了一批地下刊物，如《世界情势》《火花》《天王星》《薪路线》《新启蒙》和《戏剧新闻》（后改名《戏剧艺术》）等。

在“广州文总”的积极活动下，广州青年学子的抗日情绪愈发

高涨，引起了“南天王”陈济棠的惧怕与敌视。1934年1月28日，“广州文总”组织开展纪念“一·二八”两周年演出活动。中大抗日剧社在中大附小平山堂演出节目，休息时，广州“社联”成员散发抗日传单，被预先埋伏的特务发现，“广州文总”有60多人先后被捕，遭到了严重的破坏。

经多方的营救和社会舆论的巨大压力，国民党当局被迫释放了大部分学生，但“广州文总”骨干温盛刚、谭国标、凌伯骥、赖寅倣、郑挺秀、何仁棠六人，于1934年8月1日在广州红花岗惨遭杀害，这是历史上的红花岗六烈士。他们年龄最大的不过27岁，年龄最小的仅21岁。

“广州文总”的成立在团结教育进步青年，宣传马列主义和中国共产党的抗日政治主张，唤起民众开展抗日救亡运动等方面起了积极的作用，特别是为1936年共产党组织在广州的重建奠定了基础。新中国成立后，温盛刚等六人被追认为革命烈士，史称“广州文总”六烈士，有关部门在广州市银河公墓为其树碑纪念。该烈士陵墓目前已经被广州市天河区政府纳入不可移动文物保护范围。

五、国立中山大学北上救护队

1933年3月18日，国立中山大学医学院学生召开全院学生大会，大会分析了当下的情势，“东北沦亡，承德继失，平津撼动，国本垂危”，“战事日烈，前线将士负伤累累，卫生救护急待援助”。[①] 会上，全体学生达成共识，认为医学院是国家培养医学人才的机关，国难当前，不能对为国而战的前线受伤将士坐视不理。因此，大会经过详细讨论决议，医学院学生编成五组“救护队”，五年级为第一

---

① 《关于请准予北上救护并拨发旅费等情的呈》，中山大学档案馆馆藏档案，关联号020－003－0048－034。

队，四年级为第二队，三年级为第三队，二年级为第四队，一年级为第五队，第一、二、三队先行北上从事救护工作，第四、五队留校训练，训练完毕后出发。同时呈请校长，由医学院院长、教授、助教领导，医院护士一同参加。

医学院学生的呈请得到邹鲁校长的赞赏和批准，并得到了学校的经费支持。医学院北上救护队制定了《国立中山大学医学院救护大队随军出发办法》[①]：

> （一）分为三队出发：第一队毕业生（现充助教）七人（其中内科二人，外科一人，皮肤科一人，儿科一人，妇科一人）（**按：原文如此**），另由教授二人领队，毕业护士十四人（在院服务者七人，在外七人）（担架生另募）。
>
> （二）经费。教职员及在院服务护士均常薪出发，不另给费，在外护士酌量给回津贴三十元。
>
> （三）沿途旅费及食宿费由大学拨给。舟车费实报实销，伙食每人每日一元。
>
> （四）卫生材料器具由第一、第二医院拨借。棉花、纱布、药品由大学一次拨购一千元，同时更分头募集卫生材料。
>
> （五）以上系第一队组织法，其余第二第三队赶速继续训练。
>
> （六）办公费邮电费每月规定十元。

按医学院北上救护队的计划，第一队准备完成后，即先行出发，到南京后，和同济、光华等救护队会同北上，工作和地点由中央卫生署计划分配。

---

① 《国立中山大学医学院救护大队随军出发办法》，中山大学档案馆馆藏档案，关联号 020－003－0048－030。

六、“一二·九”运动与国立中山大学

1935年12月，北平爆发“一二·九”运动，消息传到广州。翌日，国立中山大学爱国师生在中国共产党的外围组织“中青”“突进社”等学生社团领导下率先响应。12月10日，校园里到处张贴着剪报和壁报，介绍北平学生英勇斗争的消息，呼吁师生召开全校性大会，开展抗日救亡活动。12月11日，中大第一次抗日大会在大礼堂举行，共有3000多人参加。会上一致做出决议：响应北平学生的爱国运动，通电全国抗日救亡，12日到广州市内举行抗日示威大游行。12日，全校学生在学校图书馆前集合，列队出发到市内，会同附校学生举行抗日示威大游行，并沿途分发告同胞书，计全校学生参加游行的不下5000人。31日，在石牌新校大礼堂召开了全校抗日大会。各学院学生重新推选曾振声、钟远藩、李康寿等5人为临时主席团，曾振声为主席。大会决定即日联络全市学生，举行总动员抗敌示威大巡行；请愿要点有二：一是请政府准许学生以及民众抗日救国集会行动言论出版自由，二是请西南政委会宣布对日外交态度（图1.22）。①

中大的抗日救国运动蓬勃发展，学生抗日情绪无比高涨，以至于在1936年1月6日的全校抗日救国大会上，发生学生“嬉止院长教授发言”的事件。1月9日，中大师生举行广州市抗日救国会成立大会，中大学生4000多人，与冲破阻挠赶来汇合的其他学校学生共1万多人，集合到长堤新填地广场（今省总工会一带）。大批市民也聚拢到广场，会场人数达到3万人左右。这是几年来广州市学生人数最多、情绪最高昂的一次大会。会场上空，响彻“打倒日本帝国主义！”“反对华北特殊化！”“反对南京政府妥协投降！”“反对内战，一致抗日！”“反对法西斯专制，争取爱国自由！”等口号声。大会由

① 吴定宇主编：《中山大学校史（1924—2004）》，第146～147页。

曾振声主持，一致通过决议：通电全国，响应北平学生的抗日爱国运动，反对南京国民政府妥协的外交政策。会后的游行示威活动中，学生们把省教育厅的办公台柜、玻璃等打得粉碎，中大附中的学生还拆下了“广东省教育厅”的招牌。[1] 事后，邹鲁校长分别致电西南政务委员会和南京政府教育部，请求处分。

图 1.22　1935 年 12 月 12 日中大学生 3000 多人举行抗日游行，支援“一二·九”运动。前行挽袖者为曾振声，右执旗者为杨康华

学生的抗日救亡运动遭到广东当局的镇压。同年 1 月 13 日，广州市学生抗日救国联合会举行抗日示威分区游行。当 900 多人组成的学生队伍游行到荔湾桥时，打着所谓“广州市民救国锄奸团”幌子的 100 多名暴徒，突然拿出手枪、铁尺、木棍向学生攻击，当场打伤 100 多人，造成轰动全省的“荔湾惨案”。其中，中大纠察队队长冯道先因伤势过重，不治牺牲，中大学生粟稔、辛升粹、张凤楼、李驹良、李康寿、朱文畅等 10 多人被拘捕。广东当局随即宣布戒严，派出军警四处搜捕宣传抗日的师生，中大主张抗日的邓初民和何思敬教授被迫离开广州。自“荔湾惨案”后，中大学生运动逐渐转为以乡村战时教育运动为重点。

---

① 梁山、李坚、张克谟：《中山大学校史（1924—1949）》，第 83 页。

第二章　空前浩劫

1937 年 7 月 7 日，日军发动卢沟桥事变，抗日战争全面爆发。1937 年 8 月起，日军对广州进行长达 14 个月的飞机轰炸，国立中山大学石牌校园和文明路校园也成了日军轰炸的对象。国难深重的时刻，中大人秉承孙中山先生救国救民的遗训，坚持教学科研，为抗战建设培养人才，积极投身于各种抗日救亡活动。在广州沦陷前夕，师生们舍身保护校产，为学校内迁、赓续学脉做出了重要的贡献。

第一节　中大的备战措施

一、防空建筑

石牌新校建设之时，日军侵占东北三省已有两年。国立中山大学的领导者们早已意识到，广州身为华南重镇、中国国防的要冲，在未来之国际战争中，必将遭受敌国的空袭。而中大作为孙中山先生手创的名校，被日本人称为“抗日大本营”，多年来引领着华南地区的抗日热潮，早已遭受敌人的嫉恨。更何况学校远离市区，校园广袤，占地面积达 1 万多亩，学校建筑物附近地势空旷，缺少天然的遮蔽，在空袭中容易暴露目标。且石牌邻近西南民航机场，与广州空军总站遥遥相对，环境与地势均属扼要，很容易成为敌人空袭的目标。“我中山大学为华南最高学府，数千优秀青年学子聚集之所，规模宏大，为全国之冠，石牌新校，建设四载，耗资达数百万元，苟平日无相当之防空设施与准备，一旦发生空战，吾恐敌人誉为‘中国之文化城’，璀璨巍峨之黉宫，将于一瞬间牺牲于无情敌弹之下，化为焦土，国家之精华，巨量之资财，而无所凭障矣。”[①] 因此，学校领导者们在建设石牌新校的时候，虽然建设经费时常捉襟见肘，但在尽可能的范围内，对防空建筑做了未雨绸缪的规划和建设，并逐渐推行。

工学院院长萧冠英对学校的防空建筑设备作了简要的叙述[②]：

> （1）某实验室地库之计划
>
> 某实验室地库之计划，原欲作防空学术上研究之资料，同时以备万一非常时期之用，故设计地库顶面厚度，系以100公斤炸弹为标准，……
>
> ……只地库上之最上两层楼面，已能抵抗300公斤之炸弹，尚可安全，惟该地库最后扩充部分，因经济关系，只有一尺厚之顶面，似觉稍逊，若能于其上再加置沙包，或其他掩盖物，亦能相当抵抗也。
>
> 至于防毒设备上，各出入口均设有消毒室，每室皆设有防毒滤气机，各室均装置德国特购之钢质防毒门，及美国之保险防毒门，以防毒气之侵入，并为换气上，装设打风机四架，可供全库各室换气之用。
>
> 地库特设有电机房及电池室，以便发电及动力之用，其他厕所，浴室，医药室，上下水管，污水井，食水井等均一一完备。
>
> 地库……实际可容六百余人耳，我校全体教职员学生等共二千余人，当不敷分配，故另在各学院附近特增设防空壕等收容以保安全。

---

① 《石牌中山大学校防护分团组织及消极防空设施计划书》，中山大学档案馆馆藏档案，关联号020－002－0084－001。

② 萧冠英：《空袭与建筑》。

（2）防空避难壕之构筑

防空壕之构造，为经济计，为安全计，为迅速完成计，故壕身壕拱全用四隅砖（两块砖长之厚度为四十四厘）士敏土砂浆砌结，坚实程度，已超过德国规定38厘之最少限度，若能砌结得法，亦可耐相当之震动力，否则一受震荡，即剥落粉碎亦属危险。总计防空壕在本校之完成，有十余座，已足供全校员生之用。此等防空壕构造与设备，虽不能均谓为绝对安全的耐弹建筑，然亦为避难者精神上有莫大之安慰也。

附表

本校防空地库建筑表

号数	长度（呎）	宽度（呎）	容纳人数
一号	（一）232 （二）100	10 5	460 100
二号	220	10	440
三号	（一）307 （二）36	10 5	615 30
四号	（一）260 （二）70	10 5	520 70
五号	23	20	80
六号	448	5	576
七号	（一）135 （二）45 （三）38	5 8 6	180 90 50
八号	773	4	770
九号	1610	4	1600
总计		可容人数为	5581名

二、防空组织

抗日战争时期，广州市的消极防空组织——广州市防护团于1936年12月12日成立，隶属广州市防空指挥部，并受广州市防空支会指导。其主要职能是：办理广州市海防空防业务，及平时防卫、防护及水、火、地震等灾害事宜。时广州市市长曾养甫兼任团长。广州市防护团创建初期，国立中山大学的专家教授就积极地参与到该组织的智囊团中。1937年3月10日，曾养甫市长因"防空业务头绪纷繁，而防空技能又复日新月异，关于防空设计非借助技术专家，集多数智力精心研讨，不足以适应事实上之需求"①，特聘中大附属第一医院院长姚碧澄教授为该团的名誉设计委员，中大附属第一医院参与了该团关于建立救急、收容和治疗等班，以及健全全市各救护队组织的商讨和决议过程。

1937年8月10日，为防御敌机空袭，中大决定设立"石牌中山大学校防护分团"，印发《石牌中山大学校防护分团组织及消极防空设施计划书》到各院，要求理、工、农、医四个学院照章推举一名教授，担任分团干事。学校军训部主任担任常务干事，负责召集和指挥。到8月下旬，防护分团干事名单落实后，学校防护分团于28日举行了第一次会议。

按照计划书，中大防护分团以学校全体教职员、学生和工友为主干，最高指挥长官为分团长，由大学校长兼任。依照规定，分团设立各种班，如警报班、警备班、防毒班和救护班等，校长邹鲁令附属第一医院设立防毒班和救护班，工学院负责赶制防毒面具，供各班备用。在防空业务上，学校的防护分团和广州市防护团本部保持密切联

---

① 《广东防空协会广州市防护团团本部关于姚碧澄担任本团名誉设计委员等情的文》，中山大学档案馆馆藏档案，关联号020－007－0093－093。

系，互相协助，其隶属系统如图 2. 1 所示。①

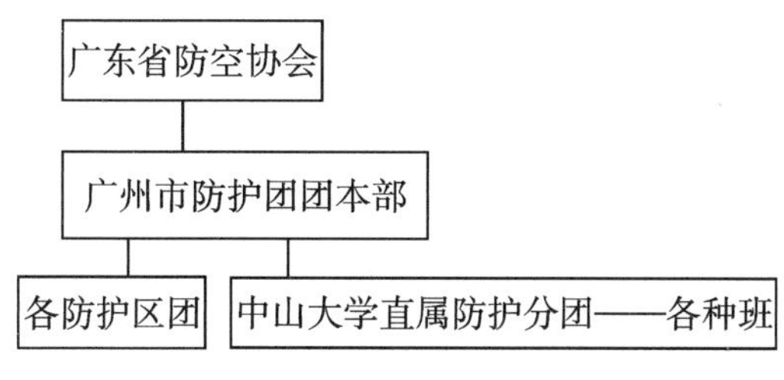

图 2. 1　中大防护分团隶属系统

三、防空系统

石牌新校建立时，国立中山大学除注意防空建筑的建设外，对防空设备也有相当的投入。到 1937 年 8 月中大防护分团成立时，中大对全校的防空系统进行了一次全面的梳理，并制定了整改和完善的方案：

（1）防空警报。白天利用发电厂的汽笛和上课的铜钟作为防空警报，声音能遍传本校内各地；晚上利用电灯熄灭的办法，作为警报讯号；中大防护分团成立后，还计划在分团内部装置信号灯、警钟和收音机，以听取广州市防空司令部的警报，并及时传达于校内各院部，或增设直通广州市防空司令部的电话专线。

（2）防空通信。学校的自动电话总机竣工后，除驳接到广州市自动电话线外，校内各处的电话线路应装置独立的蓄电池，以防通至广州之线路中断时，校内各处仍可通话而不受影响。

（3）灯火管制。要求各学院、各单位按照目前校舍灯火的状况，督促员工完成以下项目：全校各建筑窗户、路灯的遮蔽；预备低光的灯泡，在灯光限制时使用；准备蜡烛、油灯和手电筒，以备电灯全部

① 《石牌中山大学校防护分团组织及消极防空设施计划书》。

熄灭时，警备班员维持治安警戒照明之用；改装电线，划分屋外与屋内两种管制。这些项目要求经常进行检查，尽可能完善。

（4）消防设备。学校新建的各种建筑物，都采用钢筋混凝土材料，符合防火的要求。但在防空方面，各建筑物之间过于密集，遭受空袭时易造成损失；一些带天井的建筑物也易聚集毒气，今后不宜采用。此外，仍应推进以下的消防工作：贮备消防用具、太平桶、沙包、灭火药品等；将各种易燃、易爆的物品转移到安全地点，并派专人管理；保存现有的各种水塘湖沼，以备自来水断绝供给时消防之用；在学校各地设置消防龙头；由农学院规划设置防火地带，以防火势蔓延，毁灭农场；购置灭火机、抽水机若干辆及其他消防器材。

（5）防毒消毒。贮备油纸及油布，用来包裹防毒门窗和物件；将门窗严密的校舍布置为防毒室；购置消毒、防毒用具和药料，如漂白粉、石灰、肥皂等；购置防毒面具、防毒衣和靴套若干。上述装备平时也可满足学生研究实验的需要。

（6）救护避难。继续加大对防空避难室、避难壕的建设投入，设置救护车，扩充校医处。

（7）伪装遮蔽。学校道路多为混凝土建造，颜色较浅，易反光，在夜间容易被飞机发现，需要用颜料涂扫表面，将来筑路应以沥青深色路面为宜；购置伪装网、伪装油布、烟雾弹等伪装用具；目前的新建筑除宿舍外，屋顶大部分是绿色瓦盖，但仍要在迷彩和变形方面加以改进；利用迷彩颜色料，涂布自来水塔；加大力度广植树木，盖搭棚厂，利用攀藤植物遮蔽学校东北方的水源地、蓄水池和抽水机房，以及发电厂和金木机械二厂。

（8）警备方面。设置哨所，划定警备区域，分别由校警和农场警察依照哨所的设置防卫警戒；增强警备力量，添置枪械，警备人员配备脚踏车；利用天文台为瞭望，以作对空监视警戒之用。

（9）工务班。学校工务班下设电气、道路、自来水、建筑各组，平时负责建设保护，战时负责修补；计划建设播音台，平时可供无线电学实验，事变时可作为警报通信；现时所有电线均采用架空电杆，

将来宜改为埋在地下，既美观，又可以符合防空的要求。①

四、防空规章

在防空规章方面，国立中山大学积极配合广东防空委员会的防空工作，除抄送、传达国家关于防空管制的法规文件外，从1935年开始，中大还发布了一系列关于防空规章的布告（表2.1），对防空工作高度重视。其中规定最为严格和细致的文件当属1936年2月28日公布的《防空灯火管制细则》。该细则分为13个条目，目的是“为预防敌机夜袭，避免目标暴露，安全本校而设”，“本校得到广东防空委员会之警报后，则本校所属区域所有燃用之电力灯、煤气灯、煤油灯等灯火及一切发光物体，均依照此细则办理之”，“在实施非常管制时期，如有违反本规则之规定者，按其情节轻重，以严厉之方法处分之”。②

表2.1　国立中山大学的系列防空规章布告

时　间	文件或布告名称
1935年2月19日	《国立中山大学关于检发广东防空灯火管制区域遮蔽罩检查办法一事的文》
1936年2月28日	《防空灯火管制细则》
1936年9月6日	《国立中山大学关于敌机空袭时不得点扬火焰，否则以汉奸论处的布告》
1937年9月7日	《非常时期全校灯火管制办法》
1937年9月14日	《国立中山大学关于为防敌机空袭职员尽量穿灰黑或藏青色服装的布告》

① 《石牌中山大学校防护分团组织及消极防空设施计划书》。

② 《防空灯火管制细则》，中山大学档案馆馆藏档案，关联号020－001－0053－022。

续表 2.1

时　间	文件或布告名称
1937 年 9 月 17 日	《国立中山大学为防敌机空袭严管熄灯管理的布告》
1938 年 6 月 7 日	《国立中山大学关于防空警报及逃生办法等情的布告》
1938 年 6 月 7 日	《国立中山大学关于预警报时应及时疏散避免牺牲等情的布告》

中大防护分团成立后，学校规定当敌机空袭广州时，该分团的主要工作是警备灯火管制与避难，其次是救护消防防毒等业务。学校对遭遇空袭后，该分团的应急程序也制定了实施要领：

> 1. 分团部利用电话及收音机，接到广州市防空司令部播发之第一号空袭警报时，知敌机将到，立即派出警备班人员，驰赴各哨所作警戒及监视之任务；
>
> 2. 对于水塔，发电厂，机械厂，地下室，总办公厅等处，应特别加派警备人员，以防歹徒混入校内，施行破坏，并同时通知警报班，发出空袭警报汽笛，用校内电话线通告各处，如在夜间，并用灯火熄灭符号；
>
> 3. 全校员生未担任防护工作者，入避难室中，由管制班员指导之，准备敌机之来临，同时施行限制灯火，将不必需之灯光熄灭，并由管制班人员出动，检查校内有无其他不能熄灭之火光；
>
> 4. 其余消防救护工务防毒各班，亦整装待发，设遇敌机向我校轰炸，即出发被破坏地点，施行各班本身应尽之任务；
>
> 5. 当接到第三号解除警报时，发电厂汽笛发出同样之警报，并将电灯复明，避难员生回复工作，其余各班由班长召集，点查人员器材，已否齐全，然后分别复员，仍返分团部集合，警备班班员应在空袭完全停止时方行扫除。①

---

① 《石牌中山大学校防护分团组织及消极防空设施计划书》。

五、防空教育

在全面抗战爆发前，国立中山大学已经配合政府的防空教育的需要，在广大师生中进行各种形式的防空知识宣传和防空训练。1935年12月11日，中大在文明路校园大礼堂举行防空演讲，演讲者展出各种器械图表，对师生一一解释，更展出听音机、警报机、探照灯，发射通信弹、照明弹等的防空器具，当场示范穿戴防毒面具、防毒衣帽鞋手套，分解高射炮模型，使用烟幕伪装、消毒药品等，给师生们上了直观生动的防空课。① 1936年底到1937年初，中大积极派师生员工参与国民政府军事委员会广东省防空筹备处的防空展览宣传活动和培训。如中大附属第一医院派出罗文才医生和两名护士参加广东防空展览，他们展出本院救护仪器，供市民参观，并对市民讲解仪器的使用方法。中大还组织数千名学生前往观看防空展览。1937年1月，广东省防空展览会在新华等四影院放映防空电影，特地函送20张电影入场券给中大。

在防空课程方面，在七七事变前，中大已经设置备战课目和军训课目，学生在防空知识、救护知识方面已经有了一定的基础。全面抗战爆发后，学校为进一步加强“消极防空之一般知识及动作”，“以期一旦受敌机空袭，减少必要之损害，而保障学校活动之机能”，令军事训练部担任全校防空训练的职责，“必要时得由政府防空机关派员指导之，应于不妨碍办公之范围内，或在军训时间内加入防护、勤务训练及实习科目，已挑选定者由军训部派教官分别集合训练各种操作，以一个月为期，期满后抽调其他教职员学生轮流入班作同样之训练”。② 另外，学校还要求理、工、医三个学院的教

① 《附中军训生参加防空演讲纪要》，《国立中山大学日报》1935年12月14日。

② 《石牌中山大学校防护分团组织及消极防空设施计划书》。

授在自身的研究范围内，增设关于防空学科的课目，并指导学生，激发他们对防空学研究的兴趣。1938 年 3 月，因“现际全面抗战期间，敌机随地肆虐，任意摧残。吾人对毒气防御及救护之道，不可不具有相当智识，以资准备，而免周章”①，中大刊行《市民防毒要览》一书，该书由工学院萧冠英院长研究编译，广泛赠送，为市民防空防毒提供急救的办法。

第二节　日军轰炸下的校园

1937 年 7 月日本侵略者发动全面侵华战争。8 月开始，日军对广州进行了持续 14 个月的狂轰滥炸。据广东省防空司令部“广东省空袭损失统计表”载：轰炸广州期间，日军在市区投弹 2630 枚，炸死 1456 人，炸伤 2926 人，炸毁房屋 2004 间。② 教育机关是日军轰炸的主要目标之一，国立中山大学在这次劫难中，遭受了巨大的损失。1937 年 8 月到 9 月和 1938 年 3 月到 6 月，中大石牌校本部和文明路校区被日机轰炸多次，文明路校区部分校舍被炸毁，死伤 12 人，图书设备也损失不少。

1937 年 8 月 31 日清晨 5 点 50 分，敌机由台湾起航，首次飞袭广州。中大防空处已事先发出警报，全市防护团团员协助军警，指导市民避难。日军在石牌新校投下重磅炸弹达 5 枚之多，均为 100 公斤乃至 300 公斤的炸弹。所幸没有击中校舍，但都落在学校蚕学馆西侧附近，整座蚕学馆的玻璃窗都被炸弹碎片击裂，厕所的墙面砖头脱落，40 米半径以内的草木全被烧焦。

9 月 18 日起，日军飞机日夜狂袭广州，中大石牌新校亦遭受连

---

① 《国立中山大学关于捡送市民防毒要览等情的函》，中山大学档案馆馆藏档案，关联号 020 -007 -0054 -100。

② 陈建华主编：《广州抗战史迹图文集》，广州出版社 2006 年版，第 85 页。

续的空袭。22 日凌晨 3 点，日机再次袭击石牌新校，投下 7 枚炸弹；23 日凌晨 4 点，日机投下 2 枚炸弹；24 日凌晨 4 点，日机投下 1 枚炸弹和 4 枚燃烧弹，企图焚毁石牌新校校舍。幸而这三次空袭所投下的炸弹都落在空地上，燃烧弹也只烧着了用木板临时搭建的传达室。到 1938 年 4 月 7 日为止，日机多次袭击石牌新校，前后轰炸共计 10 次，投弹 50 多枚[①]，所幸没有损伤校舍，但毁坏了不少校地。虽然当时日军的空袭暂时没有造成中大石牌新校的人员伤亡和校舍的损毁，但日机从海上航空母舰飞袭广州，往往经过石牌上空，警报频仍，师生难以专心学习和科研。因此，学校将文、法、理三学院迁到文明路。文明路天文台因其较为坚固，又建有地窖，成为空袭时的避难所。中大理学院和广州市气象台等机关相继迁入，将天文台作为临时办公处。

1938 年 6 月 5 日上午 11 点左右，日军轰炸中大文明路校园。数架日机盘旋在中大文、法、理三学院和附中的上空，先后投下 2 枚大炸弹，文学院中文系一年级学生张兰光和一名路人被当场炸死，另外 10 多名学生和工友被炸伤。学校洗衣处、教职员通谒处和法学院的防空壕等校舍亦被炸毁。6 日上午 9 点左右，日机再次飞袭，文学院东堂课室南部及第十三、十四、十五教室等均倒塌，全校玻璃窗门被毁过半，图书仪器损失严重。幸好师生提前躲避，没有造成人员伤亡。文明路校园被炸当日，邹鲁校长通电全国及海外朋友。中大随即收到陕甘宁边区民众抗敌后援会、陕甘宁边区政府主席林伯渠、抗日大学校长林彪和副校长罗瑞卿以及中国学联发来的慰问电（图 2. 2 至图 2. 4）。

① 《国立中山大学关于该校文法理三学院及附中被敌机轰炸及拟搬迁等情的电》，中山大学档案馆馆藏档案，关联号 020 - 002 - 0085 - 006。

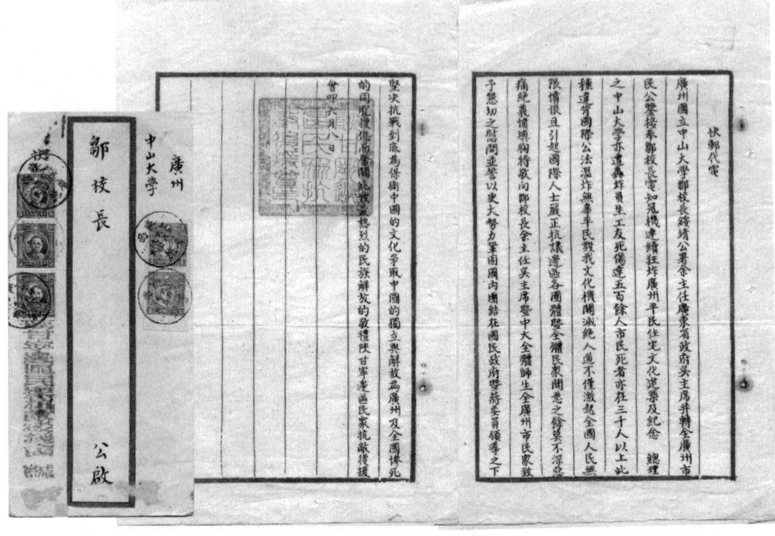

廣州 中山大學 鄒校長 公啟

快郵代電

廣州國立中山大學鄒校長綏靖公署余主任廣東省政府吳主席并轉全廣州市民公鑒接奉鄒校長電知冦機連續狂炸廣州平民住宅文化建築及紀念總理之中山大學亦遭轟炸員生工友死傷達五百餘人市民死者亦在三十人以上此種違背國際公法濫炸無辜平民毀我文化機關滅絕人道不僅激起全國人民無限憤恨且引起國際人士嚴正抗議邊區各團體暨全體民衆聞悉之餘莫不深惡痛絕義憤填胸特敬向鄒校長余主任吳主席暨中大全體師生全廣州市民衆致予懇切之慰問並誓以更大努力鞏固國內團結在國民政府暨蔣委員長領導之下堅決抗戰到底為保衛中國的文化爭取中國的獨立與解放為廣州及全國殉死的同胞復仇而奮鬭此致最熱烈的民族解放的敬禮陝甘寧邊區民衆抗敵後援會叩六月八日

图 2.2　1938 年 6 月 8 日陕甘宁边区民众抗敌后援会发来的快邮代电

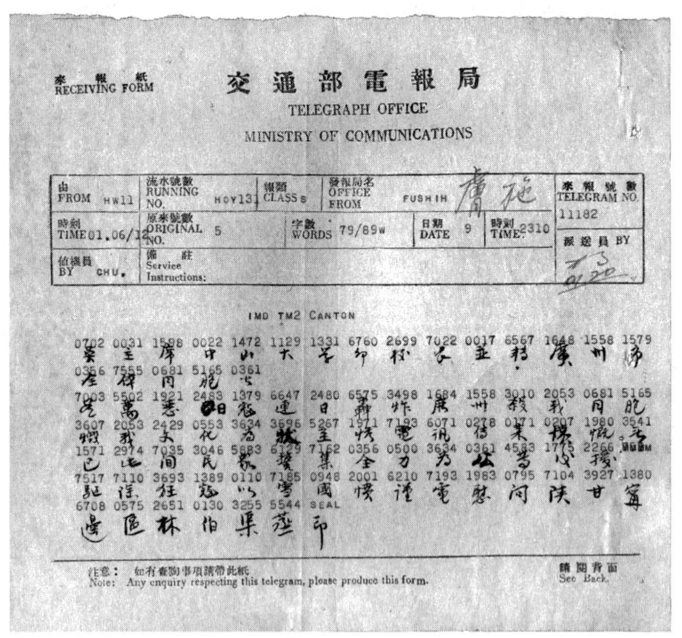

來報紙 RECEIVING FORM

交通部電報局

TELEGRAPH OFFICE

MINISTRY OF COMMUNICATIONS

由 FROM HW11	流水號數 RUNNING NO. HOY131	報類 CLASS S	發報局名 OFFICE FROM FUSHIH	來報號數 TELEGRAM NO. 11182
時刻 TIME 01.06/12	原來號數 ORIGINAL NO. 5	字數 WORDS 79/89W	日期 DATE 9 　時刻 TIME 2310	派送員 BY
值機員 BY CHU.	備註 Service Instructions:			

IMD TM2 CANTON

0702 0031 1598 0022 1472 1129 1331 6760 2699 7022 0017 6567 1648 1558 1579
0356 7555 0681 5165 0361
7003 5502 1921 2483 1379 6647 2480 6575 3498 1684 1558 3010 2053 0681 5165
3607 2053 2429 0553 3634 3696 5267 1971 7193 6071 0278 0171 0207 1980 3541
1571 2974 7035 3046 5883 6129 7162 0356 0500 3634 0361 4583 1775 2266
7517 7110 3693 1389 0110 7185 0948 2001 6210 7193 1983 0795 7104 3927 1380
6708 0575 2651 0130 3255 5544 SEAL

邊區林伯渠

注意：如有查詢事項請帶此紙
Note: Any enquiry respecting this telegram, please produce this form.

請閱背面 See Back.

图 2.3　1938 年 6 月 9 日陕甘宁边区政府主席林伯渠发来的慰问电

來報紙 RECEIVING FORM

交通部電報局

TELEGRAPH OFFICE

MINISTRY OF COMMUNICATIONS

由 FROM HW16	流水號數 RUNNING NO. HO36	類別 CLASS 8	發報局名 OFFICE FROM FUSH IN	來報號數 TELEGRAM NO.
時刻 TIME 12.10	原來號數 ORIGINAL NO. 9	字數 WORDS 225/234	日期 DATE 53　時刻 TIME 1000	11720
值機員 BY CHU.	備註 Service Instructions:			派送員 BY

CANTON

0948 4539 0022 1472 1129 1311 6760 2699 7022 0017 0356 7555 2403 5120
0765 0681 1331
7003 2420 2894 5127 5707 6002 2398 1684 1558 1417 2053 7245 0730 4595
3293 0976 4764 1819 1327 4920 3810 0787 0001 1331 1650 5280 5478 0589
0948 7089 2403 5148 0022 1800 0022 1472 1129 1331 2577 0948 4147 0366
2995 1364 0037 5174 0057 1144 6236 1792 7193 2992 3234 0661 2001 2480
1379 2974 4467 2552 5887 1919 2589 1937 2552 7216 2366 2399 3014 3319
2429 0553 6851 5875 7240 4158 1937 3423 6386 2053 0356 0948

注意：如有查詢事項請帶此紙
Note: Any enquiry respecting this telegram, please produce this form.

請閱背面 See Back.

（a）

來報紙 RECEIVING FORM

交通部電報局

TELEGRAPH OFFICE

MINISTRY OF COMMUNICATIONS

由 FROM	流水號數 RUNNING NO.	類別 CLASS	發報局名 OFFICE FROM	來報號數 TELEGRAM NO.
時刻 TIME	原來號數 ORIGINAL NO.	字數 WORDS	日期 DATE　時刻 TIME.	
值機員 BY	備註 Service Instructions: 11720/2			派送員 BY

0681 5165 2123 2420 3082 1800 5280 0013 3964 0735 1627 0086 1102 0037
0361 2001 1937 2156 5268 0366 2609 6500 0037 6589 6643 3319 0554 2411
2799 0356 7555 0765 3932 2420 1955 0681 0092 1891 7181 5280 0364 0037
4737 4377 6128 5280 6311 2699 0644 0356 0948 0948 7089 2403 5148 2429
0553 0953 [illegible] 7555 0961 0022 0341 3932 6695 1807 0007 2053 0948 3046
2398 1650 5280 5592 1201 0765 7022 7325 1418 0007 0364 0681 4595 0536
3634 0202 5998 0948 7089 2403 5148 0057 2814 6306 3400 1014 2784 0948
1367 3046 2469

注意：如有查詢事項請帶此紙
Note: Any enquiry respecting this telegram, please produce this form.

請閱背面 See Back.

（b）

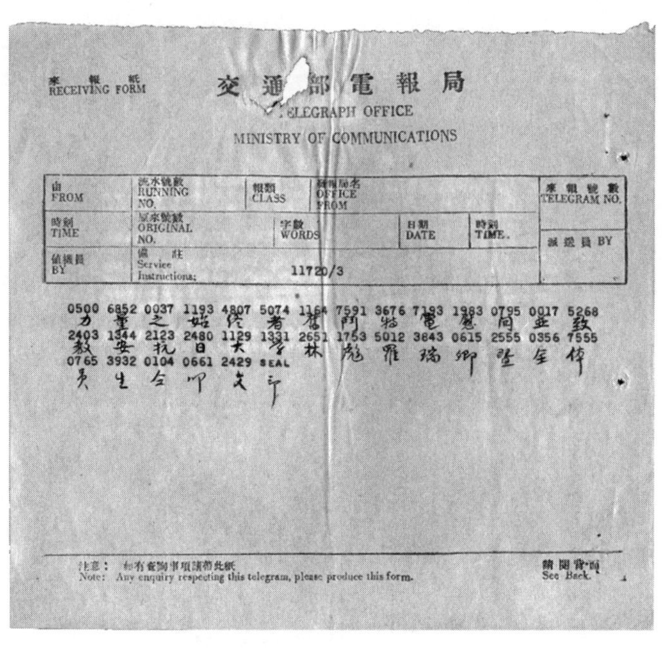

來報紙 RECEIVING FORM　　交通部電報局 TELEGRAPH OFFICE MINISTRY OF COMMUNICATIONS

由 FROM	流水號數 RUNNING NO.	報類 CLASS	發報局名 OFFICE FROM			來報號數 TELEGRAM NO.
時刻 TIME	原來號數 ORIGINAL NO.	字數 WORDS		日期 DATE	時刻 TIME.	譯報員 BY
值機員 BY	備註 Service Instructions: 11720/3					

0500 6852 0037 1193 4807 5074 1164 7591 3676 7193 1983 0795 0017 5268
2403 1344 2123 2480 1129 1331 2651 1753 5012 3843 0615 2555 0356 7555
0765 3932 0104 0661 2429 SEAL

注意：如有查詢事項請帶此紙　　請閱背面
Note: Any enquiry respecting this telegram, please produce this form.　　See Back.

(c)

图 2.4　抗日大学校长林彪、副校长罗瑞卿发来的慰问电

当时国际公法的根本原则为：非战斗员在陆海与天空，均不得加以轰击。在 1932 年通过的一个国际条约规定：“天空攻击平民，应绝对禁止。”针对日本帝国主义践踏国际公法，摧毁非军事性质的教育机构的野蛮暴行，邹鲁校长于 1937 年 10 月 5 日在报纸媒体上发表讲话，对日本帝国主义轰炸中大的真实目的进行了深刻的揭露和谴责，指出了中大坚持抗战的意义：

> 倭寇对我国侵略，不但欲占领我全中国，且欲侵凌世界，及毁灭世界文化。故开战以来，对于我国文化机关特别加以摧残，肆意轰炸：天津之南开大学，河北女师，河北工学院，沪江大学，吴淞同济大学，南昌之葆灵女校，武昌之文华中学等，此世人之共知者。本校为总理手创之大学，而石牌新校尤为总理所计划，故规模最大；员生素受总理主义之特别熏陶，故抗敌精神亦

> 最发扬，敌人早有以中山大学为抗日之大本营之名词，所以抗战以来数次轰炸本校。本校周围三万余亩，并无其他建筑物，敌人报纸曾目之为文化区，如非敌人故意消灭文化机关，绝无数次轰炸之理。有谓总理规划此校，规模宏大，致被敌机轰炸；然其他规模之大不如本校者，亦遭轰炸，可见敌人专欲消灭我文化机关无分规模之大小。①

从1937年下半年起，为保障师生的生命安全，日军空袭的时候，学校已多次休课。1938年6月，因时局日趋紧张，学校不得不再次宣布停课休整。国难时期，1938届毕业生的毕业典礼也被迫取消。根据教育部《特种教育纲要》的要求，其他年级的学生须利用暑期下乡、留市或到抗战前线，协助抗战动员和救济工作，以强化前方，稳定后方。

全面抗战爆发后，国民政府对高校办学经费的投入也大打折扣。教育部规定从1937年9月起，办学经费按照七折支发。中大的办学经费入不敷出，不得不暂停广东通志馆的工作，及停办附属小学，另外教职员工的薪水也是按七折发放（除部分薪俸低的人八五折之外）。1937年底，因学校屡受空袭，需要花钱购置防空设备，加上学校筹备迁校，耗费日益增加。1938年3月份教职员工的薪水又以七折复七折发给。除此之外，学校师生、员工的医疗福利也大受影响。全面抗战爆发前，学校规定“本校员生因病到本室诊验概不收诊金，但药费则照市价五折征收之”，“本校工警及本校农场工警因病到本室诊验，亦准免收诊金，以示体恤，药费则从廉征收之”。② 由于战事频仍，学校附属医院也是入不敷出，财政异常短绌。为减少医院的支出，学校不得不削减全校师生、员工的医疗福利，1937年9月13日发出布告称：“凡本校员生、工警到院求治或留医，所有医药各

① 张掖主编：《国立中山大学现状（1937年）》，序。

② 《校医室办事细则》，《国立中山大学法规集》，总办公厅编印，1937年5月，第97页。

费，拟概予暂照八折征收；如属员工直系亲属，则十足征费，不再折减。一俟国难期过，即恢复原来待遇。”①

值此国难严重时期，学校强调提高工作效率，多次发布要求全校师生勤俭节约的告示。1938 年 4 月 16 日，按教育部的训令，学校发布《国立中山大学关于严格限制印刷用纸一事的布告》，规定“凡非十分必要之报告及计划书，均不得印刷，其必需印刷者，亦应注意篇幅之节约与物料之撙节”②。4 月 19 日，按照教育部的训令，“现值抗战期间，全国各级学校，各级党部及文武机关之人员，均应加倍积极工作，以加强抗战力量；自文到之日起，所有各部队之训练及各党部、各机关、各学校之每日工作及办事时间，应一律增加为十小时以上，并须注重增加时间中之办事效率，以重实际”③。因此，中大规定每天的办公时间由早上 7 点半开始，到下午 5 点半止，午休时间取消。9 月 14 日，学校又在全校各单位发布《国立中山大学关于为抗战节省汽油一事的函》，强调“值此抗战期间，输入困难，尤当极力节省，免致匮乏。嗣后各机关公用汽车应将辆数极力减少，各职员非因紧急公务经主管长官核准，不得乘坐公家汽车，每日领用汽油尤其限制数量，不可任凭管车人员及车夫随意浪费，以符厉行节约之旨”④。9 月 27 日，学校发布《国立中山大学关于国难严重注意节约等情的布告》，要求全校员生，特别是在职人员“一切衣食住行，务循简单朴素之原则，无或稍踰，尚有弁髦法令，阳奉阴违，一经纠举，定予严惩，决不姑贷”⑤。

---

① 国立中山大学布告山字第 522 号，中山大学档案馆馆藏档案，关联号 020 - 007 - 0076 - 017。

② 《国立中山大学关于严格限制印刷用纸一事的布告》，中山大学档案馆馆藏档案，关联号 020 - 004 - 1262 - 003。

③ 《国立中山大学关于规定每日办公时间等情的函》，中山大学档案馆馆藏档案，关联号 020 - 007 - 0054 - 009。

④ 《国立中山大学关于为抗战节省汽油一事的函》，中山大学档案馆馆藏档案，关联号 020 - 009 - 98 - 171。

⑤ 《国立中山大学关于国难严重注意节约等情的布告》，中山大学档案馆馆藏档案，关联号 020 - 007 - 0055 - 014。

第三节　内迁的准备

1937 年“八一三”事变后，国民政府教育部签发了《战区内学校处置办法》，开始积极地促令和指导战区高校的内迁工作，中国的高等院校开始了一次规模空前的大迁徙。国立中山大学遭受日军轰炸时，邹鲁校长虽远在重庆“协赞中枢”，但对校务仍时刻不忘，一方面积极筹划迁校，以存中国高校的学脉；另一方面，为适应持久抗战国策的需要，保护学校珍贵图书、仪器和设备，以备将来持续发展抗战教育的需要，早在 1937 年 6 月，就饬令学校各学院、研究所、图书馆等各单位将重要的图书、仪器和设备迁运到安全的地方储存。广州沦陷前，日军对广州进行了长达 14 个月的惨绝人寰的野蛮轰炸。在 1937 年至 1941 年期间，在中国抗日战争中作为中立国的英国政府，仍然刻意维持香港的中立地位，因此香港在当时被认为是比较安全的地方，内地大量的难民竞相涌入香港避难，内迁前中大也开始考虑将贵重校产转移到香港寄存。

在广州沦陷前，中大石牌新校的新图书馆正在加紧建设中，学校图书馆的旧藏已经整理完毕，正在等待迁入新馆，期待进入全新的发展轨道。当时全馆藏书 21 万册、杂志 9 万册，号称 30 万册，中大是全国高校藏书最多的大学。全面抗战爆发前，我国著名的图书馆学专家杜定友先生重返中大主持图书馆的工作。七七事变后，杜定友先生预见到广州必受空袭，便立即组织图书馆工作人员整理出重要的图书，分别装箱编号，于 1937 年 8 月 10 日呈请校长把珍贵图书移存到安全的地方。在日军疯狂的空袭下，学校多次休课，遣散师生。但杜定友先生没有随同亲人到香港避难，他亲率图书馆员工，在防空警报日夜轰鸣的危险情况下，冒着生命危险把 320 箱珍贵的图书移到工学院的地下防空室。在广州沦陷前，图书馆将 199 箱珍品书籍寄存到香港九龙仓库；由于条件限制，还有 148 箱只能暂存校内。当时寄存香

港的199箱图书中包括："善本书86箱11368册，志书44箱13379册，杂志23箱1061册，碑帖19箱30000张，另有医学院存书27箱，共计199箱。"① 在《中大图书馆移存书目（1938年）》中，除碑帖目录有缺外，记载了该批存港图书的详细目录，显示了这批文献的珍贵性。在广州沦陷时，图书馆上下昼夜赶装，在三天之内加装了63箱书籍，连同先前存校的148箱，共计221箱53847册，随校西迁；其余来不及迁运的图书有10余万册，在广州沦陷时不幸落入日军手中。②

农学院和工学院是较早将学校的贵重校产迁运到校外寄存的单位。1937年日军疯狂轰炸广州时，中大农林植物研究所所长陈焕镛教授为了保护十余年来中大师生历尽艰辛采集的植物标本、珍贵的图书、仪器，以及和各国著名大学交换而来的具有重要历史价值的标本和文件，向学校请示将贵重校产暂时迁到香港九龙，得到了学校的批准。因当时到香港避难的市民众多，九龙的屋宇供不应求，该所几经艰辛才在九龙租到了一所货仓。1937年12月，该所租用广九铁路车皮，分六批运送校产到香港；期间因货车缺乏，直到广州沦陷前才运送完毕。

1938年10月广州告急时，陈焕镛教授仍留在广州，试图对该所标本园的植物做最后的营救。直到广州沦陷，他才匆忙奔赴沙面英租界避难。然而，他仍无法放下标本园的植物，直到获知标本园已遭日军蹂躏，而沙面也再无法安全留守，他才离穗赴港，继续主持研究所的工作。该所师生也于广州沦陷时迁到香港。研究所在九龙租得九龙码头围道陈家寓所314号作为职员宿舍，将码头围道290号作为办公室和标本室，码头围道288号作为标本室和图书室。该所从广州迁港

① 《国立中山大学图书馆存港书籍清单》，中山大学档案馆馆藏档案，关联号020－004－1029－013。

② 《国立中山大学图书馆工作报告（民国二十七年度）》，中山大学档案馆馆藏档案，关联号020－001－0155－011；《国立中山大学现状（1943年）》，第31页。

归柜的标本共计99558号[①]，布置就绪便继续开展研究和教学工作。

太平洋战争爆发后，日军占领香港，陈焕镛教授率领本部员工守着15万件珍贵的植物标本、4000余部中西文图书及仪器等物，下定了“只有物亡我亦随物亡，物存未敢先求去”的决心，坚决不离开香港。后来在广东省教育厅的协助下，1942年4月底这批珍贵标本与图书终于从香港运回广州。抗日战争胜利后，陈焕镛报请中大派人接收，并将公物历次抢救详情报告学校。此事在1945年12月31日农学院院长邓植仪给中大校长王星拱的报告中也有体现：“查所称各节以及经过之记载，确属实情。该员忍辱负重，历尽艰危，完成本校原许之特殊任务——保存该所全部文物，使我国之植物学研究得以不坠，且成为我国植物研究机关唯一复兴基础，厥功甚伟。其心良苦。其志堪嘉。”[②] 据悉，在北平、南京的植物研究机构悉遭日敌毁坏，故中大农林植物研究所标本得以保存，对我国恢复发展植物分类学是具有重要意义的。

1938年3月，工学院教授黄秉哲联系香港九龙仓负责人，请求该仓“拨出3000立方尺，以便贮存本校图书、仪器。计该项图书、仪器装成445箱，重217767磅，体积8162立方”[③]，得到了该仓负责人的支持，并答应替学校与海关交涉妥当，布置一切。

1938年5月，因日寇侵略肆虐，为保存学校重要文化财产，中大函请粤海关特饬免关税，下令全校各单位将重要的图书、仪器迁运到香港九龙货仓存放，并向广九铁路租赁卡车运载物资，共运送360箱图书、仪器到香港九龙仓（表2.2）。

① 《农林植物研究所迁港后简要工作报告》，中山大学档案馆馆藏档案，关联号020-001-0006-002。

② 政协广东省委员会办公厅、广东省政协文化和文史资料委员会编：《广东文史资料精编》下编，第5卷，《广东人物篇》下，中国文史出版社2008年版，第210页。

③ 《关于函复国立中山大学答应图书仪器寄存货仓等情的函及英文附件》，中山大学档案馆馆藏档案，关联号020-004-0160-009。

表 2.2　国立中山大学各院部移存九龙仓图书、仪器

部别	物　　品	箱数
文科研究所	甲骨、铜器、字画、书籍	24
教育研究所	仪器、图书	21
农林化学系	仪器	10
土壤调查所	仪器	7
图书馆	图书	172
医学图书馆	图书	27
土木系	文件、仪器	14
工场	机器	50
电工系	仪器	14
地质系	仪器	10
地理系	图书、图表	3
文学院	图书	4
物理系	仪器	4
合计	图书、仪器、标本、古物文件	360
附注	除上列物品外，尚有植物研究所图书、仪器 75 箱，土壤调查所仪器 10 箱，合共 85 箱，此项图书仪器系移往九龙，由植物研究所觅地贮存	

资料来源：《国立中山大学各学院移存九龙仓图书仪器清单》，中山大学档案馆馆藏档案，关联号 020－004－0160－068。

除香港九龙仓之外，在广州沦陷前，中大各院系、研究所还将贵重书籍、仪器和设备寄存在香港和广州沙面的各洋行：工学院将价值 6020 元国币及 3571.5 元港币的仪器寄存到沙面波弥文洋行，将价值共 2586 英镑的仪器分别寄存在孔士洋行、禅目洋行和仁德洋行[①]；农学院将价值共 21127 元国币的仪器分别寄存到香港礼和洋行、香港

① 《国立中山大学工学院存放沙面各德商洋行仪器单》，中山大学档案馆馆藏档案，关联号 020－004－0120－018。

兴华洋行、广州兴华洋行和沙面波弥文洋行[①]；附属医院和医学院的医疗器械、设备在当时全国称得上“极实完备”，全面抗战爆发后，医学院生理学研究所、药物学研究所、病理学研究所和附属第一医院等，也将大批贵重仪器、书籍寄存到广州礼和洋行、沙面兴华洋行、谦信洋行和孔士洋行及广宁、怀集等地。

除转移贵重校产外，中大也积极筹划迁校。1937 年 12 月，邹鲁校长向广东省政府请款，广东银行同意借出 2.5 万元国币作为中大迁校之用。[②] 12 月 22 日，中大发出布告，决定学校暂时迁往广西省上课，临时办事地点设在梧州南华酒店，并计划 27 日起全校停课，全校筹备搬迁事宜。[③] 中大迁校的决定遭到了一些学生的强烈反对，他们认为“中大同学在广州各方面的救亡工作上尽了他们最大的努力。尤其在各中学校纷纷迁往回乡之后，广州救亡工作的开展和支持，对落后干部的培养，中大同学负起了百之六十以上的任务”，中大迁校的决定“会直接打击到广州全部的救亡工作”，“可能地有断送整个革命策源地的前途！我们誓死反对这次迁校”。[④] 由于时局错综复杂，又顾及学生的经济能力和交通的问题，且柳州、南宁也屡遭日军的空袭，因此中大未能在原计划的时间内迁往广西，加上 1938 年 1 月 23 日教育部电令中大暂缓迁校，迁往广西办学的计划由是终止。[⑤]

为了寻找更好的新校址，1938 年 1 月，学校展开对迁往广东罗定县的考察和论证，先后派出版部主任张掖教授、教务长邓植仪教授、理学院院长刘俊贤教授和工学院电工系主任刘均衡教授等人前赴罗定县勘察。

---

① 《一九三八年底前国立中山大学农学院寄存广州香港各德国洋行仪器单》，中山大学档案馆馆藏档案，关联号 020－004－0120－005。

② 《广东省银行关于勉为筹借半数国币二万五千元如同意请派员前来订约等情的公函》，中山大学档案馆馆藏档案，关联号 020－009－0020－035。

③ 《中山大学关于学校暂迁桂省内地上课临时办事地点设在梧州南华酒店等情的布告》，中山大学档案馆馆藏档案，关联号 020－001－0235－001。

④ 《关于中山大学迁校问题对中大同学的一个紧急号召》，《救亡呼声》第 2 卷第 4 期，1938 年 1 月 16 日。

⑤ 《工学院廿六年度历次会议录》，《工学季刊》1938 年第 4 卷第 1 期。

第四节　救死扶伤

在抗日战争全面爆发前，国立中山大学附属第一医院自主经营，除承担科研任务、学生实习等各项支出外，平时还设置20多张免费床位，专为收留贫苦病人之用。由于该院“以慈善为原则，所得医药费无多”，学校一直以来“尚需按月补助经费，始能维持发展”。[①] 1934年之后，学校因建设石牌新校资金不足，办学经费紧张，不得已而停拨补助经费。尽管如此，该院久负盛名，经营有方，每年还有盈利，用以增购新式医疗器械，广纳人才。当时该院在人才、设备和科研力量方面，都居于全国前列。

全面抗战爆发后，国民政府组织“医教救护团”，训令全国医药专科以上学校以及高级助产学校派遣五、六年级的医学类学生参加征调，在国家的组织下实施军队救护工作。中大医学院和附属第一医院积极筹划组织救护队北上随军服务。1937年7月30日，中大医学院和中大附属第一、第二医院召集广州各医药团体的有关负责人，在中大医学院开会，讨论组织救护队事宜。10月教育部颁发医陆第一七九六二号训令，令中大医学院按《医教救护队队员调遣服务办法》的第七条和第八条规定，通知该院的六年级生（只限男生）到南京军事委员会卫生勤务部卫生预备团报到，听候编队训练，以备调遣。中大医学院即召集正在中大附属第一、第二医院和广东陆军医院实习，以及奉广西绥靖公署函召在广西实习的桂籍医学六年级学生共29名，令其11月10日前回中大医学院集合，准备赴南京受训。[②] 另外，中大附属第一医院还派出医生吴焙光、技术员张伟汝和数名护士

① 《国立中山大学关于设法补助医药费等情的公函》，中山大学档案馆馆藏档案，关联号020－002－0465－006。

② 《国立中山大学医学院关于医教救护队队员调遣服务办法的文》，中山大学档案馆馆藏档案，关联号020－003－0055－005。

前往南京伤兵医院服务。1937 年 12 月南京沦陷时，他们在千钧一发之际，设法渡江，奔走了一天两夜，只得一餐饱腹，才登上火车，经陇海路，抵汉回省。后来中大附属第一医院又派护士长刘惠华、高级护士梁妙琼，随同中大北上服务团，到华中前线郑州、徐州等地服务。

1937 年 8 月起，日本帝国主义开始疯狂轰炸广州，经济条件较好的市民竞相迁到香港、澳门等地，留院病人锐减。中大附属第一医院经营受到严重影响，只能勉力维持，除了全体医护人员减薪之外，还裁减了一些与救护无关的工作人员，但仍然惨淡经营。从 1937 年 9 月开始，医院不得不多次请求广东省、广州市政府和学校在经济上给予支持；但是省、市政府自身经济困难，教育部拨给学校的办学经费又同时锐减，各方都自顾不暇而无法划拨经费给该院。1937 年 10 月，中大附属第一医院积极计划北上救护服务，拟派出 80 多名医护人员到上海服务，同时也为筹集资金，但上海医务人员较为充足，无需人员支持；该院于是又发电报给军政部卫生署，计划全体北上郑州服务，但是不久之后南京失陷，没有得到卫生署的回复。后来该院接到邹鲁校长的命令，华南方面的救护工作也需要负责，北上随军服务的计划才暂时停止。[①]

尽管经济陷于极度的困境之中，中大附属第一医院仍尽力救治和收容难民和伤兵。1937 年 9 月，广州市卫生局发函给中大附属第一医院，称“奉广州市政府二十六年八月二十九日文字第四八一三号训令”[②]，要求该院尽量收容战时空军的伤病人员，以减少空军实力的损失。1938 年 1 月 11 日，第四路军总司令部移送 196 名伤兵到中大附属第一医院留治。[③] 此外，该院还曾派救护车前往龙眼洞、增城

① 《国立中山大学第一医院关于本院经济困难为尽力救助受伤市民请给予资助的函及附件》，中山大学档案馆馆藏档案，关联号 020 - 007 - 0059 - 008。

② 《广州市卫生局关于各公私立医院对于战时空军伤病人员应尽量收容等情的公函》，中山大学档案馆馆藏档案，关联号 020 - 007 - 0127 - 116。

③ 《第四路军总司令部第四后方医院移送留医伤病官兵花名册》，中山大学档案馆馆藏档案，关联号 020 - 007 - 0131 - 013。

和石榴岗一带救治空军伤兵。在龙眼洞受伤的空军张继宗，因腹部枪伤，小肠两处伤断，经该院救回医院手术后，痊愈出院；在广花公路受伤的空军刘保生，胸部被子弹穿过，吐血不止，经该院救回治疗后，也痊愈出院。①

自广州遭受日军空袭以来，中大附属第一医院一直为受伤的难民垫支医药费、住宿费和膳食费。根据广州市卫生局划定的范围，燕塘、沙河、天河、大沙和市东各区的受伤市民，都由该院负责救护。如东华西路被炸，该院救回受伤市民 100 多人，留院医治 80 多人。② 1938 年 5 月底，日机疯狂轰炸广州市区，连续 10 日，广州死伤累累。姚碧澄主任每次听到爆炸声后，都立即打电话询问各警察分局落弹的位置和伤亡情况，得到确切消息后，立即派出救护车一架、出诊房车一架前往灾区。姚碧澄主任常常亲自带队救护，除黄沙、西关两地因路途较远、消息不畅通外，广州市内所有各灾区，该院都曾前往救护，如五仙门、大德路、广卫路、越华路、惠爱路、小北、越秀路和新河浦等地，最先到达的往往是中大附属第一医院的医护人员。

1938 年 7 月 26 日的《广州各慈善机关收容难民情形调查表》显示，中大附属第一医院当时正收容在院的受伤难民共有 8 人。在难民的住宿方面，“所有住宿用具概由本院供给，分别伤状轻重，每个房住容六人，或三□人，同时代为料理一切；采分食制，一日三餐，均由本院供给”；在难民的管理方面，“事务方面，由本院派出专人管理；医务方面，由各科医生，分科治理；护务方面，除由各科高级护士分理外，并设置专人，总理一切”；在难民出院后的安置方面，“伤势痊愈者，即许其自由出院，以及倘有需要来院诊治时，随时均可到院医理；倘难民无家可归者，则转送难民所收容；伤民如为残

---

① 《国立中山大学第一医院关于本院经济困难为尽力救助受伤市民请给予资助的函及附件》。

② 《国立中山大学第一医院关于本院经济困难为尽力救助受伤市民请给予资助的函及附件》。

废，不能工作者，则代送残废难民收养院”。①

然而，庞大的医疗消耗令中大附属第一医院不堪重负。自全面抗战爆发以来，除领取到广州市卫生局棉花 50 磅、纱布 20 磅、火酒 1 瓶，省救护委员会棉花 50 磅、纱布 50 磅、胶布 5 筒，以及中华医学会发来少量药品外，该院没有得到其他国家机关和慈善团体的资助。到 1938 年 6 月，该院连当年 4 月份的薪金都尚未支付给医护人员。在这种极度困难的情况下，该院不得不采取变通的方法，只救伤而不治伤，即将伤者急救后，分送到各个医院：军人送往陆军医院，宪兵、警察送往宪兵医院或警察医院，市民则送往市立医院。直到 1938 年 7 月 1 日，广东省救护委员会发出通告：“凡因被敌机轰炸受伤之市民，自本年七月一日以后入院留医者，其医、药、膳各费，均由本会支给。留医人等，无须另行纳费。”② 但该委员会对各医院收治难民的补助期只有 3 个月，从 10 月份开始“所有原受补助各医院，由十月一日起，继续办理，但收容名额则减为半数，仍以三个月为期”③。10 月，随着广州的失守，中大附属医院和医学院才跟随学校仓促迁离广州。

第五节　抗日救亡

国民政府在较长一段时期里，坚持“战时须作平时看”的高教政策，不倡导高校学生参军，学生的抗日活动以战时服务为主。国立中山大学师生秉承孙中山先生救国救民的宗旨，积极参与和成立各种

---

① 《广州各慈善机关收容难民情形调查表》，中山大学档案馆馆藏档案，关联号 020－007－0058－120。

② 《广东省救护委员会关于凡因被敌机轰炸受伤的市民入院留医的医药膳各费均由本会支给的通告》，中山大学档案馆馆藏档案，关联号 020－007－0059－007。

③ 《广东省救护委员会关于各公私立医院减低补助收容受伤市民名额等情的公函》，中山大学档案馆馆藏档案，关联号 020－007－0058－118。

社团组织，开展各种形式的抗日救亡活动。在峥嵘岁月里，中大的师生、学子和校友们，在不同的时间和场合，为抗击日本侵略者，为中华民族的解放，甚至献出了年轻的宝贵的生命。

国立广东大学1925级预科学生谢晋元，考进黄埔军校后成为军人。1937年上海“八一三”淞沪抗战发生，他接任524团团长，率领该团八百壮士浴血苦战四行仓库的事迹传遍国内外。汪伪政权成立后，收买叛兵郝某等人，于1941年4月24日凌晨上操时，乘谢晋元不备，用凶器突袭他的头部、胸部。谢因流血过多，壮烈牺牲，时年37岁。①

1926—1928年在国立中山大学预科学习后转到物理系当技术员的温健公，后在上海启明书店工作时加入中国共产党。1938年12月26日，他在山西抗日前线开展工作时，不幸被日机炸死于吉县，时年30岁。②

中大教授尚仲衣，1938年夏毅然离校参加抗战工作，经中共秘密党员、国民党第四战区政治部秘书左恭的推荐，被聘为第四战区政治部第三组组长，带领全组向广大军民进行抗日宣传教育和组织训练工作。③ 该组组员大半为中共地下党员或进步人士，引起当局的忌恨。1939年尚仲衣被撤去政治部的岗位。同年他成为中共地下党员，被时任广东省教育厅厅长许崇清聘为民众教育馆馆长，继续从事抗日活动。是年，他从曲江前往香港迎接眷属，在途经潮州时不幸覆车殉难。

1937届朝鲜籍毕业生金昌华，在校期间曾参加“一二·九”学生抗日运动，并参加了韩国国民党朝鲜青年前卫团及中国青年抗日同盟。1937年底到延安进入中央党校学习。1938年抵太行山，先后任

---

① 李尚德主编：《凝聚中大精神——“中大精神与校园文化建设”大讨论文集》，中山大学出版社2001年版，第376页。

② 李尚德主编：《凝聚中大精神——“中大精神与校园文化建设”大讨论文集》，第376页。

③ 李尚德主编：《凝聚中大精神——“中大精神与校园文化建设”大讨论文集》，第376页。

先锋剧团团长、晋冀豫区党委宣传部干事、中共中央北方局党校组织科长等职。1941 年与武亭、石鼎等人一起创办华北朝鲜青年联合会，任晋冀鲁豫支会会长。1942 年 5 月在太行山反“扫荡”中牺牲。①

抗日战争时期，国民政府形成了学生战时服务的制度。战时学生服务一般分为后方服务和军需征调两种主要方式。后方服务，主要是指学生在课余开展抗日宣传、救护、救济、防空、慰劳和募捐等活动；军需征调，就是国民政府根据战争需要，直接征用学生为前线部队服务，经济、理工、医学等专业学生多从事此类战时服务。在抗日战争前期，中大学生多从事后方服务，如举行抗日游行、抗日宣传，参加战地服务团、随军服务团等活动。从 1941 年起，由于美国空军来华和中国远征军的出国作战，国民政府多次面向高校展开了对翻译人才的征调。中大学生在抗日战争中后期（尤其是坪石办学时期）多服从军需征调。

七七事变之前，中大以抗日大本营蜚声中外。抗日战争全面爆发后，中大的广大师生更是积极投身于各种团体组织的抗日活动之中，先后成立了御侮救亡工作团（后改名为抗敌后援工作团）、战地服务团、随军服务团和抗日先锋队等组织。

一、御侮救亡工作团

1937 年 8 月 16 日，国立中山大学成立御侮救亡工作团。该团是根据国民党省党部通令成立的全校性组织，设立指挥部，由校长担任总指导，推选正副团长等 40 余人；各学系每系成立一个团，由系主任任团长，全校各院系、研究院和校本部共 24 个团。然而 8 月以来，由于广州饱受日军空袭，御侮救亡工作渐趋停顿。10 月底各学院先

① 郝雪廷著：《国际友人与爱国华侨在武乡》，山西人民出版社 2011 年版，第 115 页。

后复课，御侮救亡工作又提上日程。11 月 25 日，御侮救亡工作团举行了指导员、正副团长宣誓就职仪式。12 月，该组织奉命改名为国立中山大学抗敌后援工作团，并制定了《救亡工作草案》，提出“抗战的现阶段，必须从各方面动员起来，拥护抗战，充实抗战力量，才能获取最后的胜利”①。

中大抗敌后援工作团制定了详细的工作计划②：

第一阶段，最迟于一月内完成下列各种任务：

甲、落乡工作

一、从事普通与深入（包括座谈会、个别谈话）宣传，提高抗日意识；

二、组织民运核心——集合当地有志青年成立小组织；

三、相机组织各种民众救亡工作队如游击队、救护队等；

四、完成初步通讯网组织——以县为单位，分布县属各乡。

乙、留市工作

一、自我训练，并□可能范围内向外工作：

A. 军事训练，熟悉游击、战术、军器使用及军事间谍等技能，请军训部负责办理；

B. 政治训练，国策之了解、中日现状、国际现状，以及训练民众、组织民众之方策，由干事会请人担任，以座谈方式行之；

C. 防护训练，防空知识及技能之学习、救护技能之训练，防止汉奸活动，由干事会请人担任。

二、市内工作：

A. 扩大抗敌宣传；

B. 向市民灌输各种救□常识；

① 《救亡工作草案》，《国立中山大学日报》1937 年 12 月 9 日。

② 《国立中山大学抗敌后援工作团留市与落乡工作计划》，中山大学档案馆馆藏档案，关联号 020 - 002 - 0082 - 017。

C. 增强各壮丁之政治意识；

D. 推动市内青年确切负起抗敌后援任务。

第二阶段，工作一个月后开始，期限视工作开展程度而定。

甲、落乡工作

一、第一阶段中已受训练者派赴各乡参加工作，未受训练者，得回校参加第二期训练；

二、实行统一抗战力量，力求与当地抗战力量联合，齐一工作步调；

三、配合各种原动力（党、政、军各抗战工作团）大规模组织民众、训练民众；

四、完成严密的通讯网与工作网。

乙、留市工作

一、充实第一阶段未完成之各种工作；

二、派已受训练者赴各壮丁队负担训练工作；

第三阶段，运用民众力量：

甲、平时，以有组织者训练之浩大民力协助政府推行国策；

乙、战时，以此民众力量发挥游击战，并协正规军作战；

丙、战后，以此民众力量建设自由平等的新中国。

各院系师生、工友分头行动，积极推进各项抗日活动。全校各学院的御侮救亡工作团组织了50多个下乡工作队，共200余人，分别深入郊县农村进行抗日救亡宣传活动。学校还筹备了中大及附中抗先队、工作团干事会、女同学救亡团体、寒假返乡工作团等，文学院开设战时短期训练班，法学院举办暑期工作团，创办法学院抗敌剧社。还有工友自动辞职北上，参加机械化部队训练，以上前线杀敌。此外，学校还成立了民众夜校，慰劳伤兵难民，劝募公债，征集寒衣，移菊花展览会之所得以慰劳前方将士，参加广州市庆祝鲁南大捷大巡行，公祭黄花岗，追悼抗日阵亡将士死难同胞大会，等等。中山大学工作团学生代表出席在汉口举行的中国学生救国联合会，被选为常务委员。又有学生印发《市民防毒要览》，分赠本校教职员工和学生以

及市内外各个机关团体，以助展开防毒工作。为了增加同学的救亡知识，以及了解抗战国际演变，每周星期三下午延请党政军暨教育界负责者以及社会名流来校演讲等。①

1938 年 3 月 29 日，朱德、彭德怀通电全国，揭露日军施放毒菌弹屠杀边区军民的罪行。同时，在台儿庄等战役中，日军也使用化学武器屠杀中国军队。中大医学院抗战后援工作团除了在后方积极收治伤员、难民，以及向广大市民宣传防毒知识之外，还研制了大量的防疫苗来准备抵御敌人的屠杀。他们向全国各界呼吁："我们中山大学医学院抗敌后援工作团员生、护士、工友二百多人，为着坚决的贡献我们一切的力量给祖国，为着不愿意在这比较安静的后方过着苟安的享乐生活，我们全体已经起来，从事于救亡工作：我们组织了乡村卫生工作队八队，每周分赴广州附近各乡，做着防疫和卫生工作；帮助了广州市社训总队部训练壮丁的医学常识；开设了救护训练班培养救护的人才；最近在我们纪念'五四'晚会中通过了'扩大防菌防毒运动'的议案，在各师长和细菌研究李所长领导与监督之下，致力细菌研究和制造'防疫苗'的工作，预备将大量疫苗先送到晋陕，作为后方从事工作者的一点应尽的任务"，"但这是非常不够的，我们谨以二十万分的热诚，向全国同胞为晋陕军民及已遭受，或将遭受日本帝国主义这种毒辣手段残杀的各地同胞们，请求捐助，我们愿尽最大的努力来加紧制造疫苗，来防御日本强盗的残酷屠杀！"②

中大抗敌后援工作团制定了严密的工作计划和行动纲领，并依托自身的科研、教学力量展开了许多实际的抗日救亡工作，取得了一些成绩。但随着广州的沦陷和中大的内迁，许多工作计划不得不被打断。

---

① 吴定宇主编：《中山大学校史（1924—2004）》，第 161 页。

② 《国立中山大学医学院抗敌后援工作团告全国各医学院团体各医学院各专门医院暨医界人士书》《国立中山大学医学院抗战后援工作团为制造防疫苗援助前方军民告同胞书》，中山大学档案馆馆藏档案，关联号 020－002－0082－025、020－002－0082－027。

二、战地服务团

1937 年秋，国立中山大学战地服务团在香港成立，以校长邹鲁为名誉团长，梁定慧为团长。该团是以中大的同学为主的抗日群众团体，成员中不少是共产党员和进步学生。该团的宗旨是动员广大知识分子，通过募集大后方的财力物力，援助战地的苦难军民。

在 1938 年 3 月之前，战地服务团的主要工作是在粤、港、澳各地募集药品、物资和钱款。该团成立后，通过向华侨募捐、义卖、组织粤剧著名艺员义演等方式，得到了粤、港各界人士在经济方面的大力支持，获赠了大批的药品、物资及款项。短短几个月内，天天都有人送物资上门，香港居民的爱国热情使服务团团员们深为感动。当时物资太多，办公室不够用，打了十几个大包，另租一房存放。当时义卖、义演的工作很忙，有些戏曲界人士自动来义务帮忙。影星陈云裳女士就是最突出的一位。①

1938 年 3 月 3 日，战地服务团从广州出发，先后到达武汉、郑州、开封、考城、徐州、台儿庄、潼关、西安、洛阳、长沙、南昌等地，对抗日将士们表达了深切的慰问（图 2.5）。他们在军队中从事战地卫生救护工作，开展抗日宣传鼓动活动，宣传方式多种多样、生动活泼，如街头演讲、个别谈话、歌唱当时流行的抗日救亡歌曲、演出戏剧、壁画、标语、图画、漫画等，深受抗日将士们的热烈欢迎。八路军总司令朱德、副总司令彭德怀、参谋长叶剑英及新四军军长叶挺等均来函对中大战地服务团表示感谢，第二十集团军总司令商震也寄来感谢信。当战地服务团到达武汉时，叶剑英将军专程看望该团，详尽地介绍当时的抗战形势，指出抗战胜利的可能和条件，并欢迎服

① 中共龙川县委党史研究室编：《龙川党史》总第 22 期，2000 年，第 39 页。

务团到西战场去工作。这些都给战地服务团的成员以很大的鼓舞。①

图 2. 5 中山大学战地服务团团员陈珍代表全团向第九十二军李仙洲军长献旗

资料来源:《中华》(上海) 1938 年第 70 期, 第 22 页。

战地服务团北上的活动,采取的是集体消费方式,团员无薪志愿服务,沿途费用都由团员个人负担。直到徐州一站,大家所带经费所剩无几,团本部才决议由团按月每人补贴 5 元零用。战地服务团只留下了极少部分经费维持北上活动,其余大部分物资和款项都转送给了各地抗日将士。他们将募得的物资分为三部分,一部分给国民政府军队,一部分给八路军,一部分给新四军。第二十集团军总司令商震在武汉表示:“中山大学战地服务团由香港送来银鹰金星纪念章一座,

① 梁山、李坚、张克谟:《中山大学校史(1924—1949)》,第 93～94 页。

另救伤药品三十九大箱。隆情厚意，不远千里，良足深感。”①

广州沦陷后，战地服务团继续抗日救亡活动。1939 年 6 月，团长梁定慧回溯前一时期战地服务团的工作时，总结道：

> 一年来在各战区及香港之活动，均正式代表大学，各战区军民长官与地方人士，均目为大学行政机构之一部，爱护有加。年来工作，彰彰在人耳目，各方对于属团之信仰与日俱增，现基础已确立，工作亦随之而次第展布。目前工作侧重战地最实际之教育及救济事业，一切以独立姿态努力……属团为大学惟一之战时抗敌工作机构，一绝对合法组织。抗战文化工作关系国家民族前途至大，属团服务战区，关于战地之宣传与救济工作，与夫暴敌之侵略屠杀，军民之抗敌情绪，就各团员笔记，积成巨秩，除以刊发《工作第一年》报告社会外，现决将此等材料，加以整理，编撰战地丛书，出版此书，亦可表示大学不脱离抗战文化工作。南北战场虽辽远，而以大学名义领导之服务团，敢称为全国大学之惟一战地服务组织，对于抗战时期大学有着相当之关系与影响。②

三、随军服务团

七七事变后，日军屡次轰炸国立中山大学，学校不得不数次休课。趁着休课期间，中大的学生多次组织随军服务团，分赴各地驻军部队进行慰问、宣传，以及协助军队动员后方群众力量。1938 年 1 月，由文、理、工、农学院 18 位御侮救亡工作团团员组成随军服务

① 吴定宇主编：《中山大学校史（1924—2004）》，第 164 页。

② 《国立中山大学战地服务团关于本团各项工作状况等情的呈》，中山大学档案馆馆藏档案，关联号 020 - 003 - 0049 - 032。

团，到增城县驻军一五五师政训处，协助国民政府军队宣传和组织后方民众，以期收到军民合作的效果，实现全民抗战的要求。2 月，学校通告复课，该团认为工作一个月以来，各项宣传、训练和组织工作尚在开展中，若中途舍弃，功亏一篑，殊堪痛惜！况且华南风云日急，时局益趋严重，发动内地民众参加抗战尤为当前急务，因此向学校呈请准予一个月的公假，继续随军服务。[1]

1938 年 6 月，日军轰炸中大文明路校园，学校死伤数人。为保障师生生命安全，学校不得不再次休课。当时接近暑期，学校制定了《国立中山大学员生暑期工作计划大纲》，其目的是“发动本校员生，协助本省政府当局，从事各种抗战救亡工作，以巩固革命策源地国防，完成总理创校救国之使命”。学校暑期抗战工作的主要任务之一是战地工作。而战地工作的中心任务，是“以随军服务为主，协助当地军队从事军事动员与民众动员，并努力于民众合作之策动”。[2]

1938 年 6 月 20 日，吴克清、吴紫风等 15 人组成中大随军服务团，赴陆军第一五八师驻防地域工作。在该师政训处的指导下，随军服务团在防区内东圃、横沙、新塘一带开展宣传组织群众工作，做出了卓越的成绩。他们中有很多人是演说的能手、演剧的奇才。所以他们到达驻地后，受到驻军和群众欢迎。他们演讲抗日形势，有声有色：说到日军的残暴侵略，使人悲愤激扬；说到我军民英勇抗战，顿时士气高昂。他们所编的救亡短剧如《张家店》《最后一计》等，都是精选过的，既有艺术性，又有针对性，对宣传抗日、鼓舞士气、发动群众起到了很好的作用。他们在一五八师一个多月，给人们留下了深刻的印象。[3] 吴紫风校友后来成为著名的作家，她的散文《萝岗篝火》（收入散文集《樱桃和茉莉》）反映了当时中大随军服务团的生

---

① 《国立中山大学随军服务团关于请准予公假一个月等情的呈》，中山大学档案馆馆藏档案，关联号 020－003－0048－010。

② 《国立中山大学员生暑期工作计划大纲》，中山大学档案馆馆藏档案，关联号 020－003－0049－026。

③ 广东省政协学习和文史资料委员会编：《广东文史资料存稿选编》第 4 卷，广东人民出版社 2005 年版，第 512 页。

活和工作，文中还悼念了牺牲了的战友们。

1938年8月，中大毕业生李康寿（中共党员）等人组织了随军服务团，由李康寿任队长（后由李光中接任），队员有周康仁、林华康、王若潮、王淑仪、陈巧真、张榕生、王巩帮等30余人。随军服务团到增城、惠州向当地驻军宣传抗战救亡思想，更积极深入农村发动群众抗日。他们的宣传形式多样，如在惠州平山驻军中扫盲、教唱抗日歌曲、讲故事等，和国民党的官兵们打成一片，提高了国民党官兵们的民族觉悟，宣传和巩固了坚持一致对外、团结抗日的思想。

四、抗日先锋队

在七七事变后，原国立中山大学附属中学抗日剧社负责人吴华（中共党员），受中华民族解放先锋队派遣，到广州开展青年运动。他建议中共广东省委尽快在广东建立共产党直接领导下的青年抗日组织。经过酝酿，中共广东省委决定成立“广东青年抗日先锋队”（以下简称“广东抗先”），由“救亡呼声社”负责这一任务。1937年12月初，中大附中的学生率先成立“中大附中青年抗日先锋队”，作为发起建立“广东抗先”的一个单位。随后，“国立中山大学抗日先锋队”（以下简称“中大抗先”，图2.6、图2.7）也紧接着成立。

图2.6　国立中山大学抗日先锋队队旗

图 2.7　国立中山大学抗日先锋队的合影

1938 年 1 月 1 日，由“广州市学生抗敌救亡会”“青年群社”“中大抗先”等八个抗日团体，在广州联合召开成立大会，发起成立了“广东青年抗日先锋队”，之后还演出抗日剧目，联合举办大露营等活动，先后听取了广州八路军办事处主任云广英、中共中央军委委员叶剑英关于抗战形势、任务和前途的讲话，以及香港八路军办事处主任廖承志所做的政治时事报告。该组织还办有《抗先队报》，团结广大青年参加救亡工作。当时正值国共合作，为了更好地实行党的抗日民族统一战线，“广东抗先”纳入国民党第四战区战时工作队编制，经费由国民政府发给。

“中大抗先”成立后，队伍迅速壮大，队员从成立时的 70 多人增至 200 人左右。他们组织严明，纪律性强，半军事化管理。成立初期，他们曾向广东的第四路军司令部余汉谋总司令献旗致敬，以示拥护政府坚决抗战的决心。在“广东抗先”的领导下，他们先参加三天军事大露营，之后每周三早上 6 点到 8 点在中大附中操场举行基本

操练，每周六晚上7点到9点在队本部学习军事常识和技能，每周日上午举行野外战斗演习。经过军事化训练的“中大抗先”队员，在抗日救亡工作中发挥了较大的作用。1938年5月至6月间，日军敌机疯狂轰炸广州，大量的房屋坍塌，市民死伤无数。在中国共产党的指示下，“中大抗先”队员担负起了防空救亡的重任。敌机来时，他们疏导市民隐蔽，协助维持秩序；空袭过后，他们又和消防队、救护队一起，抢救伤者，安置灾民，掩埋遇难者的尸体。

“中大抗先”更进一步深入工农群众、军队，大力发动民众参加抗日救亡工作，有随军服务的，有做联络工作的，有在工人方面负责的，有在市后援会区指挥部负责的，也有在党政军联席会议负责的，还有在文化团体、青年团体和其他救亡组织负责的，等等。[①] “中大抗先”还主动加入校内抗日团体，如多人成为学校抗敌后援工作团总干事会或各学院干事会的干事，成为团结同学的纽带、联系群众的桥梁，有力推动了抗日救亡运动的开展。例如，“中大抗先”以学校抗敌后援工作团、随军服务团的名义，到驻增城一五五师政训处开展附近农村农民的抗日救亡工作。另派队到增城福和区开展抗日救亡活动。中大慰劳伤兵团百多位师生到新街慰问的领队，便是“中大抗先”指挥成员钟远蕃。由于“中大抗先”在华南青年中的良好影响，故“中大抗先”羊城彦、吴华作为“广东抗先”代表，出席1938年3月下旬在武汉召开的中国学生救国联合会第二次代表大会，吴华以大会主席团成员身份向大会作《学生在捍卫祖国与保护文化中的责任》的报告，“广东抗先”被选为这届学联的常务监察委员单位。[②]

1938年10月21日，广州沦陷后，部分“中大抗先”的骨干和队员没有随学校内迁到云南澄江，而是选择了跟随“广东抗先”进行战略大转移，到珠江两岸及东江、西江、北江各流域，以及南海之滨的广大农村，发动农民，成立抗日团体，建立和发展中共地下组织。

---

① 国立中山大学抗日先锋队编：《先锋》，1938年2月10日。

② 黄义祥编著：《中山大学史稿（1924—1949）》，第316～317页。

毕业生曾振声在此期间先后组建了惠宝人民抗日游击总队和广东人民抗日游击队第三、第五大队，并创建东莞大岭山抗日根据地，1943 年又出任广东人民抗日游击队东江纵队司令员。此时正值中大迁坪办学，除部分“中大抗先”队员回校复课，大批队员加入曾振声领导的东江纵队，继续开展抗日救亡活动；1934 级学生罗范群于 1944 年出任广东人民抗日游击队中区纵队政委；1934 级学生梁嘉（“中大抗先”骨干）也于 1945 年出任广东人民抗日游击队珠江纵队政委。国立中山大学的莘莘学子在华南抗日战场上做出了不可磨灭的贡献。

澄江编

第三章　西迁澄江

1938年10月广州沦陷后，国立中山大学在学校主持者领导下，先经罗定，复迁至云南澄江，利用当地的公共楼宇、庙堂等建筑，坚持办学。在云南澄江近两年的办学过程中，中大的师生员工在抗战后方弦歌不辍，因陋就简，充分利用当地资源开展教学、科研活动，创造了一批实地调研、考察的学术成果，保持了中大优良的学术传统，也为当地经济、文化和卫生事业的发展做出了贡献。

第一节　西迁的经过

一、抢救校产

七七事变后，日本侵略军在中国领土长驱南下，广州告急。为适应持久抗战国策的需要，以及保存学校精华，以备扩大战时教育起见，国民政府命令国立中山大学自择大后方，迁址办学。

1938年6月间，在敌机疯狂空袭之下，中大已将大部分重要图书、仪器迁运异地寄存；10月，广东省中等学校以上学生（包括中大学生）都在石牌附近的广州郊区集中进行军事训练。日寇从惠州大鹏湾登陆，突破广州外围线时，中大的部分学生由负责军训的人员率领，转移前往广东坪石继续军训。

日寇登陆以后，对广州组织多次空袭，风声日急，人心慌乱，军政当局准备放弃广州。仓促之间，中大决定立即迁校至广东罗定。10月19日开始将图书、仪器搬运到船上，准备走水路离开广州。学校各级领导、师生、图书馆员和工人等，立即投入到迁校抢运的工作中。他们冒着日军飞机狂轰滥炸的危险，一面订购运输木箱，一面把各种校产、教具、图书、杂志、仪器、试剂和能拆迁的设备归拢、装箱、标示，以及组织"人力练习车"、船等运输工具。然而匆忙之中，要把一个大学能搬走的东西尽量尽快运走，要把数以千计的木箱从石牌运至珠江边装上船，西迁至罗定，其困难可想而知了！

10月19日晚上，广州市内已经人心惶惶，警察也在逐家劝诫市民赶紧离开广州。20日凌晨2点，首批教职员工和家属乘电船一艘、民船五艘退出广州。学校主持者如萧冠英秘书长、邓植仪教务长和出版部张掖主任等人，也于20日乘汽车赶赴罗定，准备和布置临时校舍，以备收容由广州迁出的师生员工。20日，市内军政机关已经全部迁走，形势更趋紧迫。除工学院、农学院、医学院和研究院尚未搬迁完毕，相关人员不肯立即离开之外，负责押运的员工请示学校后，于20日晚停止搬运，立即开船离开市区。

10月21日，日军抵达广州。21日早上，日寇敌机飞抵石牌、岑村一带低空扫射。空袭之下，无法再行搬运。黑烟弥漫，火光冲天，恍若世界末日来临。师生员工惊慌失措，孙中山先生苦心创办的国立中山大学，现在只剩下五船积蓄了！当最后一批教职员押运图书、仪器于21日离开广州时，广州已陷入混乱状态，重要建筑物已开始被破坏，爆炸之声不绝于耳，浓烟四起。由于广州处于危机之中，交通工具均被征作军用，学校除雇用了五艘民船载运图书、仪器外，难以在广州找到电船拖行。民船行驶至顺德县勒流时，学校派人到江门陈村等地雇请电船。幸蒙江门的范德星先生及陈村邮局竭力协助，才租得电船一艘。然而船费非常昂贵，由勒流驶到罗定非500元不可。当时事出仓促，负责押运的学校员工未及携带学校公费，况且在逃难途中，筹措资金非常不易。在这危急关头，大家倾尽囊中所有，凑足了船资，才得以出发，直到29日才抵达罗定。

经过学校教职员工的忘我奋战，石牌校内的大部分重要校产、教具、档案等都被抢运出来，并最终运到了云南澄江。如化学系运抵澄江的仪器、试剂和图书、杂志共计 130 多箱，有些试剂（如苯甲醛）直至 1946 年回石牌后还可供学生试验用。在抗日战争时期被迫迁移的各校中，中大抢运出来的物资是最多的或较多的，这是当时中大人的骄傲！①

二、从罗定改迁澄江

到罗定后，学校当局一面设址办公，筹划复课，一面向教育部及邹鲁校长请示汇报，并通知各地师生迅速集中，恢复课业。但是学校要继续在罗定办学，面临着很多困难：第一，校舍严重缺乏，很难满足当时中大文、理、法、工、农、医和新建的师范学院等 7 个学院、30 多个系、130 多个班级的教学实验用房和办公用房，除非像后来西南联大在昆明郊区那样，新建大批临时建筑作校舍，否则这个问题是无法解决的，但这在罗定并不可能；第二，罗定离前线太近，与广州的直线距离只有约 170 公里，日军随时可到，学校很难安定下来办学。学校面临这些问题难以解决，加上交通不便，邮电阻滞，至 11 月中旬尚未复课，于是考虑作第二次迁移，并决定改在广西、云南二省内地选择校址。11 月 25 日，奉教育部及邹鲁校长来电，中大开始西迁广西龙州，先在南江口集中，至 12 月 1 日乘动轮西驶梧州，并一面派人在龙州计划校址，一面在广州湾及梧州各地设置通讯处，以便师生登记。

正在西迁龙州途中，中大又奉教育部令再迁云南。原法学院院长邓孝慈（云南盐津县人）建议学校迁往云南澄江。之后，吴信达、邓文康等人对学校迁澄也起到了促进和协助作用。中大决定迁往澄江

① 罗永明主编：《我们的中大》，第 67 页。

之后，呈报远在重庆的邹鲁校长和教育部并获得批准。于是学校决定离开罗定，继续西迁。学校随即通知先后到罗定、坪石和广州沦陷前后逃亡至香港的师生，马上动身汇集澄江复课。当时从广州到云南澄江有两条路可走：一为走内地，即广州—衡阳—宜山—都匀—贵阳—昆明—呈贡—澄江；二为走海路，即广州（汕头、澳门）—香港—海防—河内—昆明—呈贡—澄江（图3.1、图3.2）。

1938年冬，在罗定的师生溯西江而上，进入广西，向云南进发。其中大部分是先到广西龙州，然后由镇南关（今友谊关）到越南同登转河内，在河内乘火车由滇越铁路至昆明；有一小部分学生在进入广西柳州后，即步行至贵阳转昆明；有的是由百色步行入云南，经开远到昆明。由坪石动身的学生，是经衡阳步行到贵阳再转昆明的。更有数百名学生不畏艰苦，步行从广东赴滇归校。他们因参加广州集训，当广州沦陷时，随队辗转到达连县。当学校决定迁滇复课时，他们便由连县结队徒步西行。由香港动身的师生，则是乘海轮到越南海防登陆，经河内到昆明。① 因为交通上的限制，要由国内沿海省份进入云南，以取道香港、海防、河内为最便捷，由内地直接前往困难极多，有的甚至历时数月。

澄江校舍早已布置就绪。邹鲁校长考虑到战时教育责任重大，学生求学光阴宝贵，曾屡次发电报催促各地师生员工尽快赶赴澄江，并请各教授务必在规定的时间内到学校报到，在报到前先以航邮寄校报到，以便准备一切。已经返国或到北京的德籍教授，邹鲁校长也发电报催他们尽快回校服务。

为方便各地滞留的师生员工前往云南新校址，学校编印《赴滇指南》小册子，对赴滇路程及旅途中所应注意事项，罗列十分详尽，并分别在龙州、河内、同登、海防、昆明、香港等地设立办事处，办理师生员工赴滇一切手续，为他们在旅途中提供种种帮助。从1939年1月30日开始至2月28日止，全校共组织15批750人搬迁到澄江。

---

① 解厚德：《中山大学迁澄江始末》，中国人民政治协商会议云南省委员会文史资料委员会：《云南文史资料选辑》第五十三辑，云南人民出版社1998年版，第190～191页。

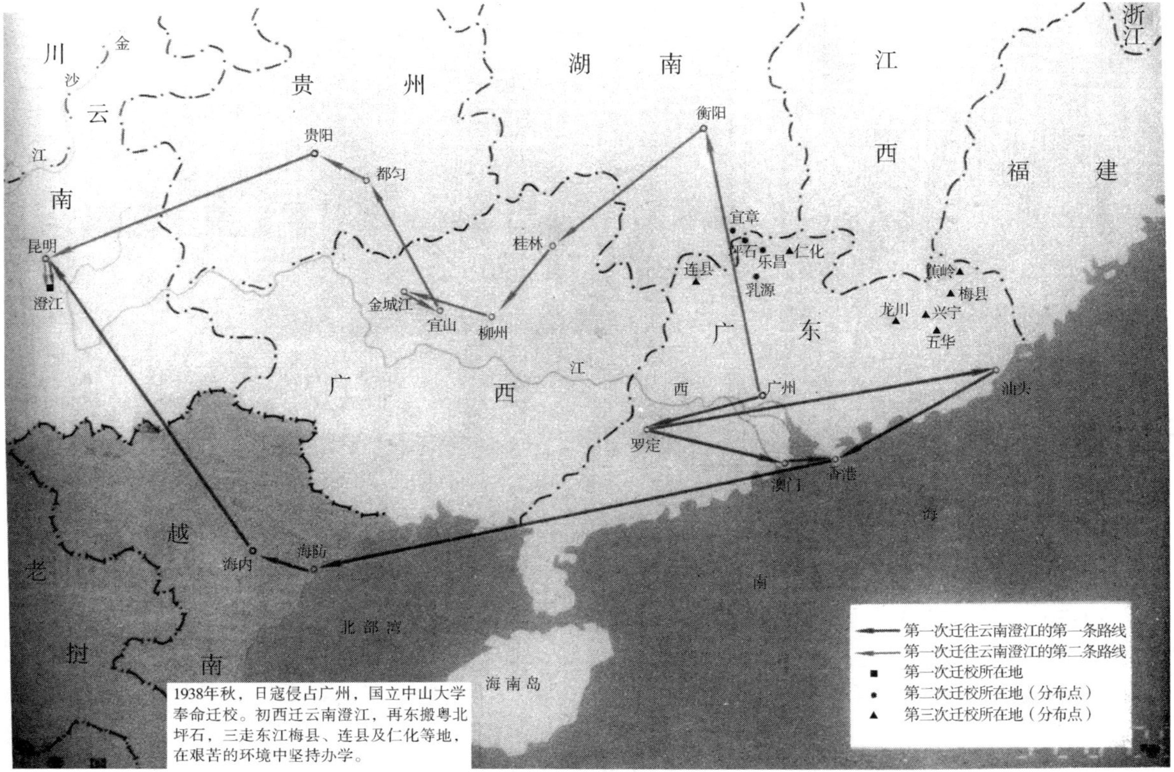

第一次迁往云南澄江的第一条路线
第一次迁往云南澄江的第二条路线
■ 第一次迁校所在地
● 第二次迁校所在地（分布点）
▲ 第三次迁校所在地（分布点）

1938年秋，日寇侵占广州，国立中山大学奉命迁校。初西迁云南澄江，再东搬粤北坪石，三走东江梅县、连县及仁化等地，在艰苦的环境中坚持办学。

图3.1　国立中山大学师生分批撤离广州迁至云南澄江的迁校路线

图 3.2　国立中山大学师生奉命迁往云南澄江县。这是昆明至澄江的道路

中大的此次迁校，也得到当时军、政、商等各界的支持，如军事委员会西南进出口物资运输总公司对于学校运输图书、仪器、设备等费用进行半价减收，对中大职员予以车票价格优待，等等。赴港转滇的师生，必须经时为法国殖民地的越南海防及河内，而办理护照手续烦琐，经学校争取，得到外交部驻港签证处戴德抚处长和蔡道尧主任协助，给予学校种种便利，并为中大师生赴滇而特发中大临时护照，过境时也得到法国越南殖民当局的优待，学校师生才得以分批依期抵校。

中大出版组主任萧隽英在《国立中山大学西迁纪实》中总结道："本校此次西迁，虽属持久抗战过程中应有之举，然总不免带一点逃难的意味，但我们亦绝不会忘记谁迫我们西迁，谁迫我们逃难的！我们的行动也正要体验'十年生聚'的古训。所以员生在出发途中，生活极严肃，精神极紧张，这也可以说是凛然于民族垂危及本身责任重大之自觉的表现。是以所经各地，都得侨胞爱护及当地政府之协助和赞扬。"①

关于迁校的意义，当时负责迁校工作的校长室秘书萧冠英事后向全校师生报告道："（日本帝国主义）穷兵黩武，泥足深陷，不自悔

① 萧隽英：《国立中山大学西迁纪实》，中山大学档案馆馆藏，关联号 020 - 002 - 0062 - 013。

惧，于去年（1938 年）十月侵犯华南。当时□年烽火，一日数惊，冠英受邹校长负托之重，为保存学校，保存文化起见，不得不谋他迁，以图恢复课业。盖此不仅使师生减少施教研究精神上的不安，且亦求图书实验设备的充分应用，然后能宁静致远，以维民族永久的生命于不堕。”①

三、迁校损失

此次搬迁路途遥远，加上敌机轰炸，流离颠沛，苦不堪言，尤其是负责校产押运工作的教工则更为艰辛。当时负责押运图书的图书馆主任杜定友教授曾绘制了一幅迁校地图（《西行志痛》，附图 3），描绘了中大西迁苦难的历程，图中文字如下：

西行志痛

使命：护送图书，脱离险境，由广州运至云南澄江。

行期：自中华民国二十七年十月二十日零时三十分至二十八年二月二十二日下午五时三十分，凡一百一十五天。②

行程：经过广东、广西、云南、香港、安南，停留十八站，凡一万一千九百七十余里。

行侣：离广州时，同行者中大图书馆同仁及眷属四十三人，中途离队者十四人，受重伤者一人，病故者一人，到达目的地时仅二十七人。

交通：步行、滑杆、骑马、公共汽车、自用汽车、货车、火车、木船、太古船、邮船、飞机。

---

① 萧冠英：《本校迁址澄江的经过及今后我们努力之动向》，《国立中山大学日报》1939 年 11 月 18 日。

② 包括头尾天数应为 126 天。参见邬和镒：《中大赴滇办学记》，《文史纵横》2001 年第 2 期。

饮食：餐风、干粮、面摊、粉馆、茶楼、酒店、中菜、西餐，甜酸苦辣。

起居：宿雨、泥屋、古庙、民房、学校、衙门、客栈、旅店，地铺、帆布床、木床、铁床、钢床，头二三四等、大舱，天堂地狱！

广州沦陷后一百三十天
无县人杜定友泣记。①

西迁前，学校图书馆藏书数达30万余册，迁出者近8万册，不到总数的三分之一。杜定友事后总结："倘该馆迁移经费充足，当时交通工具便利，则迁出者当不只此数；据统计，图书馆书、杂志损失共计246563册，价值623506.71元，其它设备、用具也损失无数。"②

对于图书馆损失严重的原因，杜定友在《国立中山大学图书馆民国二十七年度工作报告》中做了阐述："此次广州之突变，及失陷之迅速，实出吾人意料之外，且事前受报纸虚伪之宣传及'广东精神'之迷惑，故缺乏迁移准备。本馆以前所移存之图书，均以避免空袭为目的，且一部分重要图书，因校中照常上课，未能装箱。至其他图书，本拟全部装箱移存，但为经费所限，未能如愿。及至事变之日，虽有经费，亦无木箱可购，且当时交通工具，悉被统制，无法运输，同人等虽尽力抢救，亦不过78403册。"③

除图书馆损失巨大外，中大各学院、研究所和附属机构也损失严重。据不完全统计，理学院、工学院、农学院、研究院、两广地质所、广东通志馆丢失的图书、仪器、标本、模型等达604箱。

张云在《国立中山大学天文台成立十周年概况》中回顾，广州沦陷前夕，"本台仪箱，无论大小，虽赤道仪笨重部分，均已于半年前妥

① 梁山、李坚、张克谟：《中山大学校史（1924—1949）》，第97～98页。

② 杜定友：《国立中山大学图书馆由粤迁滇经过及工作近况》，《中华图书馆协会会报》1939年第14卷第1期。

③ 杜定友：《国立中山大学图书馆民国二十七年度工作报告》，《中华图书馆协会会报》1939年第14卷第2～3期。

为装箱，以备万一之迁徙。迨兵临城下，毒弹纷投，千钧一发中，台员舍命抢救，卒于全部二十五箱中，运出二十三箱，其中两大箱，乃赤道储□笨重部分，以过重之故，不得已见遗，亦不幸中之大幸也”①。

这期间只有农学院农林植物研究所的图书、仪器、设备保存相对完整，损失较小。该所在所长陈焕镛主持下，从1937年12月开始搬迁香港九龙。广州沦陷后，全所研究人员在香港继续进行研究工作，继续出版学术刊物。由于华北农林植物研究所已陷敌手，中央研究院植物研究所、中国科学生物研究所的图书、标本皆已损失，使得中大农学院农林植物研究所当时的设备在全国达到一流水平。它拥有标本柜272个，标本141568号，复本、未装订的标本约10000号，标本植物照片1铁柜共18337张，重要图书2346册，浸液标本2871瓶，在客观上成了全国植物研究机构中心。② 虽然如此，但该所所需要的外汇，得不到学校经常性经费的支持，在港经费极度困难。陈焕镛勉力支撑，他一方面将自己历年的积蓄垫支，另一方面赊欠商号账目上万元，使研究工作得以继续。1940年香港沦陷后，农林植物研究所亦沦落敌手。陈焕镛与全所工作人员千方百计保存这些标本、图书与仪器、设备，最后通过各种关系，从敌人手里把全部器物运回广州，使植物研究得以继续，且成为植物研究机构复兴的基础。

在西迁过程中，中大的师生员工们，并没有因为战争的恐怖而临阵脱逃，而是冒险犯难，尽最大的能力来保护校产，保存学校实力。学校关于迁校的安排，虽然早已有计划，并勘察了罗定、广西等地，提早将部分珍贵图书、仪器等校产做了转移，但是临行比较仓促，校产未能完全迁走，加之对战事造成的破坏估计不足、在搬迁时出现船主临阵脱逃等原因，导致学校在西迁过程中，仍然蒙受了巨大的损失。

由于史料有阙，目前为止尚未发现中大迁澄损失明细的总目。根据国民政府教育部编制的《抗战以来公私立专科以上学校财产损失统计表（1939年4月）》所公布的材料，中大死伤人数达12人，财

① 张云：《国立中山大学天文台成立十周年概况》，《宇宙》1940年第10卷第7～10期。

② 梁山、李坚、张克谟：《中山大学校史（1924—1949）》，第99页。

产损失达6217828元（校舍价值计算在内），财产损失数额在当时居全国各公私立大学之首（图3.3）。

一、国立各校损失

校　别	死伤人数	财产损失数（单位：元）	备　注
总　计	50	36,527,231	
国立各大学	50	35,003,383	
中央大学	6	3,383,400	呈报数
北平大学	—	1,922,317	呈报数
北京大学	—	1,628,515	校舍价值数及呈报损失价值数
清华大学	—	6,050,000	呈报数
北平师范大学	—	1,502,871	校舍价值及呈报损失价值数
武汉大学	—	2,875,937	校舍价值数
中山大学	12	6,217,828	校舍价值数及呈报损失价值数
山东大学	—	3,611,663	呈报数
暨南大学	2	413,000	校舍价值数
浙江大学	—	1,560,000	呈报数
交通大学	—	2,369,650	校舍价值数
同济大学	—	1,480,000	呈报数
湖南大学	30	700,000	呈报数
厦门大学	—	1,288,202	呈报数
东北大学	……	……	不详
国立各独立学院	—	813,329	
上海商学院	—	183,066	呈报数
上海医学院	……	……	不详

（a）

4. 教育部编报的抗战以来公私立专科以上学校财产损失统计表

（1939年4月）

校　　别	死伤人数	财产损失数（单位：元）	备　注
总　计	108	65,367,409	
合　计	50	36,527,231	
国立各大学	50	35,003,383	
国立各独立学院	—	813,329	
国立各专科学校	—	240,005	
公立各专科学校	—	470,514	
合　计	8	6,177,468	
省立各大学	—	3,088,607	
省立各独立学院	—	2,410,067	
省立各专科学校	8	678,794	
合　计	50	22,662,712	
私立各大学	36	15,384,834	
私立各独立学院	14	6,306,225	
私立各专科学校	—	971,653	

二十八年四月编

（b）

图3.3　国立中山大学财产损失情况

资料来源：中国第二历史档案馆编：《中华民国史档案资料汇编　第五辑第二编　教育（一）》，江苏古籍出版社1997年版，第371页。

第二节　澄江概况

澄江在云南省中部，县城离昆明大约60公里，是一个古老的小山城，山清水秀，风光宜人，环境清幽，是一个适宜安静办学的地方（图3.4）。在迁澄前，邹鲁校长在重庆发电报给住在昆明的原法学院院长邓孝慈，向他征询迁校意见。邓院长力主学校迁往澄江，他认为：第一，云南是大后方，战时环境安定，从来没有受敌机骚扰过，适宜办学。因此许多大学正准备迁到云南，如北大、清华、燕京、南开、同济等高校，都准备在昆明建校。第二，澄江环境优美，素称鱼米之乡，距昆明仅60公里，通公路40公里，其余20公里已修成毛路，交通尚属便利。而且澄江比昆明隐蔽，更不为日军注意，是大片平原的开阔地，南临抚仙湖，又有东、西龙潭水流日夜灌溉，没有干旱之灾，一年收的粮食（水稻）可供三年食用。第三，澄江县城及附近乡村闲置的建筑、庙宇较多，可供学校使用。[①]

图3.4　澄江县县城远眺

① 罗永明主编：《我们的中大》，第68页。

国立中山大学迁校后，在客观上促进了澄江交通的发展建设。1935 年昆明至玉溪的公路已经修通到呈贡县的马金铺以外，从马金铺到澄江的 23 公里支线公路，也已经修通 10 多公里到了中关坡，到澄江县城仅余 10 多公里未修通。未修通的这段路，走小路有七八公里。若沿着南盘江盘旋的滇越铁路，从徐江渡和滴水车站到澄江县城，步行需要四五个小时。为了交通便利，在迁校之前，1939 年 2 月，中大多次发函给云南省政府和云南省公路总局，要求在 5 个月内修通中关坡至澄江路段，并表示可以补助部分工程费用。云南省公路总局局长杨文清派出工程处处长何飞、澄江公路段段长罗乐山、工程技术指导员李远等四人组织勘测。但当地公路技术人员在设计时，对山区公路的转弯技术始终掌握不准，设计出来的公路或太陡或太急。中大的工程人员便协助他们研究设计，解决了难题，结果这段公路 4 个月就修建完成了。试车那天，中大搬运物资的汽车来了 8 辆，浩浩荡荡开到县城，惊动了全城人民来观望。此后，这条路线就成为澄江通往昆明的主要公路干线。①

在通信方面，澄江城内设有昆澄长途电话及邮局，以传达消息，寄递函件。但由于没有设立电报局，拍发电报需由长途电话转达，容易产生字音讹误，后来改为将电文快邮寄学校昆明通讯处拍发。

随着中大的迁入，澄江县城这个简朴恬静的小城人气急升，顿时沸腾起来。文、理、法、工、农、医、师范等 7 个学院分设在城内和附城的各村落，另外兴建了不少屋宇棚舍以作校舍之用。但中大人数众多，包括教职员、学生、工友和家属等，一时间城区人满为患：店铺如雨后春笋般陆续开张，酒楼食肆、百货服务，应有尽有，街道上熙来攘往，市尘杂沓，连通往昆明（对外交通）的山路也人流不息。澄江县城俨然成为一个具有广东特色的繁荣市镇。②

---

① 杨应康著:《中山大学澄江忆旧》，云南民族出版社 2012 年版，第 5 页。

② 罗永明主编:《我们的中大》，第 74 ～ 75 页。

第三节　学校的安置与建设

至1939年2月底止，国立中山大学西迁澄江后各院系共到教职员245人（校本部人员未计在内），学生1736人。3月1日正式复课。因迁校阻延，将校历临时更改定为上学期由3月1日起至5月底止，下学期由6月1日起至8月底止，不放暑假，只在学年结束时休业约20天办理毕业事宜，并为下学期开课做好准备工作。这一年的毕业典礼也照常举行。

一、行政组织

1939年5月，根据教育部颁布的《专科以上学校行政组织规程暨大学各学院所属学系订定名称》的规定，中大对行政机构进行了调整，具体设置如下：

校长室　设秘书一人，由萧冠英兼任（后为黄际遇）；

教务处　设教务长一人，由邓植仪担任，分设注册组、出版组、图书馆；

训导处　设训导长一人，由邹谦担任，分设生活指导组、体育卫生组、军事管理组，后增设校医室；

总务处　设总务长一人，由邹卓然担任，分设文书组、出纳组、庶务组，后增设工程组；

会计室　设主任一人，由王骏人担任；

研究院　设院长一人，由崔载阳担任。

学校共分设文、理、法、农、医、工、师范7个学院，30余个系，每个学院各设院长一人。1939年夏，奉教育部令设先修班，招

收高中毕业失学青年，一年结束。先修班设班主任一人，由教授兼任。抗日战争期间共办六届。此外有校董会及校务、教务、训导、总务各种会议和各种委员会。

二、学校环境和校舍建设

澄江县城内连阡陌，外绕群山，环境清幽，十分适宜于安心修学。各个寺院一般都设有广阔的广场，可供师生员工课余的学术集会、艺术研究、表演抗战戏剧以及开展运动、举行比赛之用。附近还有东、西龙潭，学生在周末课余，可以游览阅历，开展远足、旅行、摄影、游泳等娱乐活动。对于大多数来自南方的学生来说，风景优美的抚仙湖就是一个天然的游泳场，后来经由学校设置游泳棚、更衣室，并投入使用。

战时防空也成为学校办学的一个必要条件。国立中山大学曾计划利用城廓山林等天然环境，采取疏散方式，拟建防空洞 47 座、防空壕 46 座，这些防空设施基本可以容纳本校全部人员。至于空袭疏散地点，学校也对城厢内外各院舍加以详细图示描绘和文字说明后，分别送到各院部依照办理。

中大迁址澄江后，院舍分布城厢内外。澄江县城有一定的规模，寺庙和古建筑比较多，坝区村寨林立。但是无法找到一个能同时容纳全校师生进行教学、研究和工作的场所，只能因地制宜，采取分散办学形式，利用当地庙宇、祠堂等建筑，以及自盖简易房屋作为校舍。其中总办事处、图书馆、研究院、文师两学院设在澄江县城内，理、法、农、医、工五个学院则分布在城外各个乡村、寺庙等处。各单位一般根据原来的寺庙院观进行修整，改造为办事处、课室、宿舍等，如果不够再另外搭建一批简易房屋。

学校各单位在澄江的具体分布如下①：

学校办公厅，设在城北离县城不远的地方，对此地原有的一座旧楼进行维修，在两旁加建亭台楼阁，周边种花植树，改建为办公楼，颇为气派。

文学院（图3.5），分驻城内城外七处地方，包括城内孔庙和孔庙背后的凤麓小学男子部和女子部、玉光楼、观音阁，城外北面的斗母阁和翠竹庵。

医学院（图3.6、图3.7），设在小西城乡关圣宫、三教寺，县城南门外火龙庙，县城南门楼，小里村下寺，城内玉光楼，城西土主庙。

师范学院（图3.8）和研究院，设在城内玉皇阁、建设局、极乐寺及城西北的五灵庙。

农学院（图3.9），设在离县城2公里的鲁溪乡玉皇阁，吉里村关圣宫，秧郎村莲石寺、关圣宫，许马乡上寺，鲁溪营上、下寺，洋廖营凤台寺等处。

法学院（图3.10），设在城东南面的离城4公里的圩溪镇右所乡兜底寺，备乐乡上备乐村关圣宫两处，共庙宇10间。

工学院（图3.11），设在县城东南面离城3公里的金莲乡、东岳庙、文昌宫、华严寺、古泮宫等，其余各庙寺公共房舍及民房等则用作学生宿舍，共11间（名称附记如下：中所、唐家、开化、武台、金莲、玄天阁、文昌、梅玉、土主、万家、秦家），同时在村东自盖部分简易房屋。

理学院（图3.12），设在县城东面离城3公里的东龙潭、大仁庄、东山村、跨马村。

研究院及校本部（图3.13），设在县城的普福寺内。

---

① 杨应康：《中山大学在澄江》，《中山大学学报（社会科学版）》1989年第4期，第69～72页。

图 3.5　云南澄江时期的文学院院址

资料来源：《中山大学与澄江》（《澄江文史资料》第二十辑）。

图 3.6　云南澄江时期的医学院院址

图 3.7　1939 年 5 月中大医学院师生在关圣宫前的合影

图 3.8　云南澄江时期的师范学院院址

图 3.9　云南澄江时期的农学院院址

图 3.10　云南澄江时期的法学院院址

资料来源：《中山大学与澄江》（《澄江文史资料》第二十辑）。

图 3. 11　云南澄江时期的工学院院址

图 3. 12　云南澄江时期的理学院院址

资料来源:《中山大学与澄江》(《澄江文史资料》第二十辑)。

图 3.13　云南澄江时期的研究院和校本部院址

资料来源:《中山大学与澄江》(《澄江文史资料》第二十辑)。

中大迁澄后，澄江县城十华里以内，可能利用的建筑几乎全部用尽，仍旧不敷使用，还自盖一批简易房屋用作校舍。截至 1939 年底，中大在澄江县城附近用作校舍的建筑计有 75 所之多。自迁抵澄江至 1940 年 2 月，总计前后工程费高达 140800 余元，用于新建校舍，新建和修理师生员工的床板、课室、椅凳及通各院部路面修理等。尽管如此，课室、宿舍仍然远远不够使用，如法学院学生宿舍床位缺口约 260 人，理学院学生宿舍床位缺口约 50 人。农学院教室、理学院天文实验室等，皆因经费不足，直到离开澄江，尚未建设。

家具用具方面，学校也是因陋就简，利用土坯或者木柱做成桌脚、凳脚、床脚，再铺上木板，解决床、凳子和桌子缺少的困难。教室设在寺内，有些殿、阁还作为宿舍，而庙中又塑有菩萨，学校就用篱笆、旧布把神殿间隔开来。实习用的机器因为道路条件差，无法运来澄江，学校便在离澄江县城约 20 公里外的呈贡归化村设立实验室。晚上没有电灯照明，大家就用汽灯、蜡烛甚至油灯照明。[①] 在这种艰苦的环境中，中大仍一如既往地坚持办学。

① 杨应康:《中山大学在澄江》。

第四节　立足于西南的教学活动

广州沦陷后，国立中山大学师生历经艰难险阻，远迁至云南澄江办学，图书资料、仪器设备和实验材料损失巨大，教学物资紧缺。例如理学院的教学仪器设备，经长途搬运，能继续使用的为数不多。数学天文系仅有几台几何模型及各种天文仪器，迁到澄江后，只能就地建筑简易观测台，以简单方法进行天文观测。在艰苦的环境中，学校有时甚至连课本、讲义都难以印刷。学生听课时，只好专心听讲，认真做笔记。到了晚上晚自习，澄江没有电，大家只好用煤油灯，四年级同学每人一盏，三年级以下的同学每两人一盏。尽管如此，各学院师生仍因陋就简，因地制宜，根据学科的特色开展各种形式的教学活动，广泛开展学术报告、讲座，兼顾实地考察和调研。

一、丰富多彩的学术报告会

1939 年 9 月 18 日，文学院和研究院联合在文庙大成殿举行九一八事变第八周年纪念大会，陈国治教授在大会上作了《如何在抗战过程中完成经济建设之使命》的讲演。这次讲演长达 3 小时，师生济济一堂，气氛异常热烈。这是中大迁到澄江后有文字记载的首次学术报告会。

各学院纷纷举办各种学术报告会。例如，生物学系每月举办一次“月夜会”，形式多样，集学术报告、讨论和游艺活动为一体；1939 年 5 月法学院经济学系成立了经济学会，举办学术讲座，出版壁报，组织外国语读书会，并与《昆明日报》联系出版经济专栏；11 月，政治学系学生也成立了政治学会，研究与当时政治有密切关系的学术

问题；1939 年 10 月起，师范研究所每月举行月会，进行学术演讲，其下属心理学部、教育学部每半月举行“半月学术讲演会”。在战火纷飞的岁月里，中大为营造良好的学风，使学生安心求学、成长成材，付出了很多努力。表 3.1 所示为澄江时期中大文科学术报告会的情况。

表 3.1　澄江时期中大文科学术报告会一览

时　间	学　院	演讲人	题　目
1939 年 9 月	文学院、研究院	陈国治	《如何在抗战过程中完成经济建设之使命》
1939 年 12 月	文学院	朱谦之	《哥伦布前一千年中国僧人发现美洲说》
1939 年 12 月	文学院	凌达杨	《我所知的林语堂》
1939 年 12 月	文学院	蓝思德	《欧战从军记》
1940 年 1 月	文学院	穆木天	《新诗的创作问题》
1940 年 2 月	文学院	梁仲谋	《人类精神中枢的控制》
1940 年 2 月	文学院	吴康	《康德哲学提要》
1940 年 3 月	文学院	罗香林	《五十年来中国之史学》
1940 年 5 月	文学院	陆侃如	《新发现的文学史料》
1940 年 6 月	文学院	朱谦之	《中国古代乐律对于希腊之影响》
1940 年 4 月	研究院文科研究所	吴康	《康德治学思想》
1940 年 4 月	研究院文科研究所	吴宗慈	《清代迄现代文字源流考及迁变》
1940 年 4 月	研究院文科研究所	吴康	《十九世纪之德国文学》
1940 年 4 月	研究院文科研究所	李笠	《谈讹文》
1940 年 3 月	研究院	萧隽英	《抗战与哲学》
具体时间不详	研究院	吴康	《康德的哲学思想》

资料来源：中山大学档案馆馆藏档案和黄义祥编著《中山大学史稿（1924—1949）》一书。

二、大规模考察、调研西南大后方

国立中山大学地处较多少数民族聚居、矿产资源丰富的澄江乡村，这里是进行社会和田野调查的理想之所，各个学院积极开展对西南大后方的考察、实习和调研等教学活动。学习调查的范围很大，遍及西南数省。仅在澄江境内，师生们几乎走遍山区、坝区的村寨，对澄江的人文、历史、人口、资源、民族、手工业、土特产品，以及江河湖泊、交通、农业、邮电和资源等做了详细的调查和论述。

研究院文科师生经常集队到附近的少数民族地区，搜罗地方方言、歌谣和风俗习惯等资料。文科研究生黄达枢于1939年11月初奉该所"派往昆明四乡调查土著民族语言"，在当地教育局局长及各区小学校长协助下，收获颇佳。他到大珥村调查子君族语言，录得"该族插秧歌乙首，为其他民族所无，且承护国小学校长严保福君，为之按琴制谱，依声辩调，两无差池，尤可珍贵"。[①]文科研究所在1939年3月，与国民政府军事委员会西昌行辕合作，用半年时间，对大凉山少数民族进行调查，由研究院将调查资料整理出版。研究院还利用学校从澄江迁往粤北坪石的机会，于1940年组织了暑假学术考察团，沿途考察滇、黔、桂、湘、粤五省边区的文史、教育、农业情况。[②]

师范学院理化系师生曾于1939年暑假到个旧考察个旧锡矿的开采情况，收集锡矿石样品、炼锡炉的锡渣、成品锡条及制成的锡器多种。博物系师生则于1939年寒假，前往澄江县城东南之松子园采集标本，历时10天，采集所得计有鸟类130余种、兽类3种、植物20余种。博物系师生还对澄江境内的植物进行了调查，写成《澄江植

① 黄义祥编著：《中山大学史稿（1924—1949）》，第338～339页。

② 梁山、李坚、张克谟：《中山大学校史（1924—1949）》，第102～103页。

物志》（油印本）。

理学院内迁澄江，损失严重。光地质学系一系就走了孙云铸等四名知名教授，标本荡然无存，书刊散失过半，仪器沦于敌手，难以开展正常的科研教学工作。为解决当下的难题，地质学系与地理学系合作，着重野外调研和抓紧延聘教授，于1939年下半年聘请了杨遵仪、陈励刚、王炳章等教授，研究工作才开始复苏生机。其间两系教授多次带领学生，到抚仙湖、个旧锡矿、盘溪等地考察，对当地的矿产和地理做出了详尽的研究。在两系师生的眼里，澄江是他们研究地理、地质的乐园。“我们环游抚仙湖几次，每次十日绕湖一周，都由吴尚时、孙宕越及米士三老师领队。米士师指导湖盆地沿岸的地层、岩石和构造。吴孙两师讲解地形、水文、土壤气象、人口聚落、土地利用、产业交通，对地学的问题作实地考察而作详尽之研究。”① 他们到澄江后多次野外实习，所采集的岩石标本渐臻完备，又得越南地质调查所赠予矿物、岩石、古生物标本多种，基本能满足教学实验的需要。

三、教学、实习配合国家在西南的战略需要

七七事变后，日军长驱直入，迅速占领了我国东南沿海及华北、华中各地，当地的工矿企业几乎损失殆尽。国民政府内迁重庆，以西北、西南部为大后方。然而西北、西南地区原有的工业基础薄弱，且当时整个中国工业技术落后，国民政府在发展大后方工业、重振战时生产时，不得不倚重于人才和技术资源相对集中的内迁院校。

1939年5月23日，国民政府军政、经济、交通、教育四部联合商订了关于各高校的理工学院与国家经济、交通及军备工厂合作办法的草案。8月9日，《大学理工学院与经济交通及军备工厂合作办法》

① 黄仕忠编：《老中大的故事》，第178页。

颁发。该办法规定：

> 一、各大学理工学院与经济、交通及军备工厂之合作，适用本办法。
>
> 二、校厂合作之事业，如左列各项：
>
> 甲、学校得聘请工厂之技术人员，担任教师、顾问或讲演。
>
> 乙、学校应分发高年级学生至工厂实地练习，厂方并应派员指导学生参加实际工作。但兵工厂收受实习生，以确具永久服务兵工事业志愿及具有确实保证者为限。
>
> 丙、学校应担任工厂各项问题之试验、研究与推广，其问题与材料应由厂方供给，并尽量协助之。
>
> 丁、学校遇必要时，可变通正常课业，集中时间，协助工厂实际工作，以应国防上之急切需要。
>
> 戊、工厂如需要特种技术人员，得商由学校代为训练。
>
> 己、其他合作之事业。
>
> 三、学校与工厂因合作必需增加之经费，由双方呈请各该主管机关，按照实际情形，会呈行政院酌予补助。
>
> 四、学校为与工厂合作起见，得斟酌情形，移设其预备合作之部分于工厂附近或厂内，以资便利。
>
> 五、校厂之合作，由双方商定后，拟具计划，分呈各主管机关核准备案。
>
> 六、本办法呈请行政院备案施行。①

根据该办法，经济部指定了军需厂和被服厂各一所，航委会也指定了五所修理厂，各与所在地高校的理工院校合作，以增加军需生产。

国立中山大学自1930年代初大力发展实科以来，培养了很多应

① 《教育等部关于订定〈大学理工学院与经济交通及军备工厂合作办法〉的会呈（1939年8月9日）》，《中华民国史档案资料汇编　第五辑第二编　教育（一）》，第707～708页。

用型人才。早在抗日战争爆发前夕，中大高年级的学生已经前往国家各军政、交通和工业等部门服务实习。西迁澄江后，中大学生参与国家军需实习、考察和服务的人数也日益增加。如1939年暑假，工学院电机工程学系三年级的学生，到云南锡矿资源最丰富的个旧、蒙自资源委员会锡矿工程处实习，更有不少毕业生积极参与各种军工项目，奔赴大后方最需要他们的地方，直接参与军需生产，为持久抗战贡献自己的青春（表3.2）。

表3.2 1940年以前中大学生参与国家军需工作情况

时 间	单 位	院 系	人数/人
1937年5月	军政部广东第二兵工厂	经济学系	9
1938年9月12日	军事委员会战时工作干部训练团	文学院	2
1939年2月24日	军政部兵工署		29
1939年12月29日	中央训练团党政训练班		3
1940年6月20日	军事委员会战时工作干部训练团第四团	文学院	7
1940年7月	军政部兵工署第二兵工厂	化学工程学系	1
1940年7月2日	交通部技术人员训练所汽车机务班	机械工程学系	7
1940年7月8日	军事委员会西南进出口物资运输	建筑工程学系	1
1940年7月19日	军政部兵工署航空兵器技术研究处	机械工程学系	10

资料来源：据中山大学档案馆馆藏档案统计。

还有大量中大理工科学生到西南地区充当工程技术人员，参加了各种交通工程的勘测、设计和施工。1939年10月，土木工程学系的37名学生到叙昆铁路和滇缅铁路实习。这次实习，“适在装机时期，虽因时间短促，未能窥其全貌，但各部分大概情形，亦可得其概念”①。

① 《电工系同学暑假实习近况》，《国立中山大学日报》1939年9月25日。

据《国立中山大学1939年度要览》统计数据，“历年毕业生人数总计4528人，校内毕业生出路由教育部及本校介绍前往各机关服务，以去年毕业各生所有工作者为历届毕业生之冠”[①]。这些学生毕业后，不少人奔赴国家需要的地方，一些青年教师也暂时放弃了后方相对安稳的生活，胼手胝足，风餐露宿，与广大民工一起共患难，完成了一个又一个艰巨浩大的工程，甚至牺牲了自己宝贵的生命，为疏通大后方的交通运输，打通国际交通线，做出了不可磨灭的贡献。

70多年前，《大公报》记者萧乾在报告文学《血肉筑成的滇缅路》中写道：“有一天你旅行也许要经过这条血肉筑成的公路。你剥橘子糖果，你对美景吭歌，你可别忘记听听车轮下吱吱声响，那是为这条公路捐躯者的白骨，是构成历史不可缺少的原料。”滇缅公路，即云南省到缅甸的公路。该路从1938年开始修建，原本是为了抢运中国国民政府在国外购买的和国际援助的战略物资而紧急修建的。随着日军进占越南，滇越铁路中断，滇缅公路竣工不久就成为中国与外部世界联系的唯一的运输通道。这是一条诞生于抗日战争烽火中的国际通道，是滇西各族人民和中国无数工程技术人员用血肉筑成的国际通道，在第二次世界大战中扮演着重要的角色。中大的师生也同样用自己的热血青春在这条公路上谱写了可歌可泣的事迹。

工学院的广东籍毕业生赵豫立、伍俊威、叶作熙、何家瑚等人，在国难当头之际，放弃了原本待遇较为优厚的工作，投身到滇缅公路的建设中去。1939年，赵豫立把家人安顿在香港之后，“以国难方殷，凡我青年，正应积极投身抗日救国，怎能留居港澳，受外人庇护”[②]，于是到重庆和工学院的其他同学一道，经人介绍到西南地区作为工程技术人员建设公路。1940年起，日军开始猛烈轰炸滇缅公路，公路和桥梁不断被炸断，但公路工程人员和民工们为抗日救国，接通国际运输的生命线，不惜牺牲，一次次地冒着生命危险，随炸随

---

① 《国立中山大学1939年度要览》，中山大学档案馆馆藏档案，关联号020－001－0007－014。

② 杨宝霖、钟百凌、李炳球编：《东莞文史》第28期，1998年7月，第13页。

修，创造了被誉为“炸不断的滇缅公路”这一奇迹。

经过两三年的艰苦锻炼，赵豫立、伍俊威等中大毕业生已经成为滇缅公路技术工程师的中流砥柱。1942 年 5 月，日军占领龙陵，形势紧张，赵豫立等人负责的工程路段附近的居民已经纷纷撤退。然而作为公路工程腊勐第六工程总段第 21 分段段长的赵豫立认为修路、扩路是职责所在，没有接到国家的撤退命令，就应该坚守岗位，不能擅自撤退。5 月 5 日，怒江上的惠通桥被炸毁，然而在桥对面未及撤退的第六工程总段段长蔡世琛、副总工程师陈孚华，技术人员赵豫立、伍俊威等人不及返回。日军攻占腊勐后，赵豫立、伍俊威等五人被日军抓了起来。他们宁死不屈，凛然怒视日军，没有一个人投降。杀人成性的日寇把他们押到怒江岸边枪决，工程技术人员的鲜血染红了滔滔的怒江水。牺牲时，他们刚过而立之年。

1939 年，黄玉瑜毅然辞去了中大建筑系教授的工作，为反抗日本帝国主义的入侵，他加入中央雷允飞机制造厂，负责云南瑞丽厂区的建筑设计工作。抗日战争爆发以后，为打击中国航空力量，日军多次用飞机轰炸中国的飞机制造厂。黄玉瑜在前往保山为重建厂区勘测选址期间，碰上了日军的大轰炸，他所乘坐的汽车不幸被炸毁，其遗体挂到树上，惨烈无比。他牺牲时，年仅 37 岁。

第五节　立足于西南的科研活动

一、西南研究发展的新机遇

抗日战争爆发后，国民政府西迁，西南边疆的地位空前提高。为加强西南边疆的研究以适应战时需要，国民政府教育部指令国立中山大学等校设立“边疆科系”。中大“西南研究”的代表人物——民族学家、人类学家杨成志教授在 1939 年 9 月 30 日的《青年中国季刊》

发表《西南边疆文化建设之三个建议》一文，建议在中大文学院设立边疆学系，并拟订了《国立中山大学文学院边疆学系组织计划纲要》。后来由于云南告急，中大再次迁校，筹组边疆学系的计划未能实现。然而杨成志教授所拟的高校边疆学系筹组计划，被视为中国边疆学构筑的学科源头，这与中大“西南研究”的长期积累密切相关。①

中大内迁到澄江后，民俗学迎来了新的发展机遇。中大人文社会学科的师生以民俗学会为依托，凭借西南地区民族众多、历史文化多样的优势，发挥了多学科互助合作的精神，促成了民俗学、民族学、人类学、社会学、历史学、考古学、语言学等学科的互动整合。如1939年9月，研究院文科研究所和史学研究会联合组织路南民族考察团，在江应霖教授的率领下，前往路南县考察。考察团受到了该县有关部门的热情招待。考察团在美则、隘波青等各地展开调查。经过半个月的考察，收获良多。他们“将所集民族品物诸材料，整理就绪，在文学院内举行公开展览”②。

这时，“中国的民俗学的疆界无形中扩大了”，反映在“抗战时期国民党统治区中，民俗学与民族学、社会学的关系大大密切起来”。尤其是对于西南民族调查，“涉及社会文化、体质、语言、历史、考古等各个方面，留下了大量的丰富的田野调查资料，锻炼和培养了一批研究骨干，这既是一个通过调查尝试将理论与中国各民族的实际材料结合起来进行研究的过程，又是一个人类学中国化的实践过程”。③

---

① 娄贵品：《“西南研究”与中国边疆学构筑——以〈国立中山大学文学院边疆学系组织计划纲要〉为中心的考察》，《思想战线》2011年第2期。

② 《路南民族考察团已获良好成果》，《国立中山大学日报》1939年9月26日。

③ 刘小云著：《学术风气与现代转型：中山大学人文学科论述（1926—1949）》，生活·读书·新知三联书店2013年版，第287页。

二、积极参与大后方的资源勘探和地理研究

在澄江时期，国立中山大学各学院积极参加了大后方的资源勘探和地理研究，发现了大量的磷、锡等矿藏，在一定程度上为抗日战争时期西部地区工业的发展提供了资源保障。

1939 年 10 月中旬，农学院土壤调查所和研究院土壤学部共同开展调查研究工作。谢坤、黎旭祥、刘致清等教授组成土壤调查队，对澄江山南盘江沿岸、滇越铁路滴水（新中国成立后划归宜良）车站附近的新街、松子园，抚仙湖西岸的路岐、阳宗海畔及草甸乡（新中国成立后划归宜良）的土壤进行了调查，历时共 45 天。他们在调查中几次发现磷矿，编印成《云南澄江之土壤》一书及土壤分布图、土壤利用图各一幅。此外，他们还进行滇缅、滇越铁路沿线土壤概略调查，也完成了调查报告书。①

理学院地理学系孙宕越教授对军事地理学颇有研究。抗日战争初期，他曾到广州无线电台讲演军事地理，着重阐明作战与地理的密切关系，旁征博引，以中外战场为例，通俗易懂，受到民众的欢迎。1939 年，他和徐俊鸣教授合著《军事地理学》一书。这是中国第一部军事地理学方面的专著，引证大量中外战史，阐述了地理条件与军事活动的关系。该书出版后，中大各学院常邀请孙宕越教授讲演军事地理学。孙教授每次讲演军事地理后，必有问答讨论。欧战初期，德军攻无不克。有位刚从德国返校教德文的讲师发言：“德国军强器利，又有第一次世界大战的教训，此次大战，德国必操胜券。”孙教授当场回答：“若德国胜利，则轴心国可以横行霸道，那对中国有何好处?”听者热烈鼓掌。另有历史学系学生问：“中国史上兵家名将，指不胜屈。请问孙先生，哪个最懂军事地理学?”孙教授答道：“诸

① 杨应康著：《中山大学澄江忆旧》，第 15 页。

葛武侯以益州隘塞沃野千里，天府之国，襄助刘备入川，建都成都，以成魏、蜀、吴三分之业。南京为八代帝都，武侯以‘钟山龙蟠，石头虎踞’八字称誉之。凡此非深明军事地理学者，不能出此。”孙教授除对军事地理、土壤地理、经济地理有精深研究外，对区域地理也有精辟见解。①

1939 年，地理学系的吴尚时教授也撰写论文《粤北之国防根据地》，阐述粤北拥有山脉为屏障，交通方便，水电煤铁资源丰富，植被茂密，掩蔽条件好等有利条件，能够成为国防根据地。1943 年应广东省文化运动委员会邀请，吴尚时教授在广东临时省府曲江为社会各界作《粤北国防根据地》演说。

中大附属的两广地质调查所成立以来，对于两广境内的地质调查工作不遗余力，取得了一系统的研究成果，得到中外学术界的一致好评。广州沦陷之后，该所跟随学校迁到云南。在澄江时，教育部对该所停止发给经费，该所的工作几乎陷于停顿。学校在极端困难的情况下，对该所的研究仍拨发经费给予支持。该所的研究工作因而得以持续。两广地质调查所迁滇以来，对于滇西地质的研究特别注意，广派考察队赴大理等县考察，更派出驻丽江考察队，由米士技正率领在丽江一带考察。“曾在宜良澄江间，发现震旦纪之大陆冰川、冰矿层，及欧美所罕见之特种三叶虫中美资虫化石，均有科学价值。”② 当教育部得知该所在如此艰难的环境下，还能坚持调查科研，在学术上有所贡献，于是从 1939 年起，又按月给该所拨发经费。

三、研究解决抗战军民的衣食问题

国立中山大学农学院的教授们致力于解决抗战军民的衣食问题，

① 黄伟达：《澄江母校读书生活琐记》，《国立中山大学成立五十周年特刊》，台北国立中山大学校友会刊印，1974 年。

② 《两广地质调查所近讯》，《国立中山大学日报》1939 年 11 月 8 日。

在农业研究与推广上下了很大的功夫。农学院张农教授认为："今日之敌我斗争，益显敌死我活必不两成之猛势，则持久抗战而积极建国之工作，厥为自力生产，以应时代更生之要求，顾斯生产，要非农林莫属。"①

由于澄江地处农村，特别有利于农学院的科研活动。农学院搬到澄江后，积极筹建农场作为教学基地，在昆明大普吉创办学校农场，并从中拨地给农林植物学部作药用植物苗圃之用。1939 年暑假期间，森林学系主任侯过教授亲赴滇西、丽江、大理、阳宗海、开远等地考察，选定了宜良县境的阳宗海北岸姜家山、夏家山、五亩山一带作为森林学系实习林场。②

农学系在澄江县开展对农作物和经济作物的研究，如栽桑、养蚕，搜集植物标本，在鲁溪营开展稻谷良种试验，对澄江主要农作物水稻、蚕豆也展开了全面而细致的调研工作。在谢申、黎旭祥、刘致远教授所著《澄江之土壤》一书中，就对上下秧郎村用鲜藕擦制藕粉的情况做了细致的调查和详细记录。

除开辟农场、林场研究实验外，农学院对大后方的农业展开了广泛的调研。1939 年秋在澄江成立农业经济系，积极开展农村经济调查，组织云南经济调查团，对澄江及其他地方进行调查。1939 年寒假，副教授周文卫带领学生到开远县调查农村经济，撰写并出版了《云南开远县农村经济调查》一书。在学校迁到澄江后，远在香港复课的农学院农林植物研究所，也派出教员到澄江给学生上课。该所的蒋英副教授和王孝研究员在澄江及昆明附近一带采集澄江植物，取得标本 600 余号。陈焕镛教授高度重视云南的珍稀植物，派出研究员王孝等到滇越边界各县调查采集。至于药用植物苗圃，也在确定经费后，在学校位于昆明大普吉的农场择定地段开办。

农学院开展了大量的农林考察调研工作，力图通过科研为国家战时粮食、农林政策起到资政的作用，在短短一年多的时间里，研究成

---

① 湖南省文史研究馆编：《爱国农学家张农教授》，1997 年，第 291 页。

② 黄义祥编著：《中山大学校史（1924—1949）》，第 377 页。

果颇丰，除如上所述外，还有黄日光的《云南之农林建设》、侯过的《迤西见闻录》、邓植仪的《采伐及保护西南天然林》及《沿滇缅公路考察昆明至大理间农林及土壤概况报告》、刘棣棠的《澄江稻田深耕法之考察》、丁颖的《增加西南各省粮食生产》、张邦翰的《建议生产会议开发改进云南农林生产各文》、晏才杰的《田赋刍议〈整理云南之田赋计划〉》、蒋英的《云南森林植物调查报告稿》、张农的《致龙云主席拟云南实施农林建设之初步办法》等。此外，农学院还派助教杨宗锡到云南宾川县和滇越铁路沿线调查甘蔗生产情况，写出《宾川县蔗作调查报告》和《滇越铁路沿线蔗作调查报告》。

内迁后，中大一如既往地与西南各省政府保持着紧密的技术合作关系。1939 年 1 月，全国稻麦改进所及中大农学院与广东信宜县政府合作，改进信宜县稻作；3 月，中大和广西省政府合作，改进广西蚕丝业，筹设西南蚕丝改良场；6 月，农学院派员协助云南省蚕桑改良所发展蚕桑事业；10 月，云南军政机关因森林学系主任侯过不畏艰难，深入云南山区进行森林业发展状况调查，给学校发函表示道谢及表扬；11 月，云南省建设厅与农学院商订合作条约，以及请农学院派员前往澄江县指导苗圃技术；中大迁到云南后，大批农技人员带着他们的研究项目和成果来到内地，促进了大后方农林科技的发展。

四、学术刊物的恢复出版和学术团体的成立

澄江时期，中大各院系在有可能的条件下逐步恢复出版有关刊物。如研究院文科研究所恢复出版了《语言文学》专刊。据 1940 年 2 月 24 日《国立中山大学日报》的预告，该刊“自出版以来，颇为国内外学术界所赞许。惟自七七事变以后，即暂行停版。近经文科研究所议决复刊，第二卷第一期均已付刊，不日即可出版”①。理学院

① 《文科研究所语言文学专刊复刊预告》，《国立中山大学日报》1940 年 2 月 24 日。

地质学会主办的《大地》月刊，到澄江后改用油印复刊，1939 年出版了 12 月号，1940 年也按月出版。陈焕镛教授主持的农林植物研究所在香港九龙继续出版《农林植物研究专刊》，并刊行《澄江植物志》。这些刊物凝聚了艰苦年代中大教师坚持科学研究的心血。[①]

与此同时，各院系纷纷成立学会。1939 年 11 月 3 日，政治学系学生成立政治学会，研究与当时政治有密切关系的学术问题；11 月，医学院与澄江县政府共同组织卫生协进会；12 月，农业经济学系成立农业经济研究会，畜牧兽医系学生成立畜牧兽医学会。1940 年 1 月，森林学系师生成立森林学会，医学院成立康乐会；5 月，理学院发起成立中国自然哲学研究会；等等。

学术刊物的恢复出版，以及各院系学术团体的成立，使在艰难岁月中迁徙流离中的中大活跃了学术气氛，为满足师生进行科研和学习活动的需求搭建了平台。

第六节　图书馆的馆藏建设

国立中山大学西迁澄江之后，人员流失，图书馆总馆因人员不够等问题，由原来的分设六室改为五室，具体包括：第一阅览室设在文庙、崇圣殿，专藏外国文图书杂志；第二阅览室设在仓圣宫，专藏本国文平装新书；第三阅览室设在北城楼，专藏本国文线装古书；第四阅览室设在党部礼堂，专藏杂志日报；总务室设在仁南镇 109 号，负责收发文件等。图书馆在石牌时原有职员 56 人，西迁过程中人员流失，迁到澄江后，馆员减少至 21 人，分别负责五个室的事务，另外聘请有工人 6 人。

在图书资源损失严重、办学经费大幅削减的情况下，为满足教学科研需要，图书馆想尽办法，开辟多种途径增加馆藏图书。

---

① 黄义祥编著：《中山大学史稿（1924—1949）》，第 341～342 页。

首先，通过购置扩充图书馆馆藏。根据 1939 年《国立中山大学图书馆工作报告》记载，1939 年 2 月，图书运抵澄江，图书馆迅速开放。因藏书亟待补充，图书馆立即根据新书目录着手函购、交换，搜求各省地方志，添置新书，订购各种地方性报纸，甚至联系香港办事处采购廉价古书。1939 年发出购买图书杂志订单 26 次，总计订购图书、杂志 713 种，约值 16882. 536 元。其次，争取国内外机构赠书支持。1939 年图书馆得到教育部国际出版品交换处、中华图书馆协会战时图书征集委员会、北平图书馆等机构的襄助，获得价值不菲的赠书。如英国赠书 235 册，约值 16000 元；美国赠书 102 册，价值不详。又接到美国远东学生服务基金会来信，应允赠送大批图书。此外，还接受本校师生赠书百余种。最后，面向中外出版界广征文献，征求中、西文图书，1939 年发出的征求信件共计 600 余封，但由于交通不便等因素，该年大部分征求到的书籍还在香港和昆明，尚未运到澄江。

在学校和图书馆的努力下，1939 年新增图书计总馆 3759 册，分馆 3091 册，合计 6850 册，价值约 13000 元（详见表 3. 3）；另有新书保存在香港四箱，存海防三箱，存昆明三箱，因未到馆，暂时没有统计进去。

表 3. 3　1939 年图书馆藏书统计　　单位：册、元

馆别		原藏		新增		合计	
		册数	价值	册数	价值	册数	价值
总馆	中文古书	41487	41487. 00	320	367. 47	41807	41854. 47
	中文新书	7085	5615. 50	2156	3402. 01	9241	9017. 51
	战时图书	1752	547. 44	1020	620. 46	2772	1167. 90
	西文	2950	35400. 00	263	3152. 39	3213	38552. 39
	小计	53274	83049. 94	3759	7542. 33	57033	90592. 27

续表 3.3

馆别			原藏		新增		合计	
			册数	价值	册数	价值	册数	价值
分馆	法	中	3976	3976.00	346	809.53	4322	4785.53
		西	1621	17000.94	0	0	1621	17000.94
	医	中	0	0	128	162.61	128	162.61
		西	3	30.00	150	1338.33	153	1368.33
	农	中	1195	—	0	0	1195	—
		西	343	—	0	0	343	—
	工	中	0	0	370	—	370	—
		西	0	0	670	—	670	—
	师	中	9984	7608.64	941	1344.29	10925	8952.93
		西	106	401.58	486	1775.59	592	2177.17
	小计		17228	29017.16	3091	5430.35	20319	34447.51
合计			70502	112067.00	6850	12972.68	77352	125039.78

资料来源：《国立中山大学图书馆工作报告》（1939 年）。以下表 3.4 至表 3.6 同。

在课本、讲义严重缺乏的条件下，图书馆成了师生至关重要的治学和求学的场所。据统计，1939 年度总馆借出图书 45020 册，每日平均 147 册；分馆借出 10167 册，每日平均 34 册；共计借出 55187 册，每日平均 181 册；总馆借书占约 82%，较 1938 年增加 3 倍有余（表 3.4）。各学院师生向总馆借书者，以文学院为最多，法学院、师范学院次之，工学院、农学院、理学院又次之，医学院较少（表 3.5）。①

① 《国立中山大学图书馆工作报告》（1939 年），中山大学档案馆馆藏档案，关联号 020－002－0035－002。

表 3.4　1939 年图书馆借书统计　　单位：册

馆　别		中文	西文	总计	每日平均
总馆	第一室		2242	2242	7
	第二室	29460		29460	98
	第三室	11488		11488	32
	第四室	1830		1830	10
	小计	42778	2242	45020	147
分馆	法学院	6091	611	6702	22
	医　1—6 月	114	140	254	1
	工　4—5 月			100	2
	师范学院	3020	191	3211	9
	小计	9225	942	10167	34
合计		52003	3184	55187	181

表 3.5　1939 年各院师生向图书馆总馆借书统计　　单位：册

院别	中文新书	中文古书	西文	共计
文学院	5365	6804	892	13061
理学院	2303	572	367	3242
法学院	4450	673	275	5398
医学院	1287	223	68	1510
农学院	3137	287	207	3631
工学院	4024	524	248	3796
师范学院	4090	944	185	5219
其他	4081	1461		5542
杂志				1830
共计	29460	11488	2242	45020

经历了战争的洗礼，学校的读书风气更盛了。总馆开放时间原定于每天上午 9 点至晚上 9 点，后来由于读书和借书的师生太多，应读者要求，开放时间延长至晚上 10 点。据 1939 年度统计数据，总馆阅览人次 97850 人次，每日平均 304 人次；分馆统计未详，但以师范学院为最多，平均每日 131 人次，其余各分馆则人数较少（表 3.6）。

表 3.6　1939 年图书馆阅览统计　　单位：人次

<table>
<tr><th colspan="2">馆　别</th><th>上午</th><th>下午</th><th>晚间</th><th>共计</th><th>平均</th></tr>
<tr><td rowspan="5">总馆</td><td>第一室</td><td>4058</td><td>5076</td><td>3024</td><td>12158</td><td>38</td></tr>
<tr><td>第二室</td><td>8867</td><td>27095</td><td>1901</td><td>37863</td><td>133</td></tr>
<tr><td>第三室</td><td>3223</td><td>4292</td><td>5383</td><td>12898</td><td>36</td></tr>
<tr><td>第四室</td><td>8276</td><td>18076</td><td>8579</td><td>34931</td><td>97</td></tr>
<tr><td>小计</td><td>24424</td><td>54539</td><td>18077</td><td>97850</td><td>304</td></tr>
<tr><td rowspan="5">分馆</td><td>医 1—6 月</td><td>1860</td><td>1380</td><td>0</td><td>3240</td><td>18</td></tr>
<tr><td>工 4—6 月</td><td></td><td></td><td></td><td>896</td><td>9</td></tr>
<tr><td>师</td><td></td><td></td><td></td><td></td><td>131</td></tr>
<tr><td>小计</td><td>1860</td><td>1380</td><td></td><td>5136</td><td>158</td></tr>
<tr><td colspan="6"></td></tr>
<tr><td colspan="2">合计</td><td>26284</td><td>55919</td><td>18077</td><td>102986</td><td>462</td></tr>
</table>

图书馆馆员除负责各馆日常事务外，还定期举办图书学讲习会。如 1939 年 9 月，图书馆主任杜定友教授举办为期一周的图书学讲习会，历史系罗香林教授为配合讲习会，公开展出了杜定友研究图书的集品。此外，图书馆馆员还合力编著《西行杂记》几十万字，记述迁校经过；编写《澄江生活》，记述澄江之沿革历史，以及图书馆在澄江经历复馆开办等各种事务经过；并计划编写《到前线去》，记述国立中山大学回粤经过，完成国立中山大学在抗战烽火中多次迁校办学的三部曲。

第七节　学生人数锐减及其资助管理

一、学生人数

澄江办学期间，因为迁校及办学条件限制，学校招生、学生入学等均面临诸多困难。迁澄后，许多外籍教授不愿来，本校教授及职员、工人不能来滇工作的也不在少数，校内许多机构人员残缺不全，想要恢复到石牌时期的繁荣面貌和办学规模，十分困难。根据统计，1937 年，国立中山大学大学部学生人数由 1936 年的 2577 人增至 3607 人，教师人数由 231 人增至 318 人。1938 年广州沦陷，奉命西迁，西迁过程中，师生均大量流失。1939 年 2 月底止，西迁澄江后各院系共到教职员 245 人（校本部人员未计在内），学生 1736 人。中大到澄江之后，恢复招生，加上大量接收借读学生，据 1940 年统计数据，在校学生总数增加至 2367 人（详见表 3.7 至表 3.14），但与西迁之前相比，人数已经锐减。

表 3.7　1939 年度工学院现有学生人数　　单位：人

系　别	一年级	二年级	三年级	四年级	合计
土木工程学系	79	53	42	18	186
化学工程学系	22	18	26	37	103
机械工程学系	29	33	30	27	119
电机工程学系	40	44	60	53	197
建筑工程学系	15	13	13	26	67
总　计	179	161	171	161	672[1)]

1）其中，正式生 584 人，借读生 81 人，特别生 2 人，旁听生 2 人，试读生 1 人，共 672 人。

资料来源：《国立中山大学二十八年度要览》，中山大学档案馆馆藏档案，关联号 020－001－0007。以下表 3.8 至表 3.14 同此。

表 3.8 1939 年度理学院现有学生人数　　单位：人

系　别	一年级	二年级	三年级	四年级	合计
数学天文学系	10	2		6	18
物理学系	16	5	9	10	40
化学系	14	10	9	13	46
生物学系	12	16	7	5	30
地质学系	4	12	4	9	29
地理学系	4	5	8	2	19
合计	60	40	37	45	182[1)]

1）其中，正式生 125 人，借读生 51 人，试读生 1 人，特别生 2 人。

表 3.9 1939 年度法学院现有学生人数　　单位：人

系　别	一年级	二年级	三年级	四年级	合计
法律学系	14	29	35	65	143
政治学系	57	39	27	22	145
经济学系	66	71	46	44	227
社会学系	14	22	17	15	68
合计	151	161	125	146	583[1)]

1）其中，正式生 424 人，借读生 147 人，特别生 5 人，随班听讲生 5 人，旁听生 2 人，共计 583 人。

表 3.10 1939 年度农学院现有学生人数　　单位：人

系　别	一年级	二年级	三年级	四年级	合计
农学系	36	32	30	32	130
森林学系	2	8	6	4	20
农业化学系	9	9	4	2	24
蚕桑学系	4	3	6	2	15
畜牧兽医学系	6	7	2	1	16
农业经济学系	9	5	5	3	22
合计	66	64	53	44	227[1)]

1）其中，正式生 193 人，借读生 33 人，随班听讲生 1 人，共计 227 人。

表 3.11　1939 年度师范学院现有学生人数　　单位：人

系　别	一年级	二年级	三年级	四年级	第二部	合计
教育学系	29	26	24	19	1	99
公民训育学系	8	8			3	19
国文学系	6	22			1	29
史地学系	5	13			1	19
数学系	5	8				13
英语学系	8	9				17
植物学系	5	9				14
理化学系	5	7				12
合计	71	102	24	19	6	222[1)]

1）其中，正式生 197 人，借读生 18 人，特别生 1 人，第二部 6 人。

表 3.12　1939 年度文学院现有学生人数　　单位：人

系　别	一年级	二年级	三年级	四年级	合计
中国文学系	25	19	14	16	74
历史学系	14	13	8	7	42
哲学系	4	7	6	8	25
外国语言文学系	18	17	7	14	56
合计	61	56	35	45	197

表 3.13　1939 年度医学院现有学生人数　　单位：人

系　别	一年级	二年级	三年级	四年级	五年级	六年级	合计
不分系	74	23	42	27	18	24	208[1)]

1）其中正式生 139 人，实习生（六年级）24 人，借读生 36 人，随班听讲生 8 人，特别生 1 人。

表 3.14　1939 年度研究院现有研究生人数　　单位：人

研部别	男性	女性	合计
文科研究所	9	1	10
师范研究所	5	2	7
农科研究所	4	0	4
合计	18	3	21

二、学生的日常开销

抗日战争全面爆发后，国民政府不得不扩大发行货币，全国各地开始出现通货膨胀。另外，随着国内大批内迁院校的到来，云南人口剧增，物资供不应求，物价被抬高，越来越多的学生生活日趋惨淡。

国立中山大学的学生以粤籍学生和华侨子弟居多，占学生总数的百分之七八十，相对其他省份的学生，家境较好，生活状态较为舒适。广东的小康人家子弟，初到云南时，俨然成了富家公子。然而好景不长，1940 年太平洋战争爆发后，港澳沦陷，许多学生断绝经济来源，港澳学生、华侨学生的生活也逐渐变得困难。

根据 1939 年的统计数据，当时学生每年所需费用包括两部分：一是缴纳给学校的学杂费用，每年 30 余元（学费 20 元，杂费 5.6 元，体育费 2.8 元，图书费 2.5 元），保证金则于入学时一次性缴纳；二是个人生活费，每年需数百元不等，如购置图书文具 100 元至 150 元，购置服装 50 元至 100 元，膳费每月 30 元至 35 元（依照当时云南澄江粮食价值估计），其他杂费约 100 元。① 但是搬迁澄江后期，

---

① 《国立中山大学二十八年度要览》，中山大学档案馆馆藏档案，关联号 020－001－0007－014，020－001－0007－014001～014003。

物价不断上涨。抗日战争初期，一般学生每月伙食费一般不超过35元；1940年后，生活费日益上涨，每月三四十元已经不敷使用，加上战争导致不少学生断绝经济来源，贫困生问题日益严重。

1940年5月，邹鲁校长在《告同事同学书》中指出：

> 本校迁澄后，虽得按时上课，然交通、卫生、警卫、各方面仍多缺憾，于喘息甫定百事草创之际部署备感困难，……乃数月以来，米价高涨，百物腾贵，一般同事同学，依然埋头教学，日则节膳忍饿，面多菜色，夜仍焚膏继晷，目注芸编，苦斗精神，始终不懈。而生活之困窘，今且更甚，一斗粗米费逾五十元，一碗白饭贵至三四角，物价房租，飞涨至数倍、十数倍而势犹未已。……爰据本校于去年二月迁澄以来之物价指数，迭请教育部酌予改善待遇，俾诸同事同学稍得安心教学，并于三月上旬派员赴昆明，与云南省政府、两广同乡会、法国总领事分头接洽，将积存公米，照收价粜与本校；又向西贡购入越米转运诸澄，藉抒眉急，均荷热心援助，允诺实行，意至可感，然仍未足减诸同事同学之丝毫痛苦。①

三、学生资助措施

抗日战争爆发前，因为政局不稳，战争连绵，百姓财产损失严重，导致当时贫困生问题比较普遍，受到了社会各方面的广泛关注，从中央到地方，从政府到学校，都在不同时期、不同程度上制定了有关资助贫困生的章程制度，并取得了一定的成效。国立中山大学针对学生贫困问题，建立了一系列有关资助贫困学生的规章制度和组织机构，以帮助贫困学生克服经济困难，顺利完成学业。这些资助制度一

---

① 《邹校长告同事同学书》，《国立中山大学日报》1940年5月10日。

直延续到澄江办学期间。

1939 年 2 月，萧冠英秘书长在致留港学生的函中写道："至同学中有因家境困难，学杂费不敷者，本校可尽量贷金，务必成全其学业。"① 中大虽然历经迁校办学，经费紧张，除努力保障原有公费生的利益之外，还另外创造条件，通过多种贷金、津贴、奖励等制度，来鼓励家境困难学生完成学业。

1939 年 9 月，学校发布学生申请贷金办法。该办法规定：各学生应当于规定日期内，向所属学院领取申请书，照式填写，附原籍县市长开具家境清贫证明书，以及同学三人保证书，呈交院长审查汇报核办。如果因为战争关系，确实无法取得县市长证明书，则在申请书备考栏目内注明，免交该项证件。新生申请贷金日期，则在开学后再行公布。②

中大搬迁澄江以前，除少量借读学生申请贷金之外，各个学院申请贷金的人数很少。"惟自迁澄后，三四五等月，贷金学生，均达 1200 余人。经详细审核，将瞒报家贫，彰明较著者，公布取消其贷金资格，停止续贷后，每月贷金学生，仍有 600 余人。"③

中大的公费学生，原先每人每年发给国币 120 元。由于物价飞涨，学生生活困难，1940 年 1 月 22 日，学校发布通知，决定对公费学生每人每年再给予书籍费 30 元，分上下两学期发给。

中大还延续了 1937 年 4 月制定的《贫苦学生工作及补助办法》，学校迁址澄江后，除充分利用原有寺庙空舍外，各院筹备新址、新建工程，诸多工作都离不开学生勤工助学的服务。

除了教育部的财政来源，云南省政府对中大的内迁办学也提供了资助。如 1939 年，中大发函请求云南省政府支持办学，云南省政府回函体谅中大学子不远千里，长途跋涉来滇求学，即拨款 5 万元，用于支持家境困难学生的生活津贴。

---

① 萧隽英：《国立中山大学西迁纪实》。

② 《学生贷金证明书权宜办法》，《国立中山大学日报》1939 年 9 月 27 日。

③ 《大学布告》，《国立中山大学日报》1939 年 10 月 5 日。

四、训导制的实施

国民政府在抗日战争时期推行的训导制度包含两个方面的内容：一为“训育制”，一为“导师制”。训导制是国民政府加强对大学生的思想控制和进行党化教育的重要措施。1938 年 2 月，国民政府教育部颁布《青年训练大纲》，作为学校训育工作的准绳；同年 4 月，又颁布《中等以上学校导师制纲要》，训令各校设置主任导师及导师，分组训导学生。

国立中山大学奉教育部令实施训导制，并依照教育部纲要制定相应章程，颁发至各学院遵照办理。七七事变后，学校西迁抵滇，训导制施行步骤有所延缓。到澄江之后，训导制工作继续开展起来。初到澄江，训导工作有：

（1）在导师制方面，聘定各院各系教授为导师。每名导师训导的学生数原则上规定为 15 人；但学生较多、教师较少的学院，如法、农、工三院，则每名导师训导二三十名学生不等。学校要求导师按制度严格遵照实施，密切注意指导学生的思想、行动、学业和身心等各方面的情况。每个新生入学，就由学院调查其履历和志趣，指定一个相关学系或该生的任课教师担任其训导老师。为了各训导老师能互相交换训导意见，一些学院还制定了学院规程，每个月举行训导会议一次。

（2）在生活指导方面，由学院教职员若干人组成学生生活指导委员会，从学生的饮食起居、卫生康乐、读书旅行到研究出版、社会服务等，事无巨细，均分别由专人加以指导。在学生方面，为了促进团体生活，养成服务能力，各班又推选委员，组织“同学服务委员会”，领导全体同学轮流服务，在寝室、庭园、膳食、医药、运动、娱乐等各方面，均由师生协同负责计划管理。师生共同生活，日有常规，黎明即起，早操而后早餐，依次修学服务，课余从事运动，晚上

自修完毕，按时就寝休息；每周举办读书会、学术演讲会，周末举行夕会，作高尚的娱乐；每隔一周的星期日结队旅行近郊名胜，隔月则轮流到其他院举行联欢会，以增加师生友谊。

（3）在学生集会出版方面，学校对于学生集会及出版刊物，都遵照教育部指令密切注意。凡各系级的集会，由各院系主任或教授负责指导；各系级所出版的壁报刊物，除由各院系主任负责指导外，还须经过训导处审阅，然后才能发表，审查标准按规定公布；学生因生活服务而举行的集会以及出版刊物，则由学生生活指导委员会负责指导及审阅；其他学生集会，概由训导部负责指导，学生集会完毕，须有该会主持人依照训导部规定填报相应表格，以备查考。

（4）激发民族精神的措施。为激发学生之民族精神，有些院系每天早上举行升旗礼，晚餐前举行降旗礼，还举行国民精神总动员会之类的集会，规定全院学生必须出席；新生的军事训练也确立了保健、自学、服务和救国四大训练方针。

1939 年 3 月，第三次全国教育会议决定建立专科以上学校的训导组织。大学设训导处，设训导长一人；独立学院或专科学校，设训育主任一人。训导长或训育主任必备的资格为：中国国民党党员，曾任大学教授或专科学校专科教员二年以上且著有成绩者，学望品行足资表率者。训导处所设之训育员，第一个条件亦必须是国民党党员。训导组织是国民党当局监视师生、控制高校的重要手段。各校训导处一般都分设生活指导组、军事管理组和体育卫生组等，负责“学生思想之训导”“社会服务之策划”“学生团体之登记与指导”“军事管理之监督”，以及“关于党部或三民主义青年团之委托事项”。① 1939 年 9 月，中大遵照教育部令，设立训导处。首任训导长由邹谦教授担任。训导处下设生活指导组、体育卫生组和军事管理组三组。各学院又设训导分处。除开展新生训练，组织全校学生开展文体活动、各种竞赛之外，训导处还承担了推行导师制的任务。

---

① 侯德础著：《抗日战争时期中国高校内迁史略》，四川教育出版社 2001 年版，第 230 页。

训导制是国民政府强制各学校实行的制度，所教授的内容以国民党的党义为主。在推行党化教育过程中，训导处挟制学生的办法主要有两项：一是核准或撤销学生的贷学金，二是登记与审核学生的社团与壁报。他们时常以学校当局的名义，对“品行不端”的学生或施以“记过”“开除学籍”等处分，或课以取消贷金等物质“惩戒”。由于国立大学里国民党内部派系斗争复杂，以及师生受各种进步思潮的影响，这种僵化的训导制度在当时招致了广大师生的反感。

第八节　迁澄后的校园文化

一、报刊和社团

尽管国立中山大学经历了充满艰辛的迁校过程，师生俱疲，然而一经休整、步入正轨之后，校园文化又恢复了往日的生气。由于学校搬迁，《国立中山大学日报》被中断办刊多时。1939 年 9 月 25 日，《国立中山大学日报》复刊，编号为 2580（迁澄江后第 1 号），“以印刷之不备，纸张之缺乏，以及种种困难，而改用油印，缩小篇幅，节减分量，乃不得已之举。对于各院部处场所，除各院部等主管人派送一份外，只能多派一份，发贴壁间，以供众览，其余则未多送”①。

此外，各种学会、社团等如雨后春笋涌现出来，既丰富了校园生活，也给澄江这个闭塞的古老山城带来勃勃生机。“除各年级有级会外，还有各种学术研究会、读书会、座谈会等组织。每一集会皆由学校指派适当之教授指导，发展至速，几十分之七以上学生皆参加一二集体活动，并非他校所可比拟。”② 学生社团活动以推进抗日救亡工

① 《启事》，《国立中山大学日报》1939 年 9 月 25 日。

② 《国立中山大学二十八年度要览》。

作为中心，在抗战宣传、兵役宣传、寒衣募集、劳军义卖和卫生防疫等方面成绩可观。

二、毕业典礼

自七七事变后，国立中山大学面临着日夜不断的空袭和紧张的备战工作，以致1938届的学生毕业典礼都不得不临时取消。学校在经历长途跋涉之后，搬到了澄江县城，当时屋舍物资都不能有充分的供给，人心颇为惴惴。但经学校苦心筹备之后，师生们终于在土屋茅舍之中安静下来，并举行了迁滇后第一次毕业典礼，欢送毕业的研究生5名，本科生426名，外校借读生41名。

毕业典礼于1939年8月21日举行，地点定在师范学院操场，并由师范学院筹备一切。师范学院院长崔载阳（兼研究院院长）接到通知之后，即于翌晨召集本院人员讨论各种进行事宜，组织筹备各项工作。经工作组人员努力筹备，于20日下午将会场全部布置妥当。据档案资料记载：

> 是日天气晴朗，清风和畅，为数周以来未有，故员生参加倍见踊跃。会场设于师范学院之操场，其入门之孔道（玉皇关前街口），设有松柏砌成的牌坊，上面横挂着"国立中山大学联合纪念周暨毕业研究院第十三届毕业典礼"的布额，下有女学生及校警分立两旁，以任引导及警卫之责。会场正门仍用松柏砌成彩牌，上悬校徽，青白相间，极为悦目。校徽之下则以红底棉条镶成一副"行之匪艰，知之为艰"的门联，鲜亮夺目，尤觉可爱。由正门进去约五六十步之处再建有门楼，此规模更为宏大，其形状约略与广州四牌楼相似，富有艺术性。额上榜有"博爱"两字，门联则为"忠孝、仁爱，信义、和平"，牌楼仍是用松柏树枝相砌而成，故芬芳之味随风触鼻，使人心快神怡。由第二重

牌楼前行五六十步则为主席台，台上正面悬总理遗像及党旗、国旗，正中陈切演讲台一张，覆以蓝布，后面则设有来宾座位，两旁木柱则有红布围绕而再缀以绿色树枝，上悬有对联一副，上曰“将中国民族从根救起来，把世界文化迎头赶上去”。台之正面为毕业生坐位，左边列有音乐队，右边则为教职员坐席。会场布置虽属简朴，但情景极为肃穆。①

西南联大文学院院长冯友兰，以及澄江县县长王儒端等重要县级官员等均到场观礼。典礼于上午10点钟开始。开会前两分钟，在吕复、吴宗慈两人率领下，近500名毕业生鱼贯入场，态度严肃，步伐整齐，全场掌声雷动，观者为之动容。冯友兰教授、王儒端县长分别在典礼上致词。这是国立中山大学成立以来第十三届毕业典礼，也是迁滇后，全校师生员工举办的第一次空前盛会。

三、校庆纪念②

1938年的校庆日，学校尚在跋涉迁徙的途中，但是大家并没有忘记母校的生日。据校友余焕基（1937年入读中大工学院电机工程学系）回忆：

1938年，就是抗日战争的第二年，10月，广东省中等以上学生正在石牌附近的广州郊区集中军事训练，大鹏湾一声炮响，日军登陆，军训转移到粤北连县星子。我们背荷行李，手持火把，从石牌步行至广州市区。当晚，乘敞篷的列车离开广州。第

---

① 《一九三九年国立中山大学第一次联合纪念周暨毕业典礼大会情形略纪》，中山大学档案馆馆藏档案，关联号020－002－0081－003001。

② 本小节如无特别注明，均引自吴定宇主编：《中山大学校史（1924—2004）》，第174～175页。

二天，即10月21日，广州沦陷。经过三日夜行晓宿（日间躲过空袭），我们抵达坪石。复经三日爬山越岭，到达星子。在这里，我们过着夜卫晨操的军事生活。这年的11月11日，我们在这里举行校庆，这次校庆给我们留下了难忘的印象。

那次校庆是和女中一同举行晚会。会场设在火红的枫林下的广场，布置简单而肃穆，广场中间烧起熊熊的一堆火。当时已是初冬，是夕黑云满天，微风细雨，使人益觉萧瑟。中大及女中数百同学围坐在烈焰的四周。晚会开始，升国旗，几十支强力手电照耀着国旗冉冉上升，嘹亮的校歌声压倒了夜原的沉寂："白云山高，珠江水长……"然而那时珠海云山已为暴敌铁骑所践踏，有家归不得的苍凉使大家的心情倍加沉重。会上人们讲话虽不多，但语言皆慷慨激昂，弦歌不辍，誓斩楼兰。每个学子都立下了边学习边报国的宏愿，"打倒日本帝国主义""打回老家去"的口号此起彼伏。接着大唱救亡歌曲如《保卫中华》《保卫华南》等等。最后由女中同学小合唱《流亡三部曲》，当唱到"我的家在东北松花江上……"时，已闻暗泣之声；唱到"流浪，流浪……什么时候，才能够回到我那可爱的家乡……"时，哭泣之声不断；至"爹娘啊！什么时候，才能够欢聚在一堂"时，大家触景生情，既悲国难之深重，复念己身前途之茫然，不特女同学泣不成声，男同学亦泪流满面。因而演出中断，悄然散会。会是散了，但那堆野火还照亮着年青人的脸，照亮着年青人的心。泪花把大家的悲愤都抒发了出来，火种留在心中炼成了报国的铁的意志。①

1939年11月11日，是中大成立15周年校庆日。学校迁澄以后，各项工作已经基本走上正轨，这一年的校庆日在师范学院操场举行庆祝大会。会场布置盛况空前，在山河破碎、流离失所的时期，此次校庆纪念更加凸显出中大师生坚定、乐观的精神。

---

① 罗永明主编：《我们的中大》，第63～64页。

上午10点钟左右，学校师生进入会场，校长室秘书萧冠英以及学校教务长、总务长、各学院院长等入座。萧冠英秘书报告了学校办校经过，以及学校一迁罗定、再迁澄江、苦心经营、重兴校舍、继续开学等经过。澄江县王儒端县长和各学院代表等先后发言。之后，全校师生演唱校歌，高呼口号，鸣放鞭炮，接着举行游艺会和种种演出。之后又在文庙和师范学院分别举行展览会3天。

学校成立15周年，文学院吴康教授撰纪念祝词如下：

> 民国二十八年十一月十一日，为本大学成立十五周年纪念日，于是本校以粤京沦陷，迁来澄江，已九月矣，抗战发动，逾二周年，寇焰日炽，复兴有日。瞻前路之光明无穷，美大学之方兴未艾，爰为辞以祝之曰：
>
> 皇皇黉宫，石牌广宅，倭寇来侵，遂沦夷狄，夹载两迁，择境数易，初入三罗，旋临桂邑，终抵澄江，湖山澄碧，再辟黉宫，重开学籍。济济青年，千里行役，刿目怵心，请求学术，撷取春华，远收秋实，培养抗战，建国能力，张我国防，遏彼蚕食，尽驱岛夷，我战则克。念我总理，手创民国，卅载革命，曰在学殖，乃命邹公，口授国策，创建本校，昭示典式。三民主义，躬主讲席，百书成①，国门不易，岁月易逝，十五周历。故国河山，犬羊足迹，悠悠澄江，雪鸿日夕，东望故乡，白云水隔，遐想珠海，金波玉液，石牌广原，胡骑充斥，为问风光，可能如昔？嗟哉国士，扶危匡厄，天下兴亡，匹夫有责！还我河山，扫除倭敌，再造中华，重奠禹域，民族之光，垂千万亿，此责谁人？吾校天职。愿我青年，宏文博识，完成革命，攘夷杀贼，抗战功成，建国立则，以报总理，以光史册，千秋万祀，永永无极！

校庆期间，各学院举行展览会。农学院各系均有多个项目参加展

---

① 该处原文如此，疑漏刻一字。

览，如农学系农艺组有农作物标本6种，植物病虫害组有澄江县农作物病虫害标本26种，以及各种菌体形态图5幅；蚕学系有澄江饲育成功的蚕丝标本数十种，内分蚕儿4种、蚕茧10种、桑10种；森林学系有木材标本100余种，内分广东木材标本100余种、外国木材标本12种、云南木材标本10余种，森林图表4种，森林幻灯片约50种，云南产药用植物标本30种，林产制造品2种；农林化学系有农产制造出品如腐乳、甜醋、酱油等六七种；土壤调查所有澄江县土系标本及图表共数十种。①

理学院展览的多为仪器设备。由于物理学系的实验依赖电力，实验室设在呈贡县的归化，以便就近利用工学院发电厂的电力；化学系的实验室和工学系、化工系共用，所有物品均在工学院展览；数学天文学系则有几何模型以及各种天文仪器；地理学系则有各种地图、地形仪、幻灯片以及照片；由于展览场地太小，生物学系只展出其拥有标本的1%，而且仅限于动物标本；地质学系也只是展出其标本仪器的一部分。

文学院的展览内容分成两个部分。第一展览室在各系组研究室内，陈列各系组教授以及学生作品，如各教员著作及已出版专著、未出版稿本，学生毕业论文及其他文稿等。另外还有字画等美术作品多种、文学院隶属出版物等。壁报有哲学系师生所办《彗星》第一期，内容丰富，缮写版面，均极为精美。还有学生统计的图表多种。中文系主编的灯谜达到156种，非常有趣。第二展览室即文学院图书分馆，事前为该馆认真布置，焕然一新，里面陈列着中西图书多种，西文图书尤为丰富，琳琅满目。从11日下午到13日下午，参观者摩肩接踵。文学院还印有《文学院概况》小册子，赠送各界人士和参观者。

此次展览会本来计划各学院集中在文庙举行。后来由于地方不够，于是决定师范学院的展览改在学院所在地举行。师范学院的展览共分为6个部分：一为实验小学学生成绩展览。二为社会教育巡回展

---

① 黄义祥编著：《中山大学史稿（1924—1949）》，第336页。

览，各种图画由该院教育学系三年级学生绘制，准备展览会结束后分赴各乡展览。三为教育学系杜定友教授个人作品展览。四为各教授著作展览。五为心理实验表演，共有12种，由心理学系教授倪中芳主持。各种实验表演极能引发观众兴趣，如“白日见鬼”的实验，颇能打破一般群众的鬼神迷信心理。六为数理化各种仪器、图表展览。数学方面，有该系师生合制的模型多种；物理方面，有光学、电学、力学等项仪器；化学方面，有防御毒气之药品、半微分析的仪器及有机试剂、预防云南瘤症之详细办法、开发云南锡矿之样品及化验表。每天到师范学院参观展览的人数很多，可以和到文庙参观的人数相媲美。

第九节　服务澄江

抗日战争爆发后，教育部要求各大学兼办社会教育，作为实施爱国教育的基本方针。由于广州屡遭轰炸，国立中山大学的兼办社会教育工作一直未能实施。学校搬迁澄江之后，于1939年9月1日正式成立“社会教育推行委员会”，继续推行社会教育工作，由校长聘崔载阳为委员会主席，各学院院长、教务长、训导长、事务长及教授林本侨、徐锡龄、许湞阳、陈铭新为委员，徐锡龄教授为主任干事。各学院也相继成立社会教育推行委员会分会，聘任负责办事人员，开展社会教育工作。

早在1939年8月，学校已修正通过了《国立中山大学二十八年度兼办社会教育计划大纲》。该大纲根据教育部颁发的《各级学校兼办社会教育办法》及《师范学院教育学院师范学校民众教育馆辅导中等以下学校兼办社会教育办法》制定，规定中大兼办社会教育以澄江县境为施教区，宗旨是改善民众政治、经济、文化等方面，务求中大在澄江期间，对于改进澄江社会有所助力。

中大兼办社会教育的项目分为一般性质和专门性质两类，文、

理、法、农、医、工、师范各学院都需参加。一般性项目根据各个学院的专业所长，由某一学院负责指定项目，该学院对项目进行综合设计和组织协调各学院参与。专门性项目是由各学院分别根据其专长负责单独运作。具体分工为：文学院负责函授学校与国民精神运动，理学院负责实用科学技能传习，法学院负责地方自治指导与国民精神运动，农学院负责办理农业推广，医学院负责公共卫生运动，工学院负责指导土木工程与交通事业，师范学院负责肃清文盲运动。

该大纲还规定："本大学兼办社会教育工作，全校各院员生均应一律参加，作为社会服务工作成绩之一种。至每人所参加之事项类别，由各院员生于每学期开始时各依其专长与兴趣自由选定。各学院导师对各院学生之参加工作，应注意妥为鼓励督促指导。每学期考核学生操行成绩时，及核准战区学生请领贷金时，参加社会服务工作成绩，应列为考核标准之一。各教授对所任科目之有足与辅导事项发生关系者，教学时并应妥为联络，以资验证。此外各院学生参加兼办社会教育工作如有特著勤劳与成绩者，得由社会教育推行委员会会同各该学院院长呈请校长酌给以名誉奖或发给服务奖金，以资鼓励。"① 学校兼办社会教育工作得到了广大师生的热烈响应，"每院至少举办平民学校三班，多则四五班，完全由学生担任校务，本地人士咸称便益"②。

中大在澄江的社会教育工作计划分成两期推行。从 1939 年 10 月到 1940 年 6 月底，将澄江附近区域 25 个乡镇划分为 7 个施教区，每个学院负责一个区，要求各个学院积极筹备推行。

在扫除文盲、普及文化知识方面，各学院在驻地就近开办平民学校，由热心于社会服务的学生负责教学活动，所需经费由学校拨给，所需要的教材由学校社会教育推进委员会提供。1939 年度第一学期，共开设平民学校 9 所，第二学期增加到 20 所，学生总数达 1500 多

① 《国立中山大学二十八年度兼办社会教育计划大纲》，中山大学档案馆馆藏档案，关联号 020－001－0055－017。

② 《国立中山大学二十八年度兼办社会教育计划大纲》。

人；师范学院还计划从1940年1月起，用一年半的时间，对县城附近25个乡镇16岁至30岁的2400余名青年“一律施行强迫教育”①。师范学院直接安排师生到澄江一中、凤山小学实习任教，还创办幼稚园，教儿童识字和唱爱国歌曲，当时教唱的歌曲有《长城谣》《松花江上》《大刀进行曲》等。在凤麓小学兼课的钟维老师为凤麓小学创作了校歌：“凤山南麓，龙潭遥对东西，仙湖美景，晶晶耀天空。凤麓创办数十年，莘莘学子如春风，齐努力，齐实行，学成去为国，吾校学所宗。”歌词不仅描写了澄江美丽的风景，还勉励学生学成报效祖国。在凤麓读书的学生，人人会唱。

1939年11月，中大医学院和澄江县政府协作，建立卫生协进会，负责该县的公共卫生运动，“以改良及实行卫生事务，使民众消灭疾病根源，保持健康”②。该协进会设防疫组、灭蝇组、道路渠道清洁组、井水清洁组、厕所改良组、赠诊组、卫生宣传组、学校卫生组、妇婴卫生组、公共体育组、调查统计组共11个组，举办各种活动，推进澄江县公共卫生建设。学校制定了《国立中山大学促进澄江县公共卫生办法》。1940年7月，医学院与澄江县政府合办卫生协进会，在澄江举行霍乱预防活动，免费为民众注射疫苗。

除推进本地公共卫生事业的发展外，医学院学生不仅到昆明一些医院实习，还结合实际在澄江西门极乐寺开办门诊、在土主庙开办医学院附属医院、下乡考察地方病、因地制宜进行教学实习等。小西城有位老妇人李张氏，患甲状腺肿大，非常痛苦，医学院结合教学，成功地为她做了切除手术；有一位青年妇女，怀胎足月难产，医学院帮她做了剖宫产手术，这是澄江有史以来的第一例剖宫产，曾轰动了澄江；当霍乱和脑膜炎在澄江一带流行时，医学院在全县全力以赴进行防治，及时遏制了疾病的蔓延。③ 医学院教授康白清，在西门极乐寺开设中西医结合的诊所，除热心为群众医治疾病外，还带学生实习。

---

① 《国立中山大学兼办社会教育经过述要》，《国立中山大学日报》1940年3月9日。

② 《澄江县卫生协进会成立》，《国立中山大学日报》1939年11月20日。

③ 杨应康著：《中山大学澄江忆旧》，第159页。

他一心一意为群众服务，结合当地实际进行教学活动，一直传为佳话。

文学院负责办理函授学校，目的是“使无力升学之高中毕业生，或有同等学历者，得有研究高深学问之机会”①。函授学校从1940年3月开班，社会青年可免费入学，设有文、史、哲、外语方面的课程多达25门，为该县加强中等教育贡献了一份力量。

农学院的学生除教民众识字外，还注重传播公民知识和农业知识。分四期施教，每期四个月600余人。为推广农业，农学院学生又在驻地附近开展农村经济状况的调查。

据当时学生描述：

> 一切服从于抗战！我们中大员生，虽蒙政府厚爱，奉令迁入山城，但却不乘机做隐士，一味埋头读书。我们继续上堂、实验、考试，一如平时的进程；同时一点也不肯放松文化播种的工作和抗战教育的工作。我们的学校生活是多面而丰富的。
>
> 首先，我们促成了昆澄公路。从此在十足塞外风味的叮叮当当的驮马群之外，加多了另一种四只轮足的怪物，（起初，土人远远近近地跑来鉴赏哩！）一架比廿匹驮马还好得多了。还有呀，想不到拿一支针插入皮肤下面，就可以不要拜神又不要煎药也会医好病人的。因之本地人的脑筋开始转变；以后每逢有什么个别访问，兵役宣传，免费注射，我们可以不费多大口舌，道过来意之后，大多数会点头微笑，给我们以再进一步的机会。
>
> 澄江有“一雨便成冬”的天气，有连绵二三个月的雨季；到了那个时候，街道泥满，病菌丛生，真是苦难的日子！我们便急不容缓地做了“征服自然”的先锋，与县政府合办卫生协进会，疏通渠道，推行防疫宣传，免费注射。医学院的同学们获得不少实际经验呢。
>
> 谁也感谢图书馆主任杜定友先生，在他计划执行之下，城内

① 《文学院函授学校简章补录》，《国立中山大学日报》1940年3月5日。

五个阅览室，抗战图书迅速地成立，并且公开开放，任何人一样欢迎。琳琅满目的印刷文化□遍了澄江。徐学□教授画展，杜主任集品展览，尤给本地人新奇而良好的印象。

创办民众学校三所，协助澄江中学，师范学院的同学正有用武之地。他们是最活跃的一群，每月或两周交替举行院际联欢会、夕会、话剧公演……千千百百的土人，兴高采烈地受近代文化的洗礼：在黯黯的天幕下，他们也许用着十六世纪的纯朴的心情，看着台上的男女演剧、跳舞、歌咏及其他。

理学院生物系和师院博物系的到大理、□□村采集标本，满载而归；理学院地质系同学到丽江附近的玉龙山测定雪线；研究院语文学部的回、苗民族之实际调查；农学院同学搜集得数十种罕见的昆虫……这些很有价值的工作，不胜枚举。“澄江时期”虽然是短短的两年，我们也造成了很高的成绩记录呵！

此外，曾奉命全校出动宣传兵役，哄动了整个澄江；间或小组出动慰问并馈赠出征军人家属，给他们以人类底崇高的敬意和温热。可爱的青年生活社的同志们，他们一方面严肃地在训练自己，一方面热诚地服务民众，教育民众。他们分住各地，当地民众受帮助和潜移默化的真不少！

整个山城，得了新的生命素，年青起来，生长起来![①]（图3.14）

“此种成绩，系由各院员生发挥服务精神，及通力合作，群策群力所做成。亦即为本校迁滇期间，对国家对地方之一种贡献。”[②] 中大在澄江办学的近两年时间里，兼办社会教育工作取得了较大的成绩，为古老的澄江县城带来了新思潮和新风尚，向当地人民传播了科学文化知识，为广大群众排忧解难，留下了不可磨灭的历史印记。

---

① 李觉清：《中山大学底“澄江时代”》，《学生之友》1940年第1卷第5期。

② 《本校各院员生开设民校近况》，《国立中山大学日报》1940年4月11日。

图 3. 14　中大学生在澄江

资料来源：云南省澄江县档案局。

第十节　抗日救亡

国立中山大学在澄江期间，师生们于教学科研之余，积极开展各种形式的抗日宣传活动，如演话剧，举行晚会、报告会，出墙报、画刊等，在鼓舞澄江群众的抗日情绪、破除迷信、移风易俗等方面起了很大的作用。尤其是宣传抗战、激励人民同仇敌忾方面的工作取得了令人振奋的效果。

当时中大学生组织的许多社团，大多热衷于演出抗战剧，以此激发民众抗日救亡的民族精神。澄江城隍庙有一个老戏台，各学院社团的师生们利用这个戏台宣传抗日，演出戏剧。他们还在澄江北门西头盖了一个简易会场义演。有时师生们还组成流动性的戏班赴各地演出。在澄江，师生们演出过各种著名的剧目。《复活的玻璃》《孔雀东南飞》《可怜闺里月》《葡萄美酒》《最后一滴血》以及曹禺的

《日出》《雷雨》等剧目都深受澄江群众的欢迎。

在澄江办学期间，中大的各个社团中，以青年生活社的影响最大。青年生活社是中共中大地下组织领导的进步社团，1939 年成立。初由文学院助教邓拜俊负责，后由法学院学生罗培元负责。该社的目的是提倡学术研究，追求真善美和高尚的娱乐，以健全身心。成立时有 60 多人，遍及全校各学院，后有较大发展，有的学院多达二三十人，少的也有十余人。各学院设立分社，文学院分社负责人劳家顺，法学院分社负责人李文浩，理学院分社负责人黄振邦，工学院分社负责人黄祖芳，农学院分社负责人方君直，医学院分社负责人吴子熹，师范学院分社负责人周钊。该社曾经呈报学校当局备案，校方指派法学院社会学系萧隽英教授为指导。①

青年生活社开展以抗日为中心的各种活动，经常以小组为单位，讨论学术、政治与时事问题。例如通过讨论“大学生战时生活与工作”，澄清一些学生的模糊认识，明确大学生应做到读书不忘抗战，抗战不忘读书。他们讨论的问题甚多，诸如政治方法、孙中山问题的思想与革命事业、抗战中的农村工作、第二期抗战之战略与策略、法币问题与抗战前途、苏德协定与国际形势、湘桂会战与国内形势等。通过讨论，提高社员对抗战形势和前途的认识，增强抗战的决心与信心。他们还组织了歌咏队和戏剧组。歌咏队聘请师范学院音乐教授马思聪为指导，教唱抗战歌曲；戏剧组把爱好戏剧的同学团结组织起来，先后演出《卢老虎》《林中口哨》《日出》《流寇队长》《北京人》《钦差大臣》《原野》等剧目，受到广大师生的欢迎。为活跃师生生活，青年生活社还举行球赛、联欢晚会及短途旅行等活动。1939 年夏天，在抚仙湖畔组织中大同学夏令营活动，邀请一批进步教授参加，内容有游泳、爬山，也有报告、演讲，丰富多彩。他们还出版《青年生活》和《民众壁报》，积极开展抗日宣传，并发起征集寒衣活动，通过戏剧音乐、戏剧演出筹集款项，从精神上、物质上鼓励支

① 参见梁山、李坚、张克谟：《中山大学校史（1924—1949）》，第 103～104 页。

持前方抗战将士。①

中大师生的戏剧演出，不收分文，木棚戏台，勾脸化装，均极简单，但非常叫座。剧终时，观众往往起立，喝彩欢呼。中大师生还教授澄江中学的学生们演出抗日话剧。有一次，中学生们利用赶街天，在街头演出话剧。由于扮演得惟妙惟肖，引起了围观群众的强烈共鸣，群情激奋下，人们竟把剧中的“汉奸”打了一顿。幸得领队的老师出面加以解说，扮演汉奸的学生才化险为夷。这种演出，对唤醒民众团结抗日、激发民族意识起到了很好的效果。

小提琴家马思聪教授，原为南京中央大学教育学院艺术系讲师，1937 年受聘为国立中山大学文学院音乐教授。抗日战争全面爆发后，开始创作《永生》《自由的号声》等近 20 首抗战歌曲，不少歌曲在国内广为传唱。1938 年广州沦陷时，他逃难到香港，第二年举家经越南抵昆明，随学校西迁到澄江任教。中大学生组织的歌咏队和戏剧组，都聘请马思聪教授担任指导。他为学生教唱《战歌》《战士们冲啊》《八·一三纪念歌》等。马思聪教授还经常接受各方的邀请，举办小提琴演奏会。时人回忆说，马思聪的小提琴演奏，慕名来者，万人空巷，几使会场秩序无法维持，为澄江最大的盛会。1940 年马思聪辞去中大教授职，到重庆任励志社交响乐团指挥和中华交响乐团指挥，1943 年再次随中大到广东坪石任教。

除了演出戏剧和音乐会，中大各学院的社团也常在闲暇时间从事抗战、兵役、节约、储蓄、劳军义卖、卫生防疫等宣传活动。中大曾在澄江府门口的空房间里，创办了一个书报室，内有报纸、杂志、图书等，供居民阅读，学校派专人保管，其中以抗战内容的书报居多。街头、学校门口辟有《青年生活》《民众壁报》等。宣传栏由学校组织的宣传组负责，两三天换一次内容。宣传栏的内容很丰富，有诗歌、漫画、随笔、杂文，也多以抗战为主题。学校还举办各种报告会、晚会。② 这些活动在激发澄江民众的民族意识、宣传抗战方面起

---

① 参见梁山、李坚、张克谟：《中山大学校史（1924—1949）》，第 104 页。

② 吴定宇主编：《中山大学校史（1924—2004）》，第 175 页。

到了积极的作用。

第十一节　学潮再起、中大易长和告离澄江

1940年春，国民政府教育部部长陈立夫（CC派）到昆明视察大学，同时也来到澄江国立中山大学。为了能控制中大，他专门找了一些教授、学生到昆明，策划倒邹运动，提出“打倒萧冠英”的口号，发动“倒萧护校运动”。这场斗争影响到了文、法、理、工、农各学院，学生先后罢课，造成全校性的学潮。中大的中共地下组织支持地方实力派，反对CC派。青年生活社负责人罗培元、李文浩等团结大多数同学与CC派进行激烈斗争。教授们则劝告同学体察时艰，珍惜不可多得的学习机会，保全后方教育，发扬抗战文化，充实抗战力量。这次学潮的结果是邹鲁的得力助手萧冠英被迫辞职。之后，在重庆养病的邹鲁也于当年4月向教育部请辞校长一职，被批准给假修养。这样，中大校长一职的争夺，便转为陈立夫与朱家骅之间的明争暗斗。当时中大师生都强烈反对政治色彩浓厚的人来接长中大，要求保持中大学术自由的传统。陈、朱相争不下。1940年4月，教育部任命曾代理过中大校长的教育家许崇清再次代理中大校长。①

辞职后，邹鲁校长致公开信给中大师生说：

> 窃鲁自奉总理创办本校以来，先后两度长校，已十有一年矣，身心虽瘁，成效式微，而年来因战因病，不克回校主持，以致丛愆积咎，未能贯彻总理创建本校之目的，与仰副总理对于本校之远大期望，以慰在天之灵，反躬自省，益凛冰渊，再四思维，惟有退避贤路，庶免长此贻误校务……兹蒙政府准予给假调养，得息仔肩，少减罪戾，然鲁之精神，仍无时无地不萦绕本

① 黄义祥编著：《中山大学史稿（1924—1949）》，第345～346页。

校，深冀诸同事同学此后，仍本过去艰苦为校热诚，继续爱护本校，且能益自淬砺，精神团结，竭力阐扬总理遗教，精研高深学术，创造三民主义文化，以完成抗战建国之大业。①

1940年8月，奉教育部令，在许崇清代校长的主持下，中大开始准备从云南澄江迁回广东，校址定在广东北部的乐昌县坪石及其周边地区。在离开之前，中大举行了离澄话别会。许崇清代校长、张云教务长、吴康院长和教授们撰写了诗文作为纪念。该诗文集名《骊歌》，于1940年8月13日出版。许代校长亲自撰写了《告澄江民众书》（图3.15），铭刻在墨石板上，向澄江人民道谢告别，同时也总结了中大在澄江办学的历史，全文如下：

澄江民众公鉴：

本校于民国二十七年冬，奉命迁滇，以澄江山明水秀，风土纯朴，足为士林潜修之所，经呈准迁此，蒙滇省当局、龙主席、龚厅长予以指导，澄江李县长、王县长、华大队长，及当地耆绅，多方协助，各乡堡镇长，及各地民众，亦奔走效劳，恳勤相爱，以故年来，本校员生，得以弦歌不缀，游息有所，皆拜诸君之赐也。兹以前方教育上之需要，奉命迁粤，席未暇暖，又备登程，别绪离情，彼此同感。回忆年余以前，本校员生，初客他乡，生活习惯，不无互异，幸赖各民众之热诚推爱，庇荫有加，使千里游子，于故乡沦陷之后，仓惶迁徙之秋，不致托足无方，尚能安居研读，幸何为之！只以时日短促，同人等课务繁重，攻读之余，未能对于地方文化，社会建设，多所贡献，深滋愧赧。惟前者曾与省县合筑昆澄公路，以利交通，与县政府合办卫生协进会，以求地方整洁。各学院举办日夜学校，以促进民众教育。协助中小学校，以提高教育水准。开办本校附属医院，以便民众疗治。推行防疫运动，以防流行病之传染。各学会各剧团，举行

① 《邹校长告同事同学书》，《国立中山大学日报》1940年5月10日。

兵役宣传，表演抗战戏剧。图书馆复公开阅览，举行抗战图书展览会、杜氏集品展览会，以期灌输民众知识，增厚抗战力量。此外，于地方建设，除修理庙宇及公共建筑七十余所外，尚拟建筑大礼堂、总图书馆，及增添各学院宿舍，惜以时间及经济关系，未克次第举办。而骊歌忽唱，征马又将在途。同人等此次回粤，无异趋赴前线，冀克尽国民一分子之责任。良以现代战争，前方后方同属重要。且敌寇所占，不过少数据点，而前方广大土地，千万民众仍在我掌握之中。则军事与教育，自不得不统筹兼顾。同人等为适应环境起见，毅然专征，不敢自馁，虽或受敌机炮火之威胁，然仍当本过去奋斗之精神，刻苦从事，以冀无负我澄江父老兄弟之属望。现敌已深陷泥淖，去克之期，当在不远。本校奉命移粤，足见我方军事，确有把握，胜利之期，指日可待，此谅为我后方民众之所乐闻者也。自抗战以来，建国基础，益多巩固，交通建设，超越时空，前后方文化之交流，益见接近。云南为抗敌根据地，澄江地近昆明，物产丰富，尤为后方重镇，加以地方官长及全体民众爱国之热诚，生产之努力，当有功于抗战建国，当益不可限量。本校员生，虽遄返前方，但精神及意志与后方民众，当力图密切联系，使救国工作，更易发生效力，则他日抗战胜利，举杯遥祝，其豪兴遄飞，当与我父老兄弟同之也。崇清长校伊始，公务丛脞，对于地方官长，各乡民众，未获畅聆教益，深引为憾！讵坐席未安，又产别离之调，私衷叠感怆然！此后惟有率领同仁，随诸君之后，努力本位工作，共负时艰，以完成抗战建国之伟业。是则吾人之所以自勉，而重望我澄江父老兄弟共勉之也。匆匆握管，不尽欲言，敬布悃诚，惟希亮察！

国立中山大学代校长许崇清[①]

---

① 《骊歌》，国立中山大学离澄话别会1940年8月13日，藏中山大学图书馆校史资料室（油印本）。

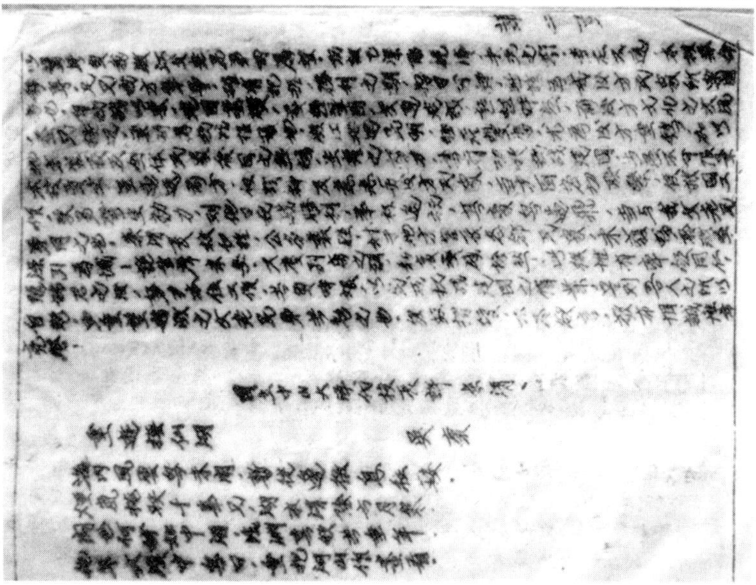

图3.15 许崇清代校长的《告别澄江民众书》

图 3.15 许崇清代校长的《告别澄江民众书》

资料来源：《骊歌》，国立中山大学离澄江话别会 1940 年 8 月 13 日。

在中大迁回粤北坪石之前，许崇清代校长还亲自撰文在澄江孔庙亭台东侧立了一块石碑，叙述中大迁校以及在澄江的史实。中大迁走后，东龙潭碧泉的层青阁门头上用墨笔写的英文字“First Scenery of Cheng Chiang”（澄江第一景）还清晰而又完整地保存着。[①]

① 杨应康：《中山大学在澄江》。

坪石编

第四章　二迁坪石

1940 年秋天，国立中山大学再次奉命迁校，迁入粤北山区坪石。尽管山区条件艰苦，但学校仍然保持着较大的办学规模，学生人数不断增加，师资力量不断充实。为配合国家抗战需要，学校在教学、科研和服务国家社会等方面做出了积极的贡献。在全国抗日大潮中，中大为国家培养了大量的高层次人才，还有许多中大学子积极投身于中国共产党领导的抗日武装，对维系战时生产、发展后方经济和敌后抗日根据地的助益颇大。

第一节　迁坪的经过

1940 年，有几大因素促使国立中山大学考虑再次搬迁。一是由于云南省的物价一天天上涨，大米奇贵，生活成本剧增；二是当时广东迁省会于粤北韶关，粤北局势相对稳定，有条件在此地办学；三是中大西迁于澄江，广东及邻省湖南、江西等地区学生入读困难；四是国民党粤籍元老与高官认为纪念孙中山先生的大学应该迁回广东。广东文化教育界进步人士则积极支持把中大迁回粤北，希望中大在坪石能与桂林相呼应，开展进步文化工作，把中大办成文化运动基地。代理校长许崇清决定迁校后，先到重庆向教育部部长陈立夫请示，初始未获批准。直到 1940 年 7 月初，日寇策划从越南进攻云南，蒋介石电令所有迁到云南的大学“立刻准备万一，快速搬迁”，中大迁校已

成迫在眉睫之势。①

在广东地方实力派和文化教育界人士的支持下，1940 年 8 月，代理校长许崇清亲自主持中大从云南迁回粤北坪石的工作。他立即聘任重要人员组织迁校委员会及新校址筹备处两个机构。迁校委员会设干事部，专掌回粤人员及公物的运输事务。新校址筹备处则负责选择新校址及办理新校址的修缮、设计建筑等事宜。新校址筹备处先派出先遣人员，并指定各学院新址筹备负责人，主持人员多由教授、讲师、助教担任。②

迁校委员会经过数次会议，最终决定由丁颖负责在南雄的新校址筹备委员会的定案，筹备人员分庶务、文书、出纳、工程、交际、设备等组，分别负责新校址的课室、学生宿舍、防空设施等的先行安置。同时从各个学院抽调出先遣人员，并设了总务、调查、编配、运输、卫生、收支六组分别负责执掌租赁舟车、采购及运输、起运物品造册登记、医药卫生、款项支出等事宜。由总务长为总干事，负责迁运。③

此次迁校工作得到了多方面的支持。搬迁费用方面，由教育部拨款 40 万元，广东省协助 30 万元，其中以 10 万元为建置费、60 万元为旅运费。④ 除经费外，这次搬迁还得到了当地政府和军队的大力支持。第七战区余汉谋将军派出第十二集团军军车解决运输及安全问题，经学校函请，运输校产的车厢表面贴明标志，途经云南、贵州、广西、湖南和广东时，各省政府通饬沿途所属军警和交通机关对运输车辆予以保护，免征路捐和免验放行。

学校奉令迁回粤北后，马上清点在澄江的公物，共 1919 箱，先将 1300 多箱运至云南归化，以便运输；其余尚存在澄江的也陆陆续续运至归化待运。自 1940 年 8 月起至 1943 年 4 月止，在许崇清代理

① 吴定宇主编：《中山大学校史（1924—2004）》，第 177 页。

② 黄义祥编著：《中山大学史稿（1924—1949）》，第 348 页。

③ 《国立中山大学迁校委员会第二次会议记录》，中山大学档案馆馆藏档案，关联号 020-002-0062-025。

④ 吴定宇主编：《中山大学校史（1924—2004）》，第 178 页。

校长的主持下，中大迁回广东北部山区坪石办学。运送校产 17 批，共运到 948 箱。后来由于各种原因，如车辆汽油缺乏、运费奇贵等，被迫停运，除归化站酌留员工看管公物外，其余各站均行裁撤，员工遣散，存在澄江的公物，待交通便利之后，再行续运。

第二节　坪石的概况

坪石地处广东、湖南交界，是乳源北面靠近湖南宜章的一个较大的集镇，可以说是“粤北的粤北，湘南的湘南”。这里交通较为便利，有武水经过，粤汉铁路在其西南约 4 公里处经过，设站于水牛湾，因车站靠近坪石镇，人们称之为坪石站。在国立中山大学之后，私立岭南大学农学院、培正中学、培联中学、华侨中学等学校也相继迁来，坪石突增万人，骤然繁华，享有“粤北文化城”的雅号。坪石车站也因此繁忙起来，成为当地的交通枢纽和中心。坪石环境优美，到处是石级山径和弯弯曲曲的溪水，但地方太小，只能作为大家的集散地。中大的各学院分布在围绕坪石 100 里的范围之内，学校总办公厅、研究院、先修班、学生贷金审查委员会设在坪石镇（图 4.1、图 4.2）。

文学院最初设址于乳源县清洞乡。但清洞乡四面环山，用地狭小，用水不便，生活用品都必须从坪石采购运来，师生们疲于奔波，非常不便。于是文学院便迁到了铁岭。铁岭原为一小山岗，文学院搬来后，经过修整加建，加上此处环境幽雅，松涛处处，春天山上开满了杜鹃花，亦是苦中有甜。文学院的师生在艰苦的环境中度过了难忘的学习时光。

法学院先是设址在乳源县属武阳司，位于广东与湖南的省界（坪石与栗源堡之间），中间只隔着一条小河。这里冬天北风凛冽，非常寒冷；但到了春天则漫山盛开着杜鹃花，春光明媚，景色宜人。雨水季节来临的时候，洪水势如万马奔腾；夏日酷暑在水中游玩则很

图 4.1　坪石金鸡岭

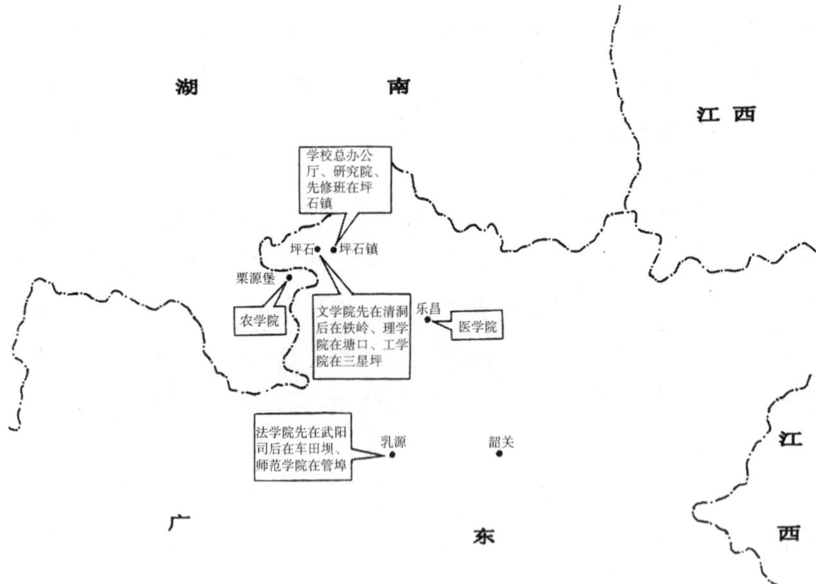

图 4.2　国立中山大学迁坪石办学后的院系分布

是惬意。后来法学院和一年级教育委员会对调，搬至车田坝（图4.3）。车田坝本是荒山，并无村落，法学院建院后，才建了一些日常生活设施。车田坝去坪石先后有两个渡口：一个渡口在沼河前行约1公里的亭子下，是公渡；另一个在厨房后面的河边，由学校管理，一般少有人走，公渡停运后才从此过渡。①

图4.3　乳源车田坝（法学院所在地）

师范学院设在乳源县属管埠附近的一个小山岗上。（马思聪与王慕理伉俪在此任教。）管埠村离坪石大约十华里，是个小山村，风景优美，周围是青翠的山岗，有二三十户村民，村里有两条卵石铺成的“丁”字路。这里民风淳朴，人民勤劳朴实，是个教学和学习的好地方。②

理学院（图4.4）在坪石附近的塘口，与坪石隔河相望，是坪石附近最幽美的地方。理学院跨河两岸，杨柳依依，茅舍错落，清水长流，渔舟唱晚，淳朴清幽。院舍多为租赁民房和修缮庙宇而成。中大教授吴尚时说：“中大理学院之学生宿舍，亦即过去之船厂也。”③ 坪石街萧家湾上游的船厂，大部分已成为学生宿舍。

---

① 罗永明主编：《我们的中大》，第88页。

② 罗永明主编：《我们的中大》，第84页。

③ 华南师院地理系地貌研究室编：《华南地貌学资料》，1980年，第63页。

图 4.4　1942 年理学院化学系镭社成员摄于坪石新村

工学院（图 4.5）设在坪石西南的三星坪和新村，距坪石仅 4 公里左右。坪石附近的三星坪，依山而立，俯临绿波；坡上苍松青翠，风景宜人。宿舍、教室多为竹木所建。为便于管理，教室和宿舍分别集中在三星坪和对岸的新村，工场也设于该地。

图 4.5　1942 年工学院机械系毕业生在坪石三星坪合影

农学院（图4.6、图4.7）设在湖南宜章县属的栗源堡，离坪石较远。农学院借用某所国民学校作为院本部，学生宿舍则借用庙宇。山中清幽宁静，最适合学生专心学业。门前小河，水清见底，游鱼可数，结束了一天课业的学生们常以游泳捉鱼为乐。冬天，结冻的水面与岸上冻住的树木枝条交相辉映，很是美观。

图4.6　在湖南宜章县栗源堡的农学院

图4.7　1941年，丁颖院长（第二排左六）与农学院第15届毕业班同学合影于栗源堡

医学院设在乐昌县县城。乐昌县位于韶关市，地处湘粤两省交界。广州沦陷后，这里是战时大后方，广东省省政府即迁到此地。由韶关开出北上汉口的粤汉铁路火车经过乐昌，在县城和坪石镇设有车站，交通方便。县城设有县立医院，便于医科师生教学实习。

全校一年级新生部设在坪石附近的车田坝，后迁至武阳司，不分院系，统一集中上课；高年级同学则分别在各院上课。1940 年 12 月，一年级新生已陆续到达，但各学院房舍尚在赶建中，仍无法开课。为免学生闲荡，学校采取新生集训的办法，在美化（属乳源县）和单竹迳（近管埠）两地举办一年级新生军事训练。

在坪石四年的日子里，中大的师生们因陋就简，因地制宜，在极度困难中坚持科研和学习：

……战时物资缺乏，粮食亦不充裕。从当时衣、食、住、行，可以反映出一般生活相当艰苦，但学生的学习情绪却很高。大家心境开朗，无所忧虑，因为政府有生活补助，全无断炊之虞。

“衣”——根本不可能添置新衣，穿破了惟有缝补。恤衫穿着日久，领子会磨烂但衫身仍佳，聪明的裁缝师傅，会剪取恤衫下截来制成新领，又可再穿几年。粤北冬天气温在零度边缘，最佳寒衣乃棉褛，穿起来似嫌臃肿，但御寒力胜过羊毛制品。皮鞋底利用报废汽车轮胎，十分耐用，即使鞋面穿破，仍可利用原有胶底重制新鞋。

“食”——糙米饭乃惯常主食，辅以菜蔬、豆类、番薯等，肉类属于珍品，肥肉大受欢迎。因为平时油料欠缺，一碗猪油捞饭调以酱油，入口甘香，其味无穷。当时没有人会顾忌到胆固醇的问题。

“住”——住屋以泥土造墙，禾草作顶。其他建材是杉木、杉皮、竹材等，全是道地的土产。家具、台椅、床铺，清一色竹制品。当然没有弹簧床褥，不过在竹床上铺设禾杆草，倒收冬暖夏凉之效。夜间照明和温习功课，全靠油灯发出幽暗之光。

> “行”——平日全凭两条腿走路，日行十余里乃等闲之事。远程出门虽然亦有巴士搭乘，但战时有“一滴汽油一滴血”的口号，因为汽油要用飞机从印度飞越驼峰运来，其珍贵程度可想而知。穷则变，故此所有车辆都经改装，以木炭做燃料，因马力不足，行走缓慢，常有故障。虽然如此，战时西南大后方的交通，仍完全依仗它们，这是我国抗战时期的一大发明。无此发明，全国交通就会陷于瘫痪，遑论与日本军队作战到底。现今年青一代，一定很难想象汽车怎样能够使用木炭做燃料。[①]

坪石崇山峻岭，森林茂密，短时间内虽无日军进攻之虞，但地处湘南粤北交界山区，常有野兽和土匪出没，师生们的人身安全也常受到威胁。中大在坪石办学的四年时间内，在第七战区司令部、第九战区司令部、湖南省司令部、广东全省保安司令部的保护下，学校师生得以安心于科研、学习。

第三节　学校的安置和发展

一、坪石开学及学校管理

1940 年 12 月，中大召开迁至坪石后的第一次教务会议，公布 1940 年度校历和作息时间，学校的教务活动和学生生活踏入正轨。中大师生一路上经过滇、黔、桂、湘数省，到 1940 年 12 月全部抵达坪石。由于各个学院分散在远近不同区域（远如农学院所在的栗源堡，隶属湖南），为保证教学、科研工作的正常开展，学校制定了统一的教学计划：“依照标准时刻，各学院每日上课时间，一律是上午

① 罗永明主编:《我们的中大》，第 106～107 页。

七时至十一时，下午十二时三十分至三时三十分。"① 同时学校公布了1940年度的校历（表4.1）。

表4.1 1940年度国立中山大学校历

1940年8月1日——学年开始
　　27日（星期二）休业——孔子诞生纪念日
9月23日（星期一）——第一学期开始
　　24、25日（星期二、三）——第一学期注册选课
　　26日（星期四）——第一学期上课
10月10日（星期四）休业——国庆日举行纪念
11月11日（星期一）休业——本校成立举行纪念
　　12日（星期二）休业——总理诞辰举行纪念
　　13日（星期三）休业——本校第十届运动会开幕
12月25日（星期三）休业——云南起义纪念日
1941年1月1日（星期三）休业——中华民国成立纪念
　　2、3日（星期四、五）休业——年假
　　18日起至24日止（星期六起至星期五止）——第一学期考试
　　25日起至2月7日止（星期二起至星期五止）休业——寒假
2月8日（星期六）——第二学期开学
　　10、11日（星期一、二）——第二学期注册选课
　　12日（星期三）——第二学期上课
3月12日（星期三）休业——总理逝世纪念日举行纪念
　　29日（星期六）休业——革命先烈纪念日举行纪念
4月3日起至5日止（星期四起至星期六止）休业——春假
5月5日（星期一）休业——革命政府纪念日
6月9日起至14日止（星期一起至星期六）——第二学期考试
　　21日（星期六）——毕业礼
　　23日（星期一）——暑假开始
7月7日（星期一）——抗战建国纪念日
　　9日（星期三）——国民革命军誓师纪念日
　　31日（星期四）——学年终结

资料来源：《国立中山大学二十九年度学校历》，中山大学档案馆馆藏档案，关联号020－002－0040－002。

① 《二十九年度第一次教务会议》，《国立中山大学日报》1940年12月16日。

作为孙中山先生亲手创办的一所国立大学，它的纪念日反映了其创办人的治学治国理念；七七抗战建国纪念日的设立，更是反映出当时全国上下众志成城，全民抗战。

全校于1941年1月份先后上课。8月张云代理校长职务。9月学校成立师范学院初级部及附属中学，后改一年级教育委员会为新生部。1942年5月，金曾澄代理校长职务，6月上任。因武阳司之新生部仅能容纳一部分新生，不能集中训练，因此裁撤，成立军事训练总队部，另组新生训练委员会主持新生入学训练事宜。1942年度在电机工程、土木工程、机械工程三系内各增一班，法律学系增司法组一班，研究院增医科研究所，师范学院初级部增一班，同时收容借读生，学生人数激增，需扩筑校舍，添购器材。

中大迁址坪石后，除利用原有的庙宇房舍作为教室外，还根据需要新建了很多草竹批荡的房子作补充，有学生宿舍、厨房、膳厅、厕所、浴室、教职员宿舍、教室等，条件十分简陋。据1941年2月统计，工学院在三星坪共新建建筑42座，师范学院在管埠共建有33座建筑，一年级军训大队在车田坝修建建筑26座，医学院门诊部在乐昌县县城修建了门诊部、挂号处共2座建筑，文学院在青洞建有9座建筑，法学院在武阳司修建了19座建筑。这是在统计时已经建好的建筑。当时在建的或者已经签约要建的工程还有车田坝一年级军训大队增建工程和三星坪工学院机械工场、理学院化学实验室、生物地质实验室、天文台、三星坪工学院电机实验室、乐昌医学院附属医院等工程。① 同时，由于学校各部散处于坪石的不同地方，为便利办公起见，1941年内择要安设电话，1942年底又加设农学院电话。

学校设了各种委员会管理全校各个方面的工作，主要有图书委员会、仪器委员会、贷金审查委员会、公费免费学额委员会、社会教育推行委员会、校舍建筑委员会、财务委员会，各个学院还设有教授聘任委员会，等等。

---

① 《国立中山大学迁址后各院新舍建筑概况一览表》，中山大学档案馆馆藏档案，关联号020－002－0070－066。

二、坪石时期院系设置

坪石时期国立中山大学的院系设置如表4.2所示。

表4.2　坪石时期国立中山大学院系设置

序号	学院	系　别
1	文学院	中国文学系、外国语文系英文组、哲学系、历史学系
2	法学院	法律学系、政治学系、经济学系、社会学系
3	理学院	数学天文学学系、物理学系、化学系、生物学系、地质学系、地理学系
4	农学院	农学系、森林学系、农业化学系、蚕桑学系、农业经济学系、畜牧兽医学系
5	工学院	土木工程学系、化学工程学系、电机工程学系、建筑工程学系
6	医学院	不分系
7	师范学院	教育系、公民训育系、国文系、英语系、史地系、数学系、理化系、博物系

资料来源：《国立中山大学现状（1943年）》，第37～112页。

1. 文学院

1941年1月，吴康教授请假，并辞去文学院院长职务。这期间学校聘请谢扶稚教授继任。5月，谢扶稚教授辞职。8月，学校聘请朱谦之教授主理院务。1942年8月，朱谦之教授奉准休假进修，改聘吴康教授复主院务。

文学院图书分馆藏书统计有：中文图书（含日文图书在内）10828册，西文图书2607册，中文杂志423册，西文杂志1255册，以上共计15113册。

值得一提的是，在抗日战争最艰苦的岁月里，在中大文学院的推

动下，坪石还诞生了一所私立高校——中华文化学院。早在 1935 年秋，文学院院长吴康教授应邀赴欧洲讲学。一年多以后，吴在巴黎与中国留欧学生 40 余人发起组织中华文化学会，并拟筹建一所学院。吴回国后，仍任中大文学院院长兼研究院院长，这期间着手规划筹设中华文化学院。在征得多方赞助并于 1942 年秋得到教育部批准后，于乐昌县坪石镇成立中华文化学院国文专科学校，吴康为院长。他提出的办学宗旨是："一曰推行人文教育，即以人为本位的教育。二曰提倡学术研究。"①

2. 法学院

1940 年 8 月至 11 月，法学院代理院长为胡体乾教授。12 月至 1941 年 3 月，院长为王造时教授。1941 年 4 月至 5 月，代理院长为许崇清教授。5 月至 1942 年 2 月，院长为黄文山教授。1942 年 3 月至 7 月，院长为钱清廉教授。1942 年 7 月起汪洪法教授为院长。

法学院共设有四个学系，每系设系主任一人。1942 年在法律学系下设司法组，在社会学系下设边胞民族学组。

为了服务社会，学用结合，法学院当时设有各种委员会组织，如：社会科学论丛季刊编辑委员会，专任编辑社会科学论丛的工作，主持该刊编辑及出版事宜；外国语委员会，以增进本院学生外国语程度及教学效率为宗旨，开会时由院长为主席；毕业同学服务指导委员会，成立于 1942 年 4 月，以指导毕业生解决职业上种种问题，并为国家机关介绍推荐优秀毕业生为主旨。

同时，法学院还有各种附设机关，如民众法律顾问处、政治研究室、经济调查处、中国经济史研究室、社会研究所等。其中，民众法律顾问处以解答民众法律问题及增进学生法律实践知识为宗旨；政治研究室以研究政治科学，包括一切有关国内外的政治理论和实际问题，以期为抗战事业参政，并建立与发扬民主的政治理论体系为宗旨；经济调查处以调查本国经济状况、研究本国经济变迁及社会机构

① 秦国柱著：《中心城市与大学发展》，中国社会科学出版社 2006 年版，第 63 页。

为宗旨；中国经济史研究室的主旨为搜集整理中国经济史料，研究中国经济状况变迁，分析预测中国经济发展趋势，为中国社会实际运动者提供理论上、行动上的参考。

3. 理学院

1940 年 7 月至 1942 年 7 月，康辛元教授为理学院院长。自 1942 年 8 月起，何杰教授担任理学院院长。

理学院设有六个系，附属研究机构有两个：天文台（附设于数学天文学系）和两广地质调查所（附设于地质学系）。

抗日战争以前，理学院所存仪器价值 30 万元，标本和模型的价值也在 30 万元左右。然而战后一再搬迁，在坪石时，院舍多租赁民房、庙宇，先后仅建筑有化学系实验室一所、生物及地质两系实验室各一所、附设两广地质调查所研究室一所、天文台一所、教职员宿舍一所及男生宿舍两座，甚不敷用。图书、仪器、设备，除生物、地质、地理、数天诸系勉强满足科研要求外，其他物理及化学两系，仅略能应付学生实习及实验。

4. 农学院

农学院共设有六个系，每系均设主任一人，由教授兼任，分别掌管系务。其中农学系分为农艺、园艺、病虫害三组，农业化学系分为土壤肥料、农产制造、生物化学三组。附属场所有农场、林场、稻作试验场、农林植物研究所、土壤调查所、气象观测所。

农学院的图书主要靠在粤北时经多方搜购及交换、征集所得，有中、西、日文图书将近 3000 册，杂志逾 1000 册。此外，到 1943 年为止，还有图书杂志 22 箱（总数超过 2000 册）留在澄江没有运到。

农学院的仪器标本 4 万余件，价值在 20 万元以上。全院全部仪器、标本用具等有 9463 件。标本方面，各系均有几百到 1000 多件不等。其中农林植物研究所在坪石的标本尤为丰富，迁坪后，在粤北一带采集到 2000 多件标本，从各大学交换到的标本有 9000 多件，由澄

江运回的标本 900 余件。①

5. 工学院

工学院院址在坪石附近的三星坪，共设有五个学系。其中机械工程学系设有机械工场，专供各系学生工场实习之用。

坪石时期，出于战时需要，工学院的招生人数比内迁前扩充了不少，在电机工程、土木工程及机械工程三系各增一个班级。三、四年级各有毕业学生 170 人左右，一、二年级则已各有 200 多名学生在校（表 4. 3）。

表 4. 3　1942 年国立中山大学工学院学生概况　　单位：人

系别	一年级			二年级			三年级			四年级			合计
	男	女	合计	男	女	合计	男	女	合计	男	女	合计	
土木工程	53		53	68	2	70	72	2	74	52	1	53	250
化学工程	22	3	25	19	3	22	13	2	15	22	2	24	86
电机工程	43		43	44		44	34	2	36	31	1	32	155
机械工程	76		76	83		83	37		37	45		45	241
建筑工程	10	1	11	8	1	9	13	3	16	13		13	49
总计	204	4	208	222	6	228	169	9	178	163	4	167	781

资料来源：《国立中山大学工学院学生概况统计表》，中山大学档案馆馆藏档案，关联号 020－002－0638－088。

---

① 吴定宇主编：《中山大学校史（1924—2004）》，第 185 页。

6. 医学院

1943 年医学院共聘有教授 17 人，副教授 4 人，讲师 9 人，助教 13 人。医学院院长为外科学教授李雨生兼任。内设研究所五所，附属医院一座，均设主任一人。解剖研究所主任由潘士华教授兼任，生理研究所主任由梁仲谋教授兼任，病理研究所主任由梁伯强教授兼任，药物研究所主任由罗潜教授兼任，细菌研究所主任由黎希干教授兼任，附属医院主任由李雨生教授兼任。并于 1942 年 11 月成立医科研究所病理学部，所、部主任均由梁伯强教授担任，行政系统并入中大研究院。

初迁乐昌时，由于经费缺乏，附属医院的院址一直没有着落。由于附近求治病的病人日渐增多，为了学生的实习，以及更好地为当地群众服务，医学院设立了若干分诊所，以应一时之需。直到 1943 年 1 月，附属医院大楼才正式动工，于同年 12 月落成。当时，附属医院举行了盛大的开幕典礼。据统计，门诊初复诊人数 1941 年为 14803 人，1942 年为 13576 人，1943 年为 15066 人，1944 年 1—6 月为 5346 人，合计为 48791 人；留医总人数，1942 年为 598 人，1943 年为 1132 人，1944 年 1—6 月为 414 人，合计为 2144 人。中大附属医院一如既往地保持着悬壶济世的传统，为粤北山区人民赠医施药。①

7. 师范学院

师范学院初始有八个系，1941 年奉教育部令增设初级部教学班，培训初级中学师资力量，并创设附属中学，以方便本院学生实习和教学实验。

师范学院在澄江时期的图书仪器大多未能运回坪石。1940 年，教育部拨发图书费 35000 元，学院派人分赴曲江、桂林、衡阳等地，

---

① 《国立中山大学医学院附属医院历年业务详细情形》，中山大学档案馆馆藏档案，关联号 020－007－0202－015。

购回图书万余册，以供师生阅览。仪器方面新购钢琴一架，以供音乐教学之用。

由于师范学院还肩负有辅导粤桂闽三省中等教育的使命，故在1943年师范学院还发行了《中等教育月刊》10期、《中师季刊》3期，分别寄往各所学校，以促进各中学教师的进修和研究；同时派出教授巡回辅导粤北各校，积极开展社会教育工作。

8. 研究院

1942年中山大学共4个研究所7个部，共有专任教员15人，兼任教员4人，在校生17人（表4.4）。其中中国语言文学部分为两个组：文学组和语言学组；历史学部分为两个组：史学组和人类学组。

表4.4　1942年第一学期国立中山大学研究院概况　　单位：人

所　名	部　名	教员数（专+兼）	学生数
文科研究所	中国语言文学部	3+1	1
	历史学部	4+1	3
师范研究所	教育学部	1+1	6
	教育心理学部	1+1	2
农科研究所	农林植物学部	2+0	1
	土壤学部	3+0	4
医科研究所	病理学部	1+0	

注：医科研究所病理学部奉准自1942年度成立，招考研究生尚未放榜，人数暂未填入。

资料来源：《三十一年度第一学期国立中山大学研究院概况报告简表》，中山大学档案馆馆藏档案，关联号020-001-0010-013。

9. 先修班

1939年夏天，中大开始设先修班，招收高中毕业失学青年。班主任为萧锡三。抗日战争期间共办了六届先修班（主要都是在坪石时期开办），历年结业升入各大学者近千人。从1939年到1942年，先修班修业期满及保送入学人数每年都在递增（表4.5）。

表 4.5　1939—1942 年度肄业期满及保送免费升学学生人数　　单位：人

年　度	班级数/个	修业期满学生数	保送升学学生数
1939 年度	2	94	47
1940 年度	3	145	72
1941 年度	4	208	105
1942 年度	5	304	148

资料来源：《国立中山大学现状（1943 年）》，第 139 页。

三、坪石时期中大职员、教员和技术人员编制情况①

坪石时期中大的职员、教员和技术人员编制情况如表 4.6 至表 4.8 所示。

表 4.6　1942 年度国立中山大学职员编制　　单位：人

单　位		职员人数
校长室		4
教务处	注册组	8
	出版组	7
	图书馆	28
	其他	19
训导处	生活指导组	3
	体育卫生组	4
	军事管理组	3
	其他	32

① 《国立中山大学现状（1943 年）》，第 13～18 页。

续表 4.6

单　位		职员人数
总务处	文书组	46
	出纳组	19
	庶务组	47
	其他	14
会计室		11
总数		245

表 4.7　1942 年度国立中山大学教员编制　　单位：人

院　系		教授副教授讲师人数	助教人数
文学院	中文系	10	3
	外文系	8	2
	哲学系	8	2
	历史系	9	3
	合计	35	10
法学院	法律学系	8	3
	政治学系	6	2
	经济学系	11	7
	社会学系	8	4
	合计	33	16
理学院	数学天文学系	7	4
	物理学系	8	5
	生物学系	6	5
	地质学系	4（另兼任 2 人）	4
	地理学系	3（另兼任 2 人）	3
	化学学系	8	5
	合计	36（另兼任 4 人）	26

续表 4.7

院 系		教授副教授讲师人数	助教人数
工学院	机械工程系	6	7
	电机工程学系	8（另特约 1 人）	5
	土木工程学系	10	7
	化学工程学系	6（另兼任 3 人）	3
	建筑工程学系	6	3
	合计	36（特约 1 人，兼任 3 人）	25
农学院	农学系	14（另兼任 2 人）	7
	森林学系	7	3
	畜牧兽医学系	4（另兼任 2 人）	2
	农业经济学系	5（另兼任 2 人）	3
	蚕桑学系	5	2
	农业化学系	5	2
	合计	40（另兼任 2 人）	19
师范学院	教育学系	14	3
	国文系	10	3
	公民训育系	7	1
	史地系	6（另兼任 1 人）	1
	英语系	8	1
	数学系	6	3
	理化系	5	1
	博物系	5	3
	合计	61（另兼任 1 人）	16
医学院		25	13
研究院		3（另兼任 12 人）	3

续表 4.7

院　系		教授副教授讲师人数	助教人数
共同必修科	党义	3（另系兼任 1 人）	
	国文	6（另系专任兼 3 人，另兼任 3 人）	
	外国文	8（系专任兼 6 人，另兼任 4 人）	
	数学	2（另系专任兼 3 人，另兼任 2 人）	
	物理学	1（另系专任兼 2 人）	
	化学	1（另兼任 1 人）	
	生物系	（系专任兼 1 人，另兼任 1 人）	
	中国通史	（系专任兼 2 人）	
	西洋通史	（兼任 1 人）	
	伦理学	（系专任兼 2 人）	
	生理学	（兼任 1 人）	
	社会学	（系专任兼 1 人，兼任 1 人）	
	政治学	（系专任兼 2 人）	
	经济学	2（另专任兼 3 人，另兼任 2 人）	
	体育	2	5
	军训		
	其他	8（另专任兼 9 人，另兼任 4 人）	
	合计	33（另系专任 34 人，兼任 20 人）	5
总数		302（另兼任 47 人）	133

注：本年度专任教授 184 人，专任副教授 58 人，专任讲师 60 人，助教 138 人，兼任教授 25 人，兼任副教授 2 人，兼任讲师 20 人，附中专任教员 22 人，先修班专任教员 5 人，兼任教员 30 人，合并教员 544 人。①

① 《国立中山大学现状（1943 年）》，第 30 页。

表 4.8　1943 年度国立中山大学技术人员编制　　单位：人

单　位	技术人员人数	单　位	技术人员人数
总务处	3	农业推广部	1
校医室	13	农林植物研究所	7
研究院	7	土壤调查所	7
理学院	9	医学院	7
天文台	2	附属医院	28
农学院	14	工学院	9
农场	4	工场	2
稻作实验场	7	师范学院	1
乐昌演习林	3	附属中学	1
总数	125		

四、防空设施的建设和防空制度

国立中山大学坪石时期，也是全国抗战正酣之时，学校一边致力于尽力恢复正常的教学秩序，同时亦不忘做好预防空袭的准备。迁校不久，中大即按照广东省防空司令部的要求，着力架设防空电话专线。粤北、湘南地处偏远，要在全校建立现代化的通信网络难以在短期内实现。因此，在防空电话未装设之前，学校因陋制宜，将山岗顶的白壁圆形碉楼最上层改为临时情报台，与坪石情报台联络。又在临时情报台上支起树干，当接获空袭情报时，根据警报的次数和紧急程度，在树干上覆盖若干大竹筐作为警报。当新生部和塘口等瞭望哨发现该警报后，立即鸣锣报警，使师生们得以迅速疏散和隐蔽。全校每个学院都建造了防空洞，足够容纳一定人数的师生。

1. 防空系统

从《国立中山大学新生部集训大队防空计划》中，学校防空工作的规划和体系可见一斑：

> 本部所在地正当敌机航线，为顾虑安全起见，亟应预为防范，兹拟定空袭计划如左：
>
> 组织：1. 情报　2. 警备　3. 消防　4. 救护
>
> 情报：由大队部掌管之，如遇空袭，即令号兵吹奏空袭号音，各队即按照计划运动而疏散之。……
>
> 警备队之组织：警备队由项中队长指挥之，其编成如下：派第一中队第一区队长率领学生六人为第一分队；第二中队第一区队长率领学生六人为第二分队；第三中队第一区队长率领学生六人为第三分队；第四中队第一区队长率领学生八人为第四分队。……
>
> 消队防队之组织
>
> 消队、防队由陈队长指挥之，其编成如下：第一中队第二区队长率领该区队之全部及该中队第一区队（缺服警备之学生）编为第一队；第二中队派第二区队长率领该区队之全部及该中队之第一区队（缺服警备之学生）编为第二队；第三中队派第二区队长率领该区队之全部及该中队之第一区队（缺服警备之学生）编为第三队；第四中队派第二区队长率领该区队之全部及第一区队（缺服警备之学生）编为第四队。
>
> 消防应携带之物品及服务之规定
>
> 空袭警报时，担任消防队长之学生应各携带面盆迅速至指定地点疏散隐蔽。警报解除后，如遇空袭区一处之火警应全部动员救火（以消防队一、二、三队之学生担水或沙，第四队救火）。如遇多处发生火警，各队即自行救火（以各队三分之二提水或沙，以三分之一救火）。取水处在各队蓄水桶，担沙处河边。
>
> 救护队之组织

救护队由侯中队长指挥之，其编成如下：以该中该[①]第三区队长率领该区队第一班为第一分队；第二中队第三区队长率领第一班为第二分队；第三中队第三区队长率领第一班为第三分队；第四中队第三区队长率领第一班为第四分队。女生队全体为看护，由该中队长指导之。

……

注意事项：

1. 不准穿红白色服装；

2. 空袭时严禁喧哗并应沉着遵照计划案行动；

3. 严禁多人聚集一处或行动在隐蔽处不时向空探望；

4. 如遇敌机低飞切不可乱跑；

5. 如遇空中投下物品切不可乱跑，盖敌机常以石子投下森林内试探情况；

6. 切不可时时移动隐蔽位置；

7. 本计划呈由部主任转呈校长核准施行之。[②]

2. 防空设施

学校的防空设施情况如表 4.9 所示。

表 4.9　国立中山大学建筑防空壕情况　　单位：公尺、人

院　别	壕　长	所容人数
一年级教育委员会	290	440
文学院	60	80
法学院	195	260
理学院	45	60
工学院	195	260

---

① 按：原档案如此，应系当时的笔误。

② 《国立中山大学新生部集训大队防空计划》，中山大学档案馆馆藏档案，关联号 020－002－0446－023。

续表 4.9

院　别	壕　长	所容人数
农学院	83	110
师范学院	75	100
医学院	60	80
先修班	60	80
研究院	20	20
总计	1083	1490

资料来源：《国立中山大学建筑防空壕总表》，中山大学档案馆馆藏档案，关联号 020－004－0942－134。

第四节　丰富多彩的教学考察和实习

在抗日战争期间，国立中山大学办学最大的特点是配合抗战，加强抗战教育及有关抗战的科学知识与技能教育。虽然在数年内，办学校址一迁再迁，师生们仍在极度困难的情况下，积极开展教学与科研。战时教材比较缺乏。虽然教育部规定了统一的教学大纲，但在战乱中没有正式的教材，学校经费非常紧张，连油印讲义也相当缺乏，老师上课只在黑板上写提纲，全靠学生细心听讲记笔记。在坪石山区时，连参考书也难以购置。在没有课本与资料的情况下，学生们白天努力听讲，记录笔记；晚上就在菜油灯下，勤学不辍，成长成才。由于学校十分重视人才培养与社会实际需要相结合，在战时办学经费并不宽裕的情况下，坚持资助师生到全国各地学习考察，尤其是深入偏远地区开展教学和科研活动，收集了大量宝贵的人文科学、自然科学等资料，在粤北、湖南、广西等地区的政治、经济、社会、少数民族等人文科学，以及当地的矿藏、水土、森林、植物资源等自然科学方面的研究做出了贡献。在学习考察的过程中，师生们在向当地民众宣传抗战、普及科学文化知识等方面也做出了较为突出的成绩。

坪石时期，学生和老师外出考察及实习的安排很多。为保证外出考察的顺利进行，学校制定了学生外出实习考察的办法，对各院系学生的外出考察给予补助。各学院也相继制定了学生外出实习考察的办法、组织大纲。各院系组织学生外出考察前，往往先制定考察计划，力求外出考察活动卓有成效。

文学院除指导学生组织建立学术研究团体外，为培养学生对学术研究的兴趣，拓宽知识面，促进学术研究水平，还多次组织学术调查团，到全国各地开展调查考察。如 1941—1942 年间，研究院文科研究所师生多次前往粤北地区，以及广西边区蒙山、修仁等地，体验瑶族边民的生活，考察瑶人的体质、文化、语言等问题。

法学院力求增强学生对现实社会研究的兴趣，以期收到学以致用的实效。如法律学系四年级司法考察团全体团员赴耒阳、衡阳、衡山、长沙、桂林等地考察当地法院、监狱等司法情形，有力地促进了各科课程与现实社会的联系。

理学院尤其重视实习科目的设置，所有实习科目都在教员和助教的指导下开展。各系学生，每到假期或必要的时候，也要前往各地考察或实习。生物、地质和地理三系学生的考察活动尤其活跃，每逢星期日和假期，都由教员带领到郊外去实习，学生须撰写实习报告。生物学系经常组织师生去各地采集生物标本，“所得标本，颇为世界生物学界所注目”；地质学系和地理学系师生足迹也踏遍两广，应因战时政府的需要，考察勘探地理地质资源。化学、物理两系师生经常前往各工厂参观实习，每年也组织考察团到全国各重要市镇实地考察学习。理学院原在文明路和石牌校园的天文台为日军所侵占，迁到坪石后，得到英国庚子赔款机构的资助，于 1942 年建立了学校历史上的第三座天文台；但因物力维艰，规模不大，仅以应付教学实习和学生观测研究的需要。

农学院各科系、研究所在石牌校园原设有各自的实验室和广袤的农场、林场等科研场所，为师生提供了优厚的研究、实习条件。自广州沦陷后，农学院的各实验场所都陷于停顿。迁坪之后，农学院除了在院址附近新辟了数百亩荒地，以及租用了 100 多亩民田作为临时农

场外，更在乐昌县城附近筹建2000余亩的永久农场。原先因广州沦陷而业务停顿的武水演习林场，也因交通便利，在学校迁坪之后，成为师生研究实习的主要林场。农学院同时设有推广部，管理农林业一切推广事宜，将农学院的知识和经验推广给当地农民，同时通过去湘粤桂及周边考察实习，促进了当地农林业的发展。

师范学院主要服务于当地及周边的中小学教育，各个系根据自身特点侧重考察不同的重点。如师范学院各系四年级的考察计划：

> 教育系：考察并比较湘粤桂三省教育行政学校教育社会教育实施情形。
>
> 公训系：考察湘桂粤三省公民教育中等学校训育实施及青年组训情形。
>
> 国文系：参观教学考察教育补课程之不及收借镜之宏效。
>
> 史地系：参观各地教育机关及学校并采集史地有关之材料。
>
> 英语系：观摩湘桂粤三省中学教育设施及英语教学为来日服务之借鉴。
>
> 数学系：教学法之观摩；数学模型之参观以及测验各地数学程度；中学教员待遇情况。
>
> 理化系：参观各地化学工业及观摩各校理化教学方法及教学设备。
>
> 博物系：作实际考察标本采集及教学法之观摩。①

应用性较强的工学院、医学院的师生则直接服务于战事，考察实习的单位、地点多与军需有关，或从事西南交通运输建设，或到后方医院参与伤员救护。

中大坪石办学时期学生的考察活动和实习活动详情如表4.10、表4.11所示。

---

① 《国立中山大学师范学院各系四年级考察计划表》，中山大学档案馆馆藏档案，关联号020－004－1433－061。

表 4.10　国立中山大学坪石办学时期学生的考察活动统计

时间	学院	学生类别	组织者	考察地点	考察事项
1941 年 5 月	法学院	毕业班		桂林、衡阳、长沙	考察
1941 年 5 月	法学院		经济学会与经济调查处	广东乳源第二区梅花乡	农村经济概况及家庭经济调查
1942 年 4 月	法学院	毕业班		衡阳、桂林	调查各地法院组织情况，各县政府办理司法情形和各地监狱情况
1943 年 5 月	法学院		胡耐安教授	广东曲江桂头、荒峒、瑶山	考察瑶族实况
1943 年 12 月	法学院	二、三年级	雷荣柯教授	桂林	考察
1942 年 4 月	法学院	毕业班		湖南耒阳、衡阳和广西桂林	考察社会制度、社会建设及其他社会工作
1943 年寒假	法学院、工学院	四年级			毕业考察
时间不详	法学院	毕业班	黄中廑教授	广西、湖南	新县制实施情况，省政设施，粮食生产及出入概况、评价其制度及实施，采访湘北大捷事迹，等等
时间不详	法学院	四年级	任启珊教授	衡阳、衡山、长沙、桂林等地	考察司法情形
1941 年春假	工学院	三年级		曲江、衡阳、长沙、桂林、柳州等地	考察

续表 4.10

时间	学院	学生类别	组织者	考察地点	考察事项
1941 年春假	工学院	四年级		衡阳、桂林、长沙	参观各地大学、工厂、古建筑等
1941 年春假	工学院	四年级		广西、湖南	考察
1941 年暑假	工学院、理学院	三、四年级		广西、湖南	考察，写考察报告以及毕业论文
1942 年寒假	工学院	四年级		广东曲江、南雄一带和江西	考察
1941 年	理学院		地理学系师生	坪石附近的白石渡、新塘坪、斗下坪、湖塘、神步、宜章等地	考察这些地区的地理情况及武水崖岸曲流的成因
1941 年 2 月	理学院		杨遵仪教授、章熙林讲师、刘连捷技助	星坪公路、乳源、曲江	调查地质矿产
1941 年 3 月	理学院	毕业班		粤汉铁路罗家渡	参观铁桥
1941 年 4 月	工学院	四年级		湘北等地	考察及做毕业论文准备
1941 年 6 月	理学院	二、三年级	吴尚时教授、叶汇教授	甜头、土家寮、两江口、九峰、风门坳、乐昌城等地	考察

续表 4. 10

时间	学院	学生类别	组织者	考察地点	考察事项
1941 年 8 月	理学院		张云教授、邹仪新副教授	福建崇安及江西	摄取日食采像，研究日食光度及日食时天空亮度，测定接触时其观测地磁，摄取电影，等等
1941 年 12 月	理学院		杨遵仪教授	曲江、乐昌、英德一带	研究地层
1942 年	理学院	毕业班		衡阳、桂林一带	考察，并在良丰测定该地天文点
1942 年	理学院	毕业班		曲江、南雄等地	考察化学工业
1942 年 4 月	理学院		任国荣教授、董爽秋教授	湖南沅江、常德一带	实习，并采集动植物标本
1942 年 4 月	理学院	毕业班	吴尚时教授	桂林	实习，研究漓江与湘江分水岭之运河建筑情况
1942 年 4 月	理学院	毕业班	杨遵仪教授	广西百寿、荔浦、平乐、钟山、贺县、八步等地	调查标准地层、搜集化石，探寻锡、锑、钨矿等
1942 年 4 月	理学院	三年级	章熙林教授	广西兴安、吉化、长安、融县等地	开展构造地质、地史学、古生物学等学科的实习，采集标准化标本
1942 年 4 月	理学院	四年级	吴尚时教授	金鸡岭东南	考察
1943 年	理学院	毕业班	余文照教授	曲江	考察

续表 4. 10

时间	学院	学生类别	组织者	考察地点	考察事项
1943 年 4 月	理学院	毕业班		湖南、广西	考察工业
1943 年 4 月	理学院	毕业班		桂林	毕业考察
1943 年 12 月	理学院	毕业班	陈国达教授	乳源	搜集毕业论文资料
1944 年 5 月	理学院		任国荣教授	洞庭湖滨	采集标本
时间不详	理学院	三、四年级		衡阳、桂林	考察各地化学工业厂，增加学识
1941 年 12 月	农学院		赵善欢教授	粤北仁化	调查采集昆虫标本
1941 年寒假	农学院				综合林业考察
1941 年寒假	农学院	四年级	温文光主任	乐昌县	考察园艺事业
1941 年寒假	农学院	二至四年级			出外考察实习
1941 年秋	农学院		林亮东教授	湖南、广西东北部	调查农作物分布情况
1942 年 4 月	农学院		张巨伯教授	广东乐昌至湖南衡阳一带	调查病虫害情形，并采集教学用标本
1942 年 10 月	农学院			粤北连县农林局兽疫防疗所及酒壶岭耕牛繁殖场	调查家畜生长情形及最常发生的兽疫

续表 4.10

时间	学院	学生类别	组织者	考察地点	考察事项
1942 年 4 月	农学院	四年级		湖南耒阳、深田、衡山、南岳一带	调查各地柑橘栽培法、病虫害防除法及果实之贮藏，同时就地学习剪枝技术
1941 年	师范学院	四年级		曲江、耒阳、衡阳、桂林、长沙等地	考察比较湖南、广西、广东三省各种教育情形，参观各地教育机关、学校、教育设备及搜集史地材料
1941 年	师范学院	三年级		广西省立科学院	考察实习
1941 年	师范学院			韶关	丹霞山实习研究
1941 年 1 月	师范学院			乳源县属青铜乡铜锣丘一带	采集标本
1941 年 3 月	师范学院	四年级		广东、广西、湖南三省	考察教育情形
1941 年 4 月	师范学院	四年级	陈铭新教授	耒阳、衡阳、桂林	参观湘桂地区各类学校、教育厅并搜集各项材料
1941 年 4 月至 5 月	师范学院	四年级	陈铭新教授	湖南、广西两省	考察教育情形
1941 年 8 月	师范学院			衡山等地	考察

续表 4.10

时间	学院	学生类别	组织者	考察地点	考察事项
1941 年暑期	师范学院	二、三年级		衡山	实地考察
1941 年寒假	师范学院	四年级		湖南、广西	出外考察以及数学教育考察
1944 年 3 月	师范学院		黄现璠教授	桂北	边区文化考察
时间不详	师范学院			韶关、耒阳、衡阳、桂林	考察各地地方教育行政、学校教育以及社会教育情形
时间不详	师范学院	二、三年级	杨克毅教授	曲江	考察北江支流两岸地形地质以及该地民俗民情及经济状况
1941 年 1 月	文学院			迤西一带（楚雄、祥云、弥渡、蒙化、大理等）	民族语言、文字考察
1941 年 5 月	文学院	毕业班	岑麒祥教授	广西桂林	考察
1942 年	文学院	毕业班		粤北曲江	考察参观各地机关及文化发展情况
1942 年春假	文学院	毕业班	钟敬文教授	湖南衡阳、广西桂林	收集湘桂民俗学资料，查阅地方志，参观图书馆
时间不详	文学院	四年级	岑麒祥教授	桂林等地	考察文化，增长见识

续表 4.10

时间	学院	学生类别	组织者	考察地点	考察事项
时间不详	文学院	四年级	杨成志教授	连县三江一带	考察该地历史、民族、社会组织等
1941 年 5 月	研究院	研究生		乳源瑶山	考察瑶人体质、文化、语言，实地考察瑶山并搜集相片、经书等材料
1941 年	医学院	五年级		湖南长沙某战区	考察卫生情形
1941 年 3 月	医学院	五年级	朱裕壁教授	湖南、广西等地战区	考察部队卫生及军医状况
1941 年 3 月	医学院		院长	曲江、长沙、桂林一带	考察各地战时医疗设备并调查各地战时卫生及疾患情况
1941 年 12 月	医学院	五年级			毕业考察，并考察前方卫生医疗状况，开展卫生医疗服务
1942 年	医学院	毕业生	李雨生院长、饶振维	湖南、广东、江西	考察各地有关卫生医药机关，为服务社会参照，增加学识；并从事医疗工作，慰问前方战士
1942 年春假	医学院	五年级	李雨生院长	湘北一带	学业考察，并就湘北大捷进行慰问

续表 4.10

时间	学院	学生类别	组织者	考察地点	考察事项
1944 年春天	医学院	毕业班	梁尚农教授	衡阳、长沙、桂林、柳州等地	考察城市卫生，并参观战时医院设备，增长见识
时间不详	医学院	五年级	朱裕璧教授	第九战区	考察部队卫生及军医状况
时间不详	医学院	五年级		曲江	学术考察

资料来源：中山大学档案馆馆藏档案和黄义祥编著《中山大学史稿（1924—1949）》，少数坪石时期的档案没有具体的年月，故标注为“时间不详”。

表 4.11　国立中山大学坪石办学时期学生的实习活动

时　间	实 习 单 位	学　院	人数/人
1941 年 10 月	中央中国交通农民四银行联合办事处韶关支处	法学院	不详
1940 年	档案未注明	医学院	16
1941 年 6 月	广东省立医院	医学院	4
1941 年 6 月	广东绥靖主任公署陆军总医院	医学院	6～10
1941 年 6 月	湖南省立中正医院	医学院	不详
1941 年 6 月	广西绥靖主任公署柳州军医院	医学院	6
1943 年 7 月	中大医学院附属医院	医学院	26
1942 年	江西/湖南/广西/广东/四川省各中学	教育系/公训系/国文系/英语系/数学系/史地系/理化系/博物系	26/17/14/6/7/14/5/8
1941 年 1 月	交通部黔桂铁路工程局	工学院土木工程学系	10
1941 年 5 月	工程机关工厂	工学院	110

续表 4.11

时　间	实习单位	学　院	人数/人
1941 年 5 月	广东省政府战时通讯所	工学院电机工程学系	2
1941 年 5 月	广西制纸试验所	工学院化学系	4
1941 年 5 月	粤汉铁路管理局运输处彬县机厂	工学院机械工程学系	15
1941 年 5 月	交通部桂穗公路工程处	工学院	1
1941 年 5 月	赣南制糖厂民生糖厂	工学院化学工程学系	5
1941 年 6 月	航空委员会第九修理厂	工学院	不详
1941 年 6 月	陆军第五军修造厂	工学院机械部	5
1941 年 6 月	广西电力厂梧州分厂	工学院电机工程学系	4
1941 年 6 月	广西电力厂桂平分厂	工学院	不详
1941 年 6 月	湖南省建设厅耒阳造纸厂	工学院化学工程学系	5
1941 年 6 月	长沙新市区设计委员会	工学院建筑工程学系	3
1941 年 6 月	中国汽车制造公司桂林分厂	工学院机械工程学系	4
1941 年 6 月	广东省政府秘书处	工学院建筑工程学系	4
1941 年 6 月	广东省建设厅公路处	工学院土木工程学系	5
1941 年 6 月	桂林广播无线电台	工学院电机工程学系	2
1941 年 6 月	广西省电话局	工学院电机工程学系	2
1941 年 6 月	广东省政府广播电台	工学院	不详

续表 4.11

时　间	实习单位	学　院	人数/人
1941 年 6 月	粤汉铁路管理局	工学院电机工程学系	3
1941 年 6 月	湘桂铁路理事会机务处	工学院电机工程学系	3
1941 年 6 月	湘桂铁路衡桂段管理局	工学院土木工程学系	30
1941 年 6 月	湘桂铁路管理局衡阳发电所	工学院电机工程学系	3
1941 年 6 月	交通部全州机器厂	工学院机械工程学系	25
1941 年 6 月	交通部黔桂铁路工程局	工学院土木工程学系	30
1941 年 6 月	交通部桂穗公路工程处	工学院土木工程学系	不详
1941 年 6 月	交通部广西电政管理局	工学院电机工程学系	5
1941 年 6 月	交通部广东电政管理局	工学院电机工程学系	5
1941 年 6 月	湘桂铁路管理局衡阳机厂	工学院机械工程学系	13
1941 年 6 月	湖南省炼铅厂	工学院	不详
1942 年 3 月	军事委员会运输统制局	工学院	1
1942 年	资源委员会中央电工器材第二厂	工学院	1
1943 年 6 月	交通部公路总局川滇东路工程局	工学院土木工程学系	3～4
1943 年	经济部资源委员会	地质学系	不详

资料来源：中山大学档案馆馆藏档案。

第五节 科研活动

坪石办学期间，条件艰苦，但国立中山大学师生能艰辛办学，使得战时教学、科研活动正常开展。为了解决迁徙复校后的师资队伍建设问题，在经费紧张、条件有限的情况下，中大采取了一系列措施以保证正常的教学及科研活动的进行：一是以尽可能优厚的条件聘请一些杰出人才，尤其是学术大师；二是加大力度吸引留学回国人员任教，同时选派本校优秀青年教师出国深造；三是对本校教授到别校讲学或做客座教授，或是外校学者到本校讲学交流持开明态度。因此坪石时期，中大的科研活动在学术刊物的出版、国内外的考察和交流等方面也继续前行。

一、学术刊物

在办学经费极度紧张的情况下，中大仍办了十余种学术刊物。全校性的学术刊物《中山学报》创刊于 1941 年 11 月，《发刊词》写道："中山大学是华南的最高学府，她有宏大的规模和光荣的历史，而国父生前讲述三民主义就在本校，尤其值得纪念。中山大学的同事同学，大家都依然能够专精一志，致力于学术的研求……我们今天都应该排除万难，为传播文化、研讨学术而努力。"《中山学报》的刊行，正是这种努力的部分的表现。①

研究院文科研究所创办的《民俗》季刊由杨成志教授主编，到 1943 年停刊时出版了 131 期，发表文章千余篇。该刊物主要刊载流

① 吴定宇主编：《中山大学校史（1924—2004）》，第 209 页。

传于民间的故事、传说、谚语、歌谣以及各民族的社会风尚、民情风俗等文章。

这个时期，农学院在印刷条件十分困难的情况下，保证了《农声》杂志与 *Sunyatsenia* 继续刊行；院务会议还做出决议，要求每位教授、副教授每学期须为《农声》撰写论文一篇。此外，农学院还与湖南蚕丝改良场（与湖南省建设厅合办）合作，主编刊行了《湘蚕》杂志。

法学院经济学系著名教授王亚南在流离中创办了《经济科学》杂志，从 1942 年到 1944 年出版了 6 期。该刊强调经济科学的实践性和应用性，要求结合中国实际，寻找中国经济的发展途径。社会学系恢复了原有的《社会学报》（月刊）、《社会研究》（季刊）等。

师范学院定期出版《中等教育》（月刊）、《中师季刊》两种刊物。

理学院除正常的课堂教学外，很重视实习。两广地质调查所除了刊行每人的实地调查成果外，还出版地质集刊、特刊和临时报告，恢复了《古生物志》，创办了《地质专刊》。

文学院编印定期刊物《现代史学》和《文学院专刊》（以语言文学的论文为主）。

二、国内外的学术交流

国立中山大学自建校之日起，便形成了在国际学术视野下办学的传统。石牌校园时期，国内外的学术交流之频繁，达到了学校办学历史上的第一次高峰。虽然因战事学校一迁再迁，办学条件和办学经费陷于窘境，但也难阻学校师生在国内外开展学术交流活动的热情。

在炮火纷飞中，国内不少知名学者来校参观讲学。1943 年 6 月底，特约教授陈寅恪专程从广西大学赶到坪石，为中大研究院文科研究所学生进行了长达一个月的讲论，主讲《魏晋南北朝史研究》等

论题；知名学者杨东莼来校讲《中国文化史》；西北大学教授郑德鸿应工学院土木工程学系邀请，来校做《薄钣理论之最近发展》专题报告。

虽然坪石地处僻远，学校办学经费紧张，仍保持着国际学术交流活动的传统。1943 年，中大接待了英国文化考察团，双方讨论了中英合作等问题；同年 12 月，法学院请英国贾慧宜女士讲演《战时英美大学生之生活与思想》。1944 年 3 月，美国访华教授葛德石应理学院之请，来校做《地理系与地质系之新发展》和《中国在航空时代之地位》等报告；同年 4 月，英国都伦大学教授雷威克来校讲学，先后对英语系同学做了《英文作文法》《英国诗学》《近代短篇小说选读及其写作》《莎士比亚之诗及其戏剧》等讲演。[①] 1943 年夏天，英国著名学者、名扬世界的中国科技史大师李约瑟在华援助抗战并搜集史料期间，专程到坪石小镇访问《资本论》的翻译者王亚南教授，向其请教中国官僚政治的问题，这促成王亚南完成了《中国官僚政治研究》。1944 年春，李约瑟到地处湖南栗源堡的中大农学院访问，与我国年轻的农史专家梁家勉进行了两天的学术交流。他在访问结束离开中大时，特意向代理校长金曾澄表达了对梁家勉的敬佩。同时，农学院森林学系向李约瑟就森林生物标本的交换和鉴定请求帮助，并请他推荐有关森林的刊物；农艺组拟请李约瑟设法惠赐各种图书和药品；蚕桑系拟请李约瑟提供一些相关的图书报纸和研究论文，如“1. 近年英美对于人造丝之研究尤以 nylon vinyon 之生产及研究状况，2. 英国及其属地如印缅非洲等地之蚕丝生产需要及贸易现状，3. 印度缅甸之野蚕丝之生产及消费情形。药品：植物生长素及同类药物。标本：nylon vinyon 之标本（纤维及织制品）各少量”。[②] 5 月，李约瑟还到坪石为文学院师生做《中西科学发展史比较》的讲座。

与此同时，中大的教授也应邀往外单位讲学或从事科学活动。如

---

① 梁山、李坚、张克谟：《中山大学校史（1924—1949）》，第 111 页。

② 《国立中山大学农学院桑蚕系拟请李约瑟教授设法供应的物品清单》，中山大学档案馆馆藏档案，关联号 020－005－0130－082。

朱谦之教授应国立桂林师范学院和广西大学等院校之请，前往做《文化类型学》等报告；岑麒祥教授于1941年8月应广东省中等学校教员暑假讲习会邀请，到曲江向全省中等学校语文教师讲演《汉语语法问题》；邓植仪教授应湖南新农学会之请，往长沙做《关于湖南农业问题》的报告；蒋英教授应聘前往湖南衡山讲学；等等。①

理学院数学天文学系迁到坪石塘口村后，想方设法在短期内建成天文台，以迎接1941年9月21日的日全食观测。这次“日全食经中国中部一带，三百多年才有这样一次，真是千载难逢的机会”。于是，1941年6月，张云教授应中国日食观测委员会邀请，任中国日全食东南观测队队长，邹仪新副教授担任干事，于8月初赴福建崇安及江西观测。其主要工作是摄取日食采像、研究日食光度及日食时天空亮度、测定接触时其观测地磁、拍摄电影等。②

农学院的学术活动主要以各种专业学会的学术活动形式开展。这些群众性学术团体包括农艺研究会、农业经济研究会、园艺学会、森林学会、畜牧兽医学会、农林化学会、昆虫讨论会等。他们不定期地邀请院内外专家、教授做专题学术报告，由于专业性强，内容新颖，深受师生欢迎。此外，各学会根据各自情况，不定期出版一些刊物，内容包括学术论文、学会活动、会员简况等，如《农艺研究会通讯》就曾刊载丁颖教授的《纯粹科学的农学观》和《广东稻之种性问题》。

1943年1月，代理校长金曾澄发了一份国立中山大学关于中美文化协会悬奖征文简则布告，鼓励中大师生踊跃投稿，加大关于中美合作的研究。

中美文化协会悬赏征文简则

第一条：本会为提倡中美文化关系，开展之研究，特举行悬

---

① 梁山、李坚、张克谟：《中山大学校史（1924—1949）》，第111页。

② 樊军辉、谢献春、王洪光主编：《广东天文八十年》，华南理工大学出版社2012年版，第41页。

赏征文。

第二条：凡在中国之中美人士，除本会职员及办事处干事外，皆可撰文应征。

第三条：文题为战后中美文化之关系。

第四条：应征文稿不应泛论中美两国宜有或应有此种关系，而应就促进战后两国文化关系建议具体方案。

第五条：应征文稿文字不拘中英文。

……

第九条：征文奖金如下

第一名：国币两千元

第二名：国币一千五百元

第三名：国币一千元

第十条：应征文稿由本会聘请专家三人，合同评定其结果，结果在重庆各报公布之。①

三、与政府合作解决实际问题

抗日战争以来，全国粮食问题日趋严重，广东省政府为了增加粮食产量，开展了大规模的稻种推广工作。而所有推广的稻种，都由中大农学院育成繁殖。从 1940 年春起，不但凡广东省政府所需的稻种由农学院农场直接或间接供给，农学院还受广东省政府所托，主持各区域优良稻种的比较试验、新良种的育成及其他研究工作。不仅如此，农学院还与各省政府建立了技术协作关系，如与湖南省政府合办湖南蚕丝改良场，与广东建设厅农林局合作撰写《广东省 1941 年度农作物病害研究及防除实施计划》《广东土壤肥料研究》，1943 年与

---

① 《中美文化协会悬赏征文简则》，中山大学档案馆馆藏档案，关联号 020－001－0157－030。

广西省政府合办广西蚕丝改良场，等等。同时，农学院的教授还奔赴各地进行实地采集研究，如赵善欢教授赴云南西部、粤北仁化等地调查当地植物、昆虫等。

在坪石期间，地理学系对广东省内地理情况和河流情况做了深入研究。1943 年 10 月，地理学系在调查、考察的基础上，完成了广东省政府秘书处委托地理学系编绘的《广东省政治经济图》（1∶100 万，共 6 幅）、《广东省分县地图册》（1∶20 万，共 108 幅），并交江西吉安东南印刷厂印制（后因日军入侵，未能出版）。同时编绘的《日本地形图》（1∶25 万）由亚新地学社出版（1948 年），《梅县大地图》（1∶10 万）由梅县县政府印出。这是广东省首次大规模的地理图编绘工作。① 此外，地理学系还提供技术力量，帮助韶关市政处设置坪石水文站，观测水势，研究韶关市潦水预防。1943 年地理学系系主任吴尚时教授、讲师何大章、助教罗来兴合著《浈武二河之水文》和《曲江之潦患与预防》二书出版，“分析河流水文变律，潦水因素与预防之方，至为详尽。对于韶市预防水灾多所建议”②。

两广地质调查所为了配合战时需要，加紧调查粤北各地的军需重要矿产资源。如粤湘边境一带的煤田，乐昌西瓜地的铁矿，曲江、乳源等地的锑矿，南雄、始兴、曲江、乐昌等地的钨矿，连山的金矿，连县的锡矿，等等，该所均先后派员调查，确定其价值，并大半已著成报告，供政府及实业界参考。该所还参加了全国 1∶20 万的地质图测制工作，尤其注重国防矿产燃料、药用矿物和稀金属矿的探寻，并着手将该所历年调查研究所得的研究结果，编成简明报告和图表手册等，提供给有关当局和实业界参考。③

1943 年 5 月 29 日，学校召开了 1943 年度中大民俗学会会员大会，到会者有杨成志、钟敬文、容肇祖等 30 多人，通过了三项重要

---

① 广东省地方史志编纂委员会编：《广东省志 · 地理志》，广东人民出版社 1999 年版，第 16 页。

② 《本校地理系编辑〈浈武二河水文之研究〉、〈曲江之潦患与预防〉出版》，《国立中山大学日报》1943 年 7 月 15 日。

③ 《国立中山大学现状（1943 年）》，第 75 页。

议案：拟开展坪石民俗调查暨预出《坪石民俗志》，调查坪石的史地人口及其他自然与社会现象、民间组织与制度、民间惯俗、信仰与崇拜、民间文学与艺术、方言、教育、人民等；参加调查工作的人员，从6月起，每月至少举行谈话会一次；预定以《民俗》季刊第二卷第四期，出版坪石调查专号。[①]

四、出国进修

对于本校教师的进修问题，代理校长许崇清早在初迁坪石的1940年9月发布的《国立中山大学关于专任教授离校考察或研究办法的布告》[②] 中规定，凡教授连续在校服务七年并成绩卓著者，有离校考察、进修或研究半年或一年的机会。因此，在坪石时期，陆续有教授或副教授带薪出国进修或考察。这样的制度无疑是有利于高等教育的开明之举。也有学生申请自费或公费出国学习，如文科研究所的雷镜鋈自费留学美国研究人类氏族科学。[③] 1943年11月28日，中大研究院文科研究所民俗学会暨中国民族学会西南分会，以该会理事杨成志教授获教育部选派赴美进修，"不日出国，假座中大文科所，联合举行欢送大会"。40多名会员参加了欢送大会。由容肇祖主持大会并致词，杨成志发表感言并赠送西文书籍给中大民俗学会。[④]

---

① 刘小云著：《学术风气与现代转型：中山大学人文学科论述（1926—1949）》，第288页。

② 《国立中山大学关于专任教授离校考察或研究办法的布告》，中山大学档案馆馆藏档案，关联号020－009－0013－053。

③ 《国立中山大学关于雷镜鋈拟赴美国自费留学的呈》，中山大学档案馆馆藏档案，关联号020－002－0425－096。

④ 《文科研究所民俗学会中国民族学会西南分会联合欢送杨成志教授出国》，《国立中山大学日报》1943年12月2日。

第六节 图书馆

1940 年学校迁至坪石后，图书馆对馆内的组织架构进行了调整，除了总馆之外，还设了主任室、总务室、剪报室、参考室、民众阅览室，以及各学科分馆如研、文、理、法、医、农、工、师分馆等。总馆集中统一领导，订立分馆工作标准。分馆须每日填写工作报告，每隔三个月送交主任室核查，并根据工作标准考察成绩等。同时不定期举办各个分馆之间的比赛，促进工作进步与相互交流。例如，在 1941 年度的竞赛中，文分馆得分最高，85 分；最低是医分馆，65 分（表 4. 12）。同时，为了提高图书馆工作人员的业务水平，图书馆主任杜定友教授分发相关业务书供工作人员轮流阅读，用统一考试的方法检查大家的学习效果。

表 4. 12　1941 年度分馆工作竞赛得分　　单位：分

馆别	工作	整理	保管	出纳	特工	总计
文分馆	53	8	8	9	7	85
农分馆	51	8	8	9	8	84
民众室	53	6	6	8	10	83
法分馆	51	7	8	9	6	81
参政室	51	8	6	6	8	79
理分馆	54	6	6	6	6	78
新生部	48	4	9	9	6	76
工分馆	40	6	9	9	6	70
研分馆	40	4	8	8	8	68
师分馆	38	6	8	8	7	66
医分馆	38	6	8	8	5	65

资料来源：《国立中山大学图书馆分馆竞赛结果》，中山大学档案馆馆藏档案，关联号 020 - 004 - 0011 - 018。

从澄江搬迁到粤北时，两年时间共计运出图书31799册。到1942年，学校图书馆共有图书71645册，比1941年增加了39846册。①

坪石时期，由于条件所限，图书馆设备简陋，书架、桌椅多由新旧木箱堆砌改造而成。1942年新建了法学院分馆馆舍一座，增修师范学院分馆阅览室一座，建筑费用由法学院和师范学院支付。条件虽苦，但教师和学生读书风气很浓，据图书馆统计，学校全年阅览人数达到了229513人次，平均每天825人次，借出图书54236册次，收还图书51648册次。1942年，由于物价飞涨，学校图书不能大量扩充。11月11日，图书馆在全校发起征求书籍运动，收到图书杂志5639册，价值超过1万元。12月7日，农学院分馆继续征书，征得图书杂志1100余册。②

虽然条件艰苦，图书费用不足，但坪石时期一直在向国外采购专业书籍。如在代理校长许崇清签发的《国立中山大学关于准在研究院补助费中拨付师范研究所订购美国英文教育及心理教育杂志费用的笺函》③中，批准1941年度师范研究所订购英文教育及心理杂志26种，约国币2600元。在现存档案中，还有一份拟购美国出版的农产品制造机生物化学书籍清单：

Published in U. S. A

1）Harrow and Sherman：*Textbook of Biochemistry*

2）Sherman and Smith：*The Vitamins*

3）Mendell：*Changes in the Food：Supply and Their Relation to Nutrition*

4）Sherman：*Food and Health*

5）Tressler：*Marine Products of Commerce*

---

① 吴定宇主编，《中山大学校史（1924—2004）》，第183页。

② 吴定宇主编：《中山大学校史（1924—2004）》，第183页。

③《国立中山大学关于准在研究院补助费中拨付师范研究所订购美国英文教育及心理教育杂志费用的笺函》，中山大学档案馆馆藏档案，关联号020－004－1560－091。

6）Kendall：*Thyroxine*

7）Bailey：*Food Products*

8）*A-O-A-C*（Latest Edition）

陈瑞麟[1]

同时，为了宣传抗日，图书馆分别于1941年和1942年的七七事变纪念日举办抗战历程之图书杂志、漫画及战图等展览。

第七节 学生人数的增加及学生资助

一、学生人数激增

国立中山大学迁坪之初，全校学生总人数只有1736人。在粤北相对稳定的几年里，学校的办学规模有所扩大。1941年9月，师范学院增设初级部、数学专修科及附属中学。根据抗战建设的需要，1942年度，工学院的电机工程、土木工程和机械工程三系招生各增加一班；法学院法律学系增设司法组，招生一班；师范学院初级部招生增加一班；研究院增设医科研究所；此外，为了收容战区和沦陷区的学生，学校又接收了许多借读生。这样，中大1942年度招生人数激增，全校总人数增加到4161人，其中各院系学生3439人，研究生18人，先修班348人，附中210人，借读生146人（其中香港大学借读生58人，香港专科以上借读生88人）。[2]

① 《拟购美国出版的农产品制造机生物化学书籍》，中山大学档案馆馆藏档案，关联号020-005-0130-076。

② 梁山、李坚、张克谟：《中山大学校史（1924—1949）》，第108页。

二、对学生的资助

国民政府为应付战时财政困境，不得不大量发行纸币，导致严重的通货膨胀。抗日战争后期，粤北物价猛涨，生存必不可少的物资价格增长最快。与1940年相比，1943年食品类物价增长了40多倍。

教育部针对国内现状，如有些地方处于战区，由于战乱，粮食等日常生活品价格暴涨等现实问题，分别制定了战区贷金、膳食贷金、零用贷金等贷金制度。为减轻一般贷金学生和自费学生的经济负担，又设立有特别贷金和米贴，对战区学生的膳食做出补助。相应地，中大的学生贷金制度也主要是这几类。

1941年6月，中大在坪石设立学生贷金审查委员会。该委员会的主要职责为按教育部要求办理学生的各种贷金事务（包括膳食贷金、战区生假期贷金、自费生假期贷金、特种贷金、侨生紧急救济贷金等），同时根据中大现实情况，解决贫困学生所遇到的问题。

《国立中山大学战区贫苦贷金学生请领生活维持费暂行办法》①中规定：凡本校家乡或侨居地沦陷而经济来源断绝、生活贫苦需要维持的可以申请，本项生活维持费每月准借70元。中大关于膳食的补助也有《国立中山大学关于战区学生膳食贷金办法》等规章保证学生膳食及营养的供给。

1941年12月8日，太平洋战争爆发，香港不久便沦陷。虽然坪石远在山区，信息较为闭塞，但这一消息还是很快传遍了整个学校。来自港澳的中大学子，除了担心家人的生死安全外，生活上的经济来源一下子就成了问题。港澳生的家庭剧变引起了校方的高度关注，于是学校请示教育部，建议港澳生按照沦陷区的学生标准，发放给贷

---

① 《国立中山大学战区贫苦贷金学生请领生活维持费暂行办法》，中山大学档案馆馆藏档案，关联号020-005-0223-002。

金。名为贷金，其实算是公费补助，每月所发金额够一个月伙食，还有少许零用，这样使得港澳生可暂时安心就学。

由于国内战乱，交通不便，许多学生由于各种原因假期不能回家。学校据此也专门发布了暑假留校补课的公告，以使不能回家的学生有地方住，同时发布了零用贷金的布告。《国立中山大学关于送缴暑假补课服务并补发零用贷金的战区贷金生名册的呈》① 中显示，学校 1940 年暑假发放零用贷金的学生有理学院 2 名、工学院 19 名，补发了 8 月、9 月零用贷金每月 3 元。

1943 年，教育部又决定对当年所招新生一律改贷金制为公费制。规定：甲种公费生免膳食费，并得分别补助其他费用；乙种公费生免膳食费。享受公费的范围是：凡国立、省立专科以上学校的师范、医、药、工各院系学生全为甲种公费生；理科院系学生以 80% 为乙种公费生，农科院系学生以 60% 为乙种公费生，文、法、商及其他各院系学生以 40% 为乙种公费生。凡私立专科以上学校之医、药、工各院系学生，以 70% 为乙种公费生；其理、农各院系学生，以 50% 为乙种公费生。国立大学或独立学院新旧研究生，一律比照甲种公费生办理，大学先修班学生以 90% 为乙种公费生。②

中大在 1930 年代即通过各种规章制度设定了公费、免费学生名额，申请公费、免费的条件及所需证明。学校在坪石时期，1941 年，全校公费学额 82 名，免费学额 200 名；1942 年，增加为公费学额 112 名，免费学额 270 名。③ 而在 1936 年国内经济的短暂复苏期内，中大的公费生和免费生也仅仅各 30 名。

除教育部和学校的补助，广东省政府在 1943 年 6 月，将之前补助清寒学子的《广东省补助专科以上学校战区粤籍学生贷金章程》改为《广东省自费肄业国内专科以上学校战区粤籍学生特种贷金章程》，其中规定每年贷金总额 6 万元，每名学生每年贷金国币 240 元，

---

① 《国立中山大学关于送缴暑假补课服务并补发零用贷金的战区贷金生名册的呈》，中山大学档案馆馆藏档案，关联号 020－004－0180－169。

② 侯德础著：《抗日战争时期中国高校内迁史略》，第 161 页。

③ 《国立中山大学现状（1943 年）》，第 30～31 页。

贷金名额共 250 名（表 4.13）。当年分配给中大 30 个名额（表 4.14）。

表 4.13　1943 度广东省特种贷金名额分配　　单位：人

校名	国立中山大学	国立中央大学	国立西南联合大学	国立广西大学	省立文理学院	省立勷勤商学院	省立艺术专科学校	私立岭南大学	私立广州大学	私立国民大学	其他院校	合计
名额	30	15	15	15	25	25	15	15	15	15	65	250

资料来源：《广东省自费肄业国内专科以上学校战区粤籍学生特种贷金章程》，中山大学档案馆馆藏档案，关联号 020－004－0891－064。

表 4.14　国立中山大学各院部配占广东省专科学校战区粤籍生特种贷金统计　　单位：人

院别	文学院	法学院	理学院	工学院	农学院	医学院	附中	合计
原有学生人数	254	689	198	914	409	306	207	2977
配备占额	3	7	2	9	4	3	2	30

资料来源：《本校各院部配占广东省专科学校战区粤籍生特种贷金统计表》，中山大学档案馆馆藏档案，关联号 020－004－0891－067。

当时对中大学子资助较大的还有一些社会机构。例如，1940 年有 25 名来自不同学院的中大学生接受了上海银行社会事业补助委员会的资助。①

还有求学救济②等各种补助方式，在战时对学生生活及学业也起到了实实在在的帮助。同时，学校还设了各种奖学金，成绩达到一定要求的学生可以申请。

校内外不乏各种对学生进行资助的机构，在一定程度上保证了家境清寒但学业优良的学子有学可上，同时也在一定程度上保证了国家

---

① 《本校选受上海银行社会事业补助委员会补助基金学生名单》，中山大学档案馆馆藏档案，关联号 020－004－0412－081。

② 《国立中山大学关于发放贫苦学生及教职员子女求学救济办法要点及各学校公利互助社办法》，中山大学档案馆馆藏档案，关联号 020－003－0046－031。

战时所需人才的培养。然而，所资助的额度难与大后方恶性通货膨胀下飞涨的物价相匹敌，在战乱频仍的历史时期，中大的师生们仍不免在经济上陷于窘境。校友伍千钧回忆道："不少同学因战火蔓延，致经济中断，以靠外汇接济之粤籍同学为最，我也不能例外。对师、工、医三院同学，政府原有公费补助，如物价安定，币值不变，量入为出，强可维持个人最低生活之所需。不幸战时通货膨胀，币值日贬，领来的公费，无法填补物价巨额的涨幅，纵使加倍克难，亦无法达到温饱的要求。故吃单餐，穿粗衣，很多同学都是这样过着。"①

第八节　学生活动与学生运动

坪石时期，国立中山大学的学生社团活动在训导处的主导下开展。学生的课外活动丰富多彩，共有 50 多个学生团体在训导处注册。还有许多学生根据自己的能力和兴趣积极参加了民众教育、地方自治指导、民众法律顾问、农事指导、农村经济调查、科学宣传等社会服务工作。②

一、学校积极组织各种纪念、文娱活动

训导处作为管理学生的主要部门，分为生活指导组、体育卫生组和军事管理组。除了组织新生军训外，主要负责学生的学习和生活，主导大型的校内学生活动。坪石时期学生的大型活动依然很多（表 4.15），师生团结一致，通过各种形式宣传抗日，鼓舞人心，激励士气。

---

① 伍千钧：《坪石、龙门、石牌》，《国立中山大学美西同学会特刊》，1990 年 11 月。
② 吴定宇主编：《中山大学校史（1924—2004）》，第 188 页。

表 4.15　坪石时期国立中山大学举办的校园文化活动

时　间	活　动	地　点
1941 年 8 月 27 日	孔圣诞辰暨教师节纪念会	校本部大礼堂
1941 年 9 月 9 日	总理第一次起义纪念会	校本部大礼堂
1941 年 3 月 12 日	中山先生逝世 16 周年纪念日暨植树节	校本部大礼堂坪石中山公园
1941 年 10 月 10 日	庆祝双十国庆暨湘粤大捷联合大会	校本部大礼堂
1941 年 5 月 9 日	国耻纪念日	校本部及各学院
1941 年 5 月 4 日	五四青年节纪念仪式	校本部大礼堂
1941 年 5 月 5 日	革命政府纪念会	校本部及各学院
1941 年 11 月 11 日	本校成立 17 周年纪念会	校本部大礼堂
1941 年 1 月 1 日	师范学院师生与管埠士民联欢游艺大会	师范学院临时操场
1941 年 5 月 30 日—6 月 1 日	中大剧团第一次话剧公演	校本部大礼堂
1941 年 6 月 22 日	体育竞技比赛	师范学院
1941 年 6 月 1 日	端午游泳及划船比赛	
1942 年 11 月 11—12 日	院际男子排球大赛	坪石校本部球场
1943 年 1 月 1—3 日	院际男女篮球比赛	坪石校本部球场

资料来源：中山大学档案馆馆藏档案。

二、学潮频发

迁到坪石后，中大中共党员队伍发展迅速。学校刚到粤北时，只有少数党员留校；到 1942 年秋天，从各地转来和发展的党员已超过 100 名。学生党员以学院为单位建立党支部，直接受中共粤北党委（后为中共广东省临委、广东区委）领导，由省委青年部的张明江负责联系和组织协调全校性的学生运动。在坪石 4 年多的时间里，在中

国共产党的领导下，中大爆发了几次大规模的全校性学生运动。主要有：

（1）讨孔大会。1941 年 12 月，太平洋战争爆发，香港告急。许多文化界知名人士急欲逃离香港，但无法买到飞机票。孔祥熙的二小姐却包机运载家具和洋狗飞回重庆。报纸揭露了此事，激起公愤。次年 1 月在云南昆明的西南联大首先掀起“讨孔运动”。中大积极响应，法学院、文学院、师范学院学生纷纷召开讨孔大会，形成全校性的浪潮，成立了国立中山大学讨孔委员会，几百名中大学生在坪石镇游行示威，并以该会名义通电全国各报馆、学校，影响很大。

（2）争取“饱和光”运动。1943 年春，广东遇上百年一遇的春旱，加上贪官污吏勾结奸商囤积居奇，各地粮价暴涨，使灾情雪上加霜。尤其是潮汕一带，百姓食草根、树皮，甚至出现“人相食”的惨剧。中大师生的吃饭也受到了严重的威胁。一些家庭负担较重的中大教授已经开始典当家什来维持生活了。中大附中潮州同学会发起了救灾运动，坪石也出现了“既要救救灾民，也要救救我们”的大字报。大字报得到了广大师生的共鸣，要求学校增加工资和学生贷金的呼声此起彼伏，法学院的师生还向学校发起了请愿活动。学校考虑到灾情严重，要求各学院派出代表，共同商议共渡难关的办法，并先向师生发放若干粮价补贴和贷金以缓和局面。6 月，学校派出总务处处长和师生举行见面会，通过协商，学校将教师的粮价补贴提高到广东省政府人员的水平，将学生的贷金提高到与全国物价最高的昆明、重庆标准相当。

（3）“驱齐”运动。师范学院院长齐泮林主持院务松散，引起学生不满。在“饱和光”运动之后，齐不按照全校的标准改善学生的伙食，并且辱骂学生，引起学生们的愤慨。1942 年，师范学院学生发起“驱齐”运动，在师范学院礼堂召开“驱齐”大会，指责齐治院无方，要求他引咎辞职。齐竟指使人手持凶器追打“驱齐”学生，致使 10 名学生被打伤，学校一片混乱。这激起了全校师生的公愤。学生们的行动得到了各系主任和许多教师的支持，数百名师生联合上书学校当局。最后齐泮林被迫辞职，并被学校当局解除了院长职务。

第九节　服务社会

在坪石，国立中山大学继续推行兼办社会教育工作，学校有专门机构“社会教育推行委员会”负责推广执行，委员会主席为校长。在1941年度通过的《国立中山大学推行社会教育实施计划大纲》中规定该委员会的目标是：动员学生、民众，以增强抗战建国之力量；化除学校与社会之界限，使学校成为社会教化之中心；使学生深入民间，了解民情，以为改造社会之干员；力求学校兼办社会教育之学术能有高深之成就。推行社会教育的主要内容有：公民训练，遵照规定按时举行各种纪念日（如总理纪念周等）；识字教育；卫生教育、抗敌工作，使用除文字外的各种形式（如戏剧等）。具体分工为：第一施教区中心工作为扫除文盲，第二施教区中心工作为实施农业教育与农事推广，第三施教区中心工作为实施卫生教育及救护训练，第四施教区中心工作为协助师范学院辅导本区师范学院推行本地的社会教育工作。[①]

具体实施方案如《国立中山大学社会教育推行委员会第一施教区扫除坪石镇文盲草案》：扫除坪石镇不识字民众1398人，扫除坪石镇不识字儿童162人。工作方式以举办战时民众学校为主，以实行民众流动教学为辅。民校每班教员担任的科目主要有总理纪念周、国语、算数、音乐、时事讲话、学生动员指导。据统计，此次扫除坪石镇文盲行动共开办19期45个班，扫盲人数共1800人。当地民众对中大的感情也日渐深厚。[②]

同时期开展的中大法学院兼办社会教育工作，主要在民众卫生指

---

① 《国立中山大学推行社会教育实施计划大纲》，中山大学档案馆馆藏档案，关联号020－001－0055－064。

② 《国立中山大学社会教育推行委员会第一施教区扫除坪石镇文盲草案》，中山大学档案馆馆藏档案，关联号020－002－0052－094。

导方面为武阳司民众做了如下工作：召集武阳司保甲长开会商订清洁规则，街道垃圾由法学院派人督导居民轮流扫除；街道沟渠由法学院随时派人劝导居民疏通，由法学院制备垃圾箱十余个分置各地；拆除通道两旁厕房七个；等等。①

乐昌县原有一间县立医院，但只有一名中医、一名仅具医士学历的西医和几名助产士，设备十分简陋。抗日战争初期，这里的儿童天花和成人疟疾非常流行。1940 年间，韶关、乐昌一带又出现霍乱，由于缺医少药，很多人死于传染病。恰逢中大医学院由云南迁到乐昌县县城复课，县长梁汉耀便商请该学院派出若干教授、讲师和高年级的学生为县民诊病。自在乐昌办学以来，中大医学院一直坚持免费为本校师生员工及乐昌县民众进行霍乱预防注射，同时免费为当地儿童种痘。妇产科主任黎女士还举办过几期接产训练班，由各乡选派年轻女性前来受训，三个月一期，为推行新法接生起到一定的作用。医学院的毕业生罗秉相也被聘为县医院医生，充实了当地的医疗力量。②

同时，为了鼓励本校师生积极参与社会教育工作的推广，1941 年中大特制定了专项奖励办法，内容如下：

> 第一条　本办法根据本大学三十年度推行社会教育实施计划大纲（庚）项之规定订定之。
>
> 第二条　学生之社教成绩由各该管导师及社会教育推行委员会负责考核之，每学年度最少举行考核一次。
>
> 第三条　学生之社教成绩经考核后合于下列各项之一者酌予奖励：
>
> 1. 于本年度内工作一百二十小时以上或连续工作两星期以上卓著成绩者；
>
> 2. 能自出心裁提高工作效率有特殊进步者；

① 《国立中山大学法学院 1940 年兼办社教概况报告》，中山大学档案馆馆藏档案，关联号 020－003－0038－018。

② 乐昌县政协文史资料研究委员会：《乐昌文史》第 4 辑，1987 年，第 14 页。

3. 工作结束具有优良成绩考核属实者；

4. 能不断研究与进修而确具成绩者；

5. 对于计划以外之社教事业能热心努力发展者。

第四条　各学生之社教成绩有本办法第三条各项情形之一者，由社会教育推行委员会呈请校长发给名誉奖状或服务资金以资鼓励。①

第十节　抗日救亡

一、服务军需征调

国立中山大学根据抗战建设的需要扩大办学规模。1942 年度，工学院的电机工程、土木工程和机械工程三系招生各增加一班；法学院法律学系增设司法组，招生一班。自 1930 年代初大力发展实科以来，学校培养了很多应用型人才。抗日战争期间，特别是在坪石办学时期，国民政府向中大展开了大规模的军需征调（表 4. 16），学校积极为国统区输送了大量的高层次人才，对维系战时生产和发展后方经济助益颇大。

表 4. 16　国立中山大学战时服务国家征调情况

时间	征调单位	学院	人数/人	岗位	年级
1940 年	交通部	工学院	24	交通部附属机关	毕业生

① 《国立中山大学关于制定本校学生参加三十年度办理社会教育工作奖励办法等情况的布告》，中山大学档案馆馆藏档案，关联号 020 - 001 - 0055 - 063。

续表 4. 16

时间	征调单位	学院	人数/人	岗位	年级
1940 年	交通部直辖各铁路机关	工学院土木工程学系	13		毕业生
1940 年	航空委员会第一飞机制造厂	工学院机械工程学系	12		
1940 年	交通部	工学院土木工程学系	7		毕业生
1940 年 8 月	军政部兵工署第二工厂	工学院化学工程学系	3		毕业生
1940 年 8 月	中央训练委员会训练团第十期党政训练班	文学院	1		助教
1940 年 8 月	中央训练委员会训练团第十期党政训练班	法学院经济学系	1		毕业生助教
1941 年	黔桂铁路		30		
1941 年 4 月	交通部	工学院	7	交通部附属机关	毕业生
1941 年 4 月	公路铁路等机关	工学院土木、机械、电机、建筑各系	不详		应届毕业生
1941 年 4 月	交通部	工学院土木、机械、电机、建筑各系	119		应届毕业生
1941 年 5 月	司法行政部	法学院法律学系	34	充任各省各级法院书记员	法科毕业生

续表 4.16

时间	征调单位	学院	人数/人	岗位	年级
1941 年 6 月	战时卫生人员征调委员会	医学院	10		毕业生
1941 年 6 月	航空委员会第二飞机制造厂		不详	航空机械工程人员	毕业生
1941 年 6 月	交通部滇缅铁路	工学院土木工程学系	不详		毕业生
1941 年 6 月	粤汉铁路管理局		1	坪石苗圃	
1941 年 7 月	重庆农林部垦务人员训练班	农学院	3		
1941 年 8 月	滇缅铁路局	工学院土木工程学系	3		毕业生
1941 年 11 月	交通部	工学院	80	交通部附属各机关	毕业生
1942 年	部队	理学院物理学系、地质学系	2	英语翻译人员	一、二年级
1942 年 4 月	军政部兵工署第二十一工厂	工学院机械工程学系	1		毕业生
1942 年 4 月	中英美等国联合作战部队	师范学院	3	翻译人员	
1942 年 5 月	广东省地方行政干训团训导主任组	师范学院公民训育系	不详		四年级保送
1942 年 6 月	交通技术人员训练所电讯系二等电务人员班	工学院电机工程学系	15		毕业生

续表 4. 16

时间	征调单位	学院	人数/人	岗位	年级
1942 年 7 月	农林部垦务训练班	农学院	3		毕业生
1942 年 7 月	军政部第八防疫大队		1	防疫专科医师	
1942 年 7 月	军事委员会运输统制局桂穗公路工程处	工学院土木工程学系	4		毕业生
1942 年 7 月	运输统制局公路公务总处	工学院土木工程学系	4	桂穗公路工程处	毕业生
1942 年 7 月	运输统制局公路公务总处	工学院土木工程学系	1	第七公路工程督察区	毕业生
1942 年 8 月	航空委员会空军机械学校高级机械班	工学院机械工程学系	3		毕业生
1942 年 8 月	军政部兵工署各附属机关	工学院	36		毕业生
1942 年 8 月	湖南全省防空司令部	文学院外文系、哲学系	2	英文翻译人员	毕业生
1942 年 8 月	广东省地方行政干部训练团	理学院地理学系	1		毕业生
1942 年 8 月	财政部西南区直接税务税人员讲习班	法学院法律学系	2		毕业生
1942 年 8 月	兵工署第五十工厂、钢铁厂选建委员会		5		毕业生

续表 4.16

时间	征调单位	学院	人数/人	岗位	年级
1942 年 9 月	军政部第十八后方医院	医学院	1		毕业生
1943 年	资源委员会汞业管理处	社会学系、经济学系	12		毕业生
1943 年 7 月	军政部防毒处	工学院化学工程学系	1	化工人员	
1943 年 10 月	部队	法学院法律学系、政治学系	2	英语翻译人员	二、三年级
时间不详	交通部公路总局	工学院土木工程学系	4	湘桂公路公务局	毕业生
时间不详	军事委员会外事局		10	翻译官	现任职员

资料来源：中山大学档案馆馆藏档案。少数坪石时期的档案没有具体的年月，故标注为“时间不详”。

二、后方战时服务

1. 以社团为中心组织抗日宣传活动

1941 年，坪石管埠的国立中山大学师范学院成立“中师剧团”。自诞生之日起，这一剧团便成为中大抗日宣传的响亮号手。许多著名的大型话剧都曾于 1941—1943 年在师范学院和坪石校本部演出，如我们耳熟能详的《阿 Q 正传》《雷雨》《日出》《北京人》《妙峰山》等，在校本部也曾演出《法西斯细菌》。另外，文学院的洪深教授（受聘为训导处名誉戏剧导师）躬亲导演了《雾重庆》，话剧《寄生草》由师范学院许幸之教授导演，剧团成员有熊夏武、梁昌佳、张

德贤、卢特、刘碧霞、卓元梁、张月照等人。1941 年 5 月 30 日起，剧团一系列优秀剧目《血十字》《醉梦园》《军用列车》《求婚》《优游岁月》等一连三天在学校礼堂公演。这些演出都受到好评。

1942 年 11 月，师范学院又成立了“中师合唱团”。该团对中大抗日宣传功不可没，他们演出的《粤北大捷》《黄河大合唱》《抗日战歌》等受到师生的一致好评。另外还有不少深受欢迎、令人印象深刻的作品，如黄友棣教授的《杜鹃花》《月光曲》《良口烽烟曲》，马思聪教授的《思乡曲》，梁广端、伍志贞的独唱，梁翊的小提琴演奏，李素心的钢琴演奏，等等。这些活动激发了广大师生热爱祖国、团结抗日的热情，抗日救亡的热潮一浪接一浪。

岭风文艺社，由文学院的中共地下党员所组织，这是一片宣传马列主义、团结和教育进步同学的天地，也是同学们一起唱歌、写诗的乐园。芜军，那个时代才华横溢的诗人，携手同窗，在文学院编了墙报《诗站》，用诗歌来鼓舞人们的战斗热情，同时宣传进步思想。作为文艺社重要分支的歌咏队，更是用歌声来抒发革命热情，《黄河大合唱》《渡长江》《大刀进行曲》《五月的鲜花》等都是他们经常在山顶课室排练的歌咏节目。

工学院的刘永楷、范敏机等人和香港大学来中大借读的学生成立了口琴演奏队，其演出轰动全校。口琴演奏队还与法学院的幸运合唱团到战时广东省会韶关联合演出，演出精彩绝伦，在观众的热烈要求下他们连续演出五个晚上。坪石的课余活动一次次被推上高潮。

不仅是师范学院、文学院、工学院，战时农学院也根据自身特色开展抗日宣传活动。根据栗源堡的实际情况，他们在当地进行了广泛的社会宣传教育和形式多样的推广活动，如出版街头壁报以介绍农事常识和报导抗战消息，同时积极举办农产品展览会，以及开办民众学校，向农民传授科学文化知识。在春节期间，农学院发动师生员工慰问抗战军人家属，还组织了农民联欢晚会等。农学院的一系列活动一来宣传了抗战和农业科技知识，二来密切了师生与当地农民群众的关系，可谓一举两得。

坪石后期，还分别成立了春蕾壁报社（1943 年 11 月）、楚辞壁

报社（1943 年 12 月）[①]，以学习写作、提高文学兴趣、增进生活康乐、发扬中山先生遗教为宗旨。社员之间通过社团活动来联络感情，切磋生活。

2. 国立中山大学战地服务团

广州沦陷之后，中大战地服务团在广西、贵州以及东南亚等地，积极开展抗日救亡的宣传活动，并组织了抗战募捐救济等工作。1940 年，团长梁定慧及秘书潘达刚等人，先后到柔佛、马六甲、森美兰、吉隆坡、彭享、太平、金保、槟城等地慰问星马侨胞，报告该团的工作情况，并向侨胞募集药费，历时 4 个月，受到侨胞的热烈欢迎，募得医药、设备费约 80 万元。直到 1941 年底，香港沦陷，中大战地服务团驻港办事处结束工作，返回内地。团长梁定慧转战南宁，继续进行伤兵、难民的救济工作。直到沿海各省市相继沦陷，梁定慧团长带领服务团成员转入农村进行宣传工作以及妇女工作。[②]

此外，1939 年 4 月，战地服务团骨干方少逸率 20 多名服务团团员到龙川开展抗战工作。由于得到中共龙川县委统战部部长张克明、中大教授梅龚彬（中共党员）的支持，服务团在龙川的活动基本上是在中国共产党的领导下进行的。他们建立平民医院，设立民众诊疗所，广泛开展抗日救亡和施医赠药活动，并对龙川中共地下党起到了帮助和掩护的作用。随着国民党政府政治立场的变化，当地县政府多次要中大战地服务团离开龙川，他们不得不于 1940 年 8 月返回香港。

从 1937 年到 1942 年，中大战地服务团在抗战烽火中坚持了整整五年的战斗岁月。到了 1942 年冬，因受当时国内各种因素的影响，战地服务团最终完成了它的历史使命，自行解散。

---

① 《关于请准成立楚辞壁报社一事的呈》，中山大学档案馆馆藏档案，关联号 020－003－0047－027、028。

② 吴定宇主编：《中山大学校史（1924—2004）》，第 164～165 页。

三、奔赴战场

1. 东江纵队

1938 年广州沦陷后，广东人民抗日游击队成立，由中共广东省委领导，在惠阳、宝安、东莞、增城等沿海地区打击日寇。1943 年，该游击队改名为广东人民抗日游击队东江纵队，它开辟了华南敌后战场，是坚持华南抗战的主力部队之一。东江纵队的人员组成，相比于八路军、新四军，具有知识分子多、港澳同胞多、归国华侨多、女战士多的"四多"特点。东江纵队司令员曾生、政治部主任杨康华都曾是国立中山大学的学生。

1941 年，香港沦陷，大批爱国文化人士和民主人士被困。遵照时任中共南方局书记周恩来的部署，在广东人民抗日游击总队政委尹林平的指挥下，曾生、杨康华等人发起"省港大营救"。东江纵队游击队战士从海路潜进香港，利用小舢舨和渔船星夜兼程营救，从香港抢运出民主人士和文化界人士 800 多人、国际友人 100 多人，并护送他们安全回到大后方。此次营救对象包括茅盾、邹韬奋、范长江、戈宝权、何香凝和柳亚子等知名人士，以及国民党驻香港代表海军少将陈策、国民党军第七战区司令长官余汉谋夫人上官德贤、南京市市长马超俊的夫人等 10 余名国民党军政官员及其亲眷。此外，东江纵队港九纵队还营救出 8 名美军飞行员（图 4.8），开辟了著名的"飞行员安全通道"。"省港大营救"轰动了全国，在国外也产生巨大影响，被茅盾称为"抗战以来（简直可以说是有史以来）最伟大的抢救工作"①。

① 曾生：《曾生回忆录》，解放军出版社 1992 年版，第 225 页。

图4.8 曾生（左二）与被营救的美军飞行员（左一）在一起

资料来源：周英雄、麦敏华主编：《宝安文献志》（卷二），中国文史出版社 2008 年版，第 3 页。

1944 年 5—6 月，日军从河南直下湖南。长沙、衡阳相继失守，粤北告急。中大提前考试，准备疏散。在这种情况下，中共中大各学院原党支部负责人考虑到东江纵队将北上抗日，若此时学校迁校疏散，几年来党积蓄起来的力量必将分散，于是决定寻找时机将进步学生送到东江纵队，参加抗日武装斗争。

1944 年 6 月 13 日，以黄杰文为首的文学院、法学院和附中的部分学生作为先头部队首先出发，大家将身上的现款交公，所带衣物除必需品外一律拍卖，所得钱款充作路费集中使用。他们以大学疏散的旗号作掩护，取道始兴前往江西三南，再折返和平、河源，然后南下惠州，最终到达东江纵队所在地东莞。黄德赐、关海等四邑籍学生，则以华侨子弟的身份作掩护，要求始兴县政府派警察护送出境，然后租汽车开到赣南，再转回广东和平，最终也平安到达东江纵队。

另一批中大学生联合文理学院及粤秀中学等学校学生共 60 多人，由中大法学院的彭丰担任队长，前往东江纵队。始初他们不知道东江纵队的联络方法，通过国民党第七战区政治部地下党员的关系，组成中大战时工作队，分散在韶关外围的群众中进行抗日救国宣传。不久，中大战时工作队被迫解散，中共粤北路东特委安排他们到翁源、

英德等地的中学进行隐蔽。1944 年 10 月，东江纵队委派原中大文学院党员赵炳权和钟国祥到粤北通知他们前往东江纵队。他们便三三两两分组扮作回乡，通过沦陷区或封锁线，最终到达位于惠阳沙鱼涌的东江纵队联络站。

1945 年前后到达东江纵队的中大党员和进步学生约有 200 人，不少学生还放弃大学毕业文凭，以及毕业后应聘当助教、中学校长、教务主任等职位的机会，一心到敌后打游击。他们先后参加了东江纵队政治部举办的青年干部训练班，结业后被分派到东江、粤北、珠江三角洲、粤中等地人民抗日部队和地方民主政权机关，充当连队政工干部、文化教员、艺术宣传人员，从事军政和群众工作。如东江纵队政治部成立的大型政治工作队，建队时的成员多是中大文学院爱好艺术活动的学生。又如东江纵队司令部为配合盟军反攻成立联络处，其中就有中大学生郑重、王康、黄平、廖茅（罗柏元）等。中大学生唐强，学过国防化学，造过炸弹，被派去建立小型兵工厂。这批中大学生在工作中经受住了战争的考验，在抗日各条战线上发挥了重要的作用。①

2. 应征入伍

抗日战争期间，国民政府在“战时须作平时看”的教育方针指导下，一直没有大批征召知识青年尤其是高校学生从军。国民政府认为，大学生参战浪费太甚，“一个大学生去当兵，其效果尚不及一个兵；反之，在科学上求出路，其效果有胜于十万兵的时候”②。总的说来，当时全国大中学生战时应征服役的情况在国统区虽不普遍，但在整个抗日战争期间其实是绵延不绝的。中大学生投笔从戎之事与全国形势相类似，如前文所述的应征军中翻译等均属此类。

1942 年代理校长金曾澄签署“国立中山大学布告”，号召大家积

---

① 张江明、吴逸民等：《中山大学在坪石时期（1940—1945）的学生运动》，《中山大学学报（社会科学版）》1989 年第 4 期，第 59～68 页。

② 胡庶华：《战时教育》，《重大校刊》第二十期。

极响应教育部关于在各专科以上学校招生留美空军学生，希望学生们踊跃报名参军。结果当期就有各学院一到四年级共 14 名学生报考（表 4.17）。

表 4.17　国立中山大学第十六期留学空军学生名单（1942 年 9 月）

姓名	性别	年龄	籍贯	现肄业院系年级	现住地址
黄双元	男	23	广东梅县	文学院外文系四年级	文学院
林耀明	男	22	广东新会	法学院经济系三年级	法学院
卢濂	男	21	广东番禺		
马天驹	男	23	广东台山	法学院法律系三年级	
程以通	男	22	广东高要	法学院政治系三年级	
巫瑞麟	男	20	广东番禺	工学院机械系一年级	工学院
梁佩璐	男	19	广东三水	工学院机械系三年级	
施兆瑜	男	22	江苏武进	农学院农学系二年级	农学院
黄敬绰	男	22	福建永春	农学院农学系二年级	
陈冠群	男	20	广东梅县	医学院一年级	医学院
杨官灼	男	23	广东中山	医学院四年级	
高元彪	男	23	广东新会	医学院三年级	
何鸿惠	男	23	广东中山	医学院四年级	
邱汉强	男	23	江苏关县	医学院三年级借读生	

资料来源：《国立中山大学第十六期留学空军学生名单》，中山大学档案馆馆藏档案，关联号 020 - 002 - 0422 - 020。

1943 年，太平洋战争爆发，日军全力南进，加紧封锁我外援通道。为此盟军向民国政府建议“征调大量知识青年，空运印度，接受美国援华的现代化武器装备和科学化的训练，短期内建立一支素质优于日军的部队，消灭入侵缅北之敌，迅速打通和修筑中印公路”。因此，国民政府“战时须作平时看”的教育方针发生了重大变化。发动于 1943 年岁末的知识青年从军运动，是在抗日战场战局危殆的紧急关头，大批大中学生毅然从军入伍的群众运动。1944 年 10 月 21

日，蒋介石在知识青年从军大会上，又发出了令青年热血沸腾的口号：“一寸山河一寸血，十万青年十万军”，一时间在很多地方形成知识青年从军热潮。

1944 年底，中大奉命开展知识青年从军运动，成立了以代理校长金曾澄为主席的知识青年从军征集委员会以及国立中山大学从军青年俱乐部（成员为本校参军人员，以联络感情、改进生活、交换经验、加强学习为宗旨），并在学校内教唱《青年从军歌》作为宣传。一时间，“坪石街头贴着许多红红绿绿的‘英雄’‘好汉’标语”。截至 1944 年 12 月 11 日，全校共有 279 人报名登记从军，多为理学院、工学院和法学院学生。1945 年 3 月 13 日，53 名员生经学校体检审查合格，经由龙川老隆前往江西瑞金，接受青年军东南区编练分监部训练，参军抗日。①

① 《青年从军征集委员会关于送青年志愿军人员一览表的文》，中山大学档案馆馆藏档案，关联号 020 - 003 - 0214 - 018。

粤东编

第五章　三迁粤东

1945 年 1 月，日本侵略军攻占坪石，国立中山大学被迫进行抗日战争以来的第三次迁徙，分散在梅县、连县、仁化三地办学。迁校之初，学校人员离散，经费不济，处境十分艰难。所幸各级政府慷慨解囊，加上师生的坚持努力，学校才得以在烽火中弦歌不辍，直到抗日战争的最终胜利。

第一节　迁校背景

1944 年 4 月，日军发动以打通大陆交通线为目的的“一号作战”。6 月长沙不守，8 月衡阳沦陷，粤汉铁路全线告急。当是时，南自曲江，北至衡阳，疏散至坪石的机关团体很多，多暂借在中大宿舍办公。鉴于形势不明，学校为安全计，决定提前考试、结束学期，停课疏散，并派员在连县临武[①]以及乐昌仁化[②]一带，分站择定房舍，迁运公物，准备疏散。为尽快确定迁校方案，减少迁校带来的损失，学校组织召开教授会议专门研究迁校事宜；学生也自发组织了迁校委员会，协助学校工作。

---

① 《国立中山大学第二十届毕业同学录》，中山大学档案馆馆藏档案，关联号 1 - LS00 - 048。

② 《关于勘查乐昌仁化疏散事宜的报告摘要》，中山大学档案馆馆藏档案，关联号 020 - 005 - 0066 - 057。

关于迁校方案，有的教授考虑到迁校后学校的经费来源问题，主张将学校西迁贵州，以免日军打通粤汉线后，切断学校与重庆教育部之间的联系。这个提议遭到许多教授反对。他们认为中大是广东的最高学府，师生也以广东人居多，非不得已不应撤离广东，以免学生因离家太远，失去家庭接济而辍学，故而主张将学校迁至粤东梅县、兴宁一带。这两种意见在校内争论甚剧，迁校事宜也因此悬而未决。后来学校考虑到迁校耗费巨大，经费上无力支出，只好作罢。

学校宣布停课、疏散后，部分师生经桂林、柳州转往贵州和重庆，家在粤西和东江的师生则回乡避难；部分师生则坚持留在坪石，直到坪石沦陷前夕才随校撤离疏散。①

1944 年 8 月中旬衡阳沦陷后，日军锋芒向西转向湘桂路，粤北形势趋向缓和。12 月初，日军进军贵州独山受挫后回师桂林，扬言于元旦进攻当时广东省临时省会曲江，坪石再度受到威胁。先前学校因时局紧张已将部分图书仪器由坪石疏运至连县，人员也进行了必要的疏散。不料日军从小北江攻至英德，连县告急，于是学校又匆忙将公物从连县运回坪石。这一来一回耗费巨大，此时学校再无经费迁校，陷入了进退维谷的境地。无奈之下学校决定先在坪石复课，并派员到东江招生。②

1944 年末，日军迂回至粤汉路侧翼的湘粤边境进攻曲江。1945 年 1 月 2 日连县东陂沦陷，日军占领东陂后随即分成几股向坪石和湖南宜章进发，企图占领粤汉铁路上坪石和白石渡两个重要的火车站。1 月 15 日，传言已有日军自连县东陂窜向坪石。1 月 16 日，日军侵占农学院所在的湖南宜章栗源堡，并派兵南下侵扰管埠、梅花等地，坪石远郊还发生了剧烈战斗。在此万分紧急的情况下，学校当局通告紧急疏散，开始了抗日战争以来中大的第三次迁校。③

---

① 杨依影、彭楚裔：《烽火中的工业救国梦——略述国立中山大学工学院的创立与发展》，《中山大学报》2015 年 9 月 8 日。

② 钟紫：《粤北沦陷前后》，《中山大学校史资料丛书（六）中大情缘》，第 223 页。

③ 钟贡勋：《中山大学沿革史稿》，《中山大学校史资料丛书（九）岁月留痕》，中山大学档案馆刊印，2006 年 5 月，第 1 页。

第二节　迁校经过

日本侵略军攻陷衡阳后，扬言南下侵犯粤北，位于湘粤交界湖南宜章栗源堡的农学院首当其冲，气氛日趋紧张。为应对可能出现的突发情况，农学院除了坚持日常的教学之外，也为疏散工作做了一些准备：改组公物保管委员会为疏散委员会；推举林亮东、杨邦杰、余蔚英、梁展文等教授组织购储粮食委员会，将粮食储存于乡间以作应急；挑选师生工警人员组织运输保护队，向校本部领用枪支准备自卫；对疏散地点作实地勘察；等等。这些措施在农学院遭受日军突然袭击时做到有所应对，减少了损失。

1945 年 1 月 15 日夜，日军突入栗源堡，并与当地的警察部队爆发枪战。农学院紧急疏散，部分师生由教务长邓植仪带领，连夜从栗源堡撤到笆篱堡，后由学校员警护送，经连县星子镇退往三江镇。另一部分师生则东迁至五华岐岭。对已经事先疏散到笆篱堡的农学院部分图书和仪器设备则派专人留守，负责管理。①

1 月 17 日，坪石校本部部分员生携带公物，沿粤汉铁路退往中大医学院所在的乐昌县县城，会商应对办法。但日军闻风尾随而至，员生所携公物尽遭抢掠焚毁。1 月 21 日，该部员生被迫从乐昌向东转往石塘，撤往仁化县县城以及仁化下属的扶溪等地。当时迁往仁化的员生工役及家属约有 1400 人之多。由于仁化县地处战争前线，日军也曾到扶溪骚扰，学校无法在仁化安顿下来，代理校长金曾澄于是在扶溪设立校本部办事处，自己率领文学院、法学院、理学院、师范学院、研究院部分员生以及当时广东省政府收容的各校学生约 1000 人，经始兴转赴龙川老隆东行，不久选定梅县为校本部驻地。研究

---

① 《华南农业大学校史》编委会编：《华南农业大学校史》，广东科技出版社 1999 年版，第 50～51 页。

院、文学院、法学院、理学院、医学院、先修班以及师范学院附中的一部分学生，也陆续迁往梅县，加上陆续迁到东江一带的工学院、医学院、农学院、师范学院等学院的员生及家属，先后前往东江地区的员生共计约有2000人。[①]

1月20日，坪石未迁乐昌的部分员生，由总务长何春帆（连县人）带领，沿连坪公路突围，中途和日军遭遇，幸好应对得宜，安全脱身，顺利到达连县三江镇。后学校派员经湖南宜章栗源堡、笆篱堡等处接回教务长邓植仪以及农学院部分师生。[②] 还有一部分师生途经韶关、乳源、英德、阳山迂回到连县来。[③] 先后到达连县的学校师生员工以及家属有300多人，学校于是在连县成立了连县分教处。

此次迁校事出仓促，途中"两次遇敌，公私财物损失甚重，员生伤毙五人"[④]，"本校元气，为之一伤"，师生员警"徒步匝月，辗转千里，攀九连，越三南，跨雪岭，登蓝关，烈风淫雨，荷囊负笈，流离颠沛，亦云苦矣"[⑤]，不可不谓艰苦。迁校途中"有教授以箩筐挑儿带女者，有背负老人者。逃亡线上，男的女的老的幼的，褴褛凄凉，抢呼哀吼，足为逃亡图之实景写照"。师范学院附中的学生在校长和老师的带领下从坪石沿湘粤边境往仁化转移，其中一支几十人的队伍与日军遭遇，学生诸兆永和另一位同学遭日军机枪扫射，不幸遇难。附中教师陈兴焰在转移过程中被日军追上，亦遭杀害。其余没有被打死的，都被日本兵拉去做苦工，后来才陆陆续续逃跑出来。[⑥] 坪石突围时，部分师生来不及随队伍出走，坪石已告失陷。日军进入坪石后无恶不作，悲惨之事时有发生，"或有女生被强暴追杀，或有男

---

① 《国立中山大学关于报告学校迁况及待款接济等情的文》，中山大学档案馆馆藏档案，关联号020－002－0062－036。

② 《华南农业大学校史》编委会编：《华南农业大学校史》，第51页。

③ 陈才禄：《记中山大学连县分教处》，广东省连州市政协文史委员会编：《连州文史资料》第21辑，2005年，第101页。

④ 《国立中山大学关于报告学校迁况及待款接济等情的文》。

⑤ 《国立中山大学第二十届毕业同学录》。

⑥ 许锡挥口述：《许崇清与抗战时期的中山大学》，李瞳、卢旖维采访整理，《中山大学报》2015年9月8日。

生遭酷刑迫害，或被集体拉伕”[①]。受困在坪石的师生，饱受日军暴虐，处境十分窘迫。文学院外文系黄学勤教授一家住在莲塘，多次被日军劫掠，家里值钱的东西均被抢走，不要的东西也被放火烧掉。夫妻二人被迫抬着竹箩、水桶、炉子在街上卖汤丸为生。工学院建筑工程学系卫梓松教授，在坪石陷落时因病不及走避，卫教授为保持民族气节，宁死不屈，于1945年3月20日服毒自杀殉难。[②] 其余受困坪石的师生后经学校组织抢救，或分批越过敌人封锁偷渡到东江、连县、仁化复课，或返回家乡，脱离险境。

国立中山大学此次仓促迁校，学校一分为三，人心不定，不少人对学校是否能坚持复课持悲观态度。文学院院长朱谦之教授不忍学校就此沦亡，于兴宁《大光报》上发表文章《发起中大救校运动宣言》以鼓舞士气，其言："余任教中大十二年，以一生最宝贵之光阴均费于此，实不忍见校之沦亡也。""须知中大之存亡，不但关系全省之面目，且可以决定三民主义文化之命运，余在乐昌时，梁伯强教授告余敌人广播所谓'中大搬不动了，他们来接收'。余此其言，愿与国人立志雪之。"[③] 当时，驻龙川的广东省政府主席李汉魂、教育厅厅长黄麒书，均对中大迁校复课非常热心，得其相助，加上师生的坚持努力，中大得以在烽火中弦歌不辍，直到抗日战争的最终胜利。

第三节　迁校后的情况

日军打通粤汉线后，粤省被一分为二。国立中山大学在混乱的形势下被迫仓促迁校，分在三地办学。学校本部设在粤东梅县，研究

---

① 杨宗浩：《坪石生活记趣》，《中山大学校史资料丛书（九）岁月留痕》，第105页。

② 《国立中山大学连县分教处关于转呈卫梓松教授受敌威胁不屈悲愤自戕情形请予抚恤等情的呈及附件》，中山大学档案馆馆藏档案，关联号020－004－0017－002。

③ 朱谦之：《我与中大》，《中山大学校史资料丛书（六）中大情缘》，第187页。

院、文学院、理学院、医学院、先修班以及师范学院附中的部分师生均在梅县部署，工学院、法学院、师范学院、农学院等则在梅县附近的兴宁、蕉岭、龙川龙母、五华等地复课；迁往连县的师生则在连县成立分教处，研究院、文学院、理学院、法学院、工学院、师范学院、先修班的部分师生在连县三江镇分别部署，农学院则设在连县东陂西岸，医学院设在连县县城；没有迁到连县和梅县的部分师生，则留在仁化组成仁化办事处（图 5.1）。1945 年度第一学期中大教职员的情况如表 5.1 所示。

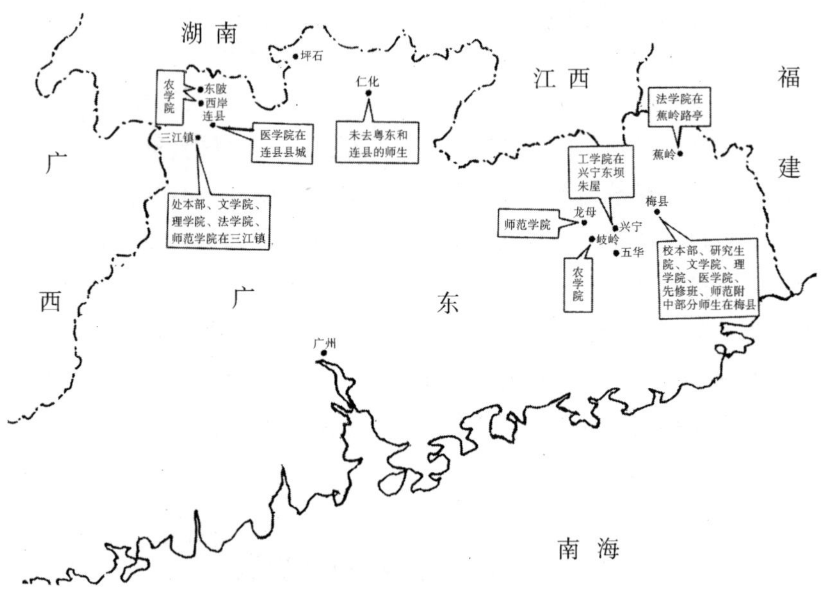

图 5.1　国立中山大学撤离坪石后各学院分布

资料来源：陈汝筑、易汉文：《巍巍中山——中山大学校史图集》，第 73 页。

表 5.1　1945 年度第一学期国立中山大学教职员统计　　单位：人

单位	所在地	教员	职员	备考
校本部	梅县		34	
	连县		28	
	仁化		38	
	合计		100	100

续表 5.1

单位	所在地	教员	职员	备考
研究院	梅县	13	6	
	连县	2	1	
	仁化			
	合计	15	7	22
文学院	梅县	29	8	
	连县	11		
	仁化	6	1	
	合计	46	9	55
理学院	梅县	43	10	
	连县	12	4	
	仁化	17	5	
	合计	72	19	91
法学院	梅县	32	10	
	连县	1	1	
	仁化	3	1	
	合计	35	12	47
工学院	梅县	37	9	
	连县	14	3	
	仁化	21	1	
	合计	72	13	85
农学院	梅县	34	4	
	连县	44	30	
	仁化			
	合计	78	34	112
医学院	梅县	27	21	
	连县	2		
	仁化	9	3	
	合计	38	24	62

续表 5.1

单位	所在地	教员	职员	备考
师范学院	梅县	26	8	
	连县	9		
	仁化	17	5	
	合计	52	13	65

资料来源：《国立中山大学一九四五年度教职员人数表》，中山大学档案馆馆藏档案，关联号 020－002－0064－009。

一、梅县校本部情况

1945 年 3 月 2 日，学校择定迁往东江各部的驻地地址如下：校本部和研究院在龙川，师范学院在龙川龙母圩，理学院和工学院在兴宁，农学院在五华，法学院在蕉岭，文学院、医学院和先修班在梅县县城。5 月下旬，日寇入侵东江地区，河源沦陷，龙川撼动，学校校本部、研究院于是紧急疏散至梅县，原设在兴宁的理学院也迁往梅县。①

梅县为我国著名侨乡，华侨在南洋致富后不忘乡梓，纷纷在家乡修大屋、办学校。当时梅县共有中学 30 余间，小学 600 余所，为全国之冠。学校本部迁到梅县后，得益于梅县优厚的办学条件，暂得安顿。当时学校各部分布如下：学校本部暂借公共体育场附近的私立学艺中学办公，研究院、文学院、理学院、医学院、先修班以及师范学院附中的部分师生，则自觅“大屋”上课。幸而梅县有所谓“三堂、四横、一围”的围龙屋，一栋就可供当时人数不多的一个学院之用。其他学院则在梅县周围各县安排：法学院在蕉岭路亭，农学院在五华

① 《国立中山大学滞留仁化员生概况》，中山大学档案馆馆藏档案，关联号 020－002－0064－011。

岐岭，工学院在兴宁东坝朱屋（罗雄才教授在兴宁任高等工业专科学校校长，兼任工学院院长[①]）（图 5.2），师范学院在龙川龙母。

图 5.2　第 19 届工学院毕业同学在兴宁合影（1945 年 6 月）

学校迁往梅县之初，人员离散，经费不济，除得第九战区司令长官借拨现款 50 美元外[②]，中央经费一时不能接济，处境十分窘迫。为解决师生的衣食住行等问题，学校一面在驻地寻觅公房和“大屋”，供师生暂时栖身；一面派知名教授到驻地政府暂借粮油副食以应一时之需。具体的安排是：研究院崔载阳院长到龙川，法学院院长胡体乾到蕉岭，理学院代院长任国荣到兴宁，先修班主任萧锡三到梅县，简浩然到五华。[③] 1945 年 3 月，代理校长金曾澄向梅县县政府、

① 《国立中山大学关于聘用许崇清一事的文》，中山大学档案馆馆藏档案，关联号 020 - 002 - 0105 - 111。

② 《国立中山大学关于学校经济顿受困难等情的公函》，中山大学档案馆馆藏档案，关联号 020 - 009 - 0021 - 034。

③ 《国立中山大学关于筹借款粮及副食费事宜的文》，中山大学档案馆馆藏档案，关联号 020 - 004 - 0241 - 001。

梅县县立银行、梅州市商会筹借文学院、医学院、研究院以及先修班200名员生1个月的副食费共计10万元[①]，向梅县县政府筹借粟100市石[②]。得上述机关慷慨解囊，员生的吃饭问题才暂得解决。1945年5月，梅县县政府奉广东省政府令续借中大员生粮食谷物125石市，副食费56666元。[③] 兴宁县政府为解决疏散至兴宁的工学院师生学习生活问题出力很大，除应学校要求觅得城南伍氏住宅宝善庐、秋阳庐两处大宅（离城5里）供师生生活学习外[④]，还在县库和乡仓积谷项中分别借拨现金17500元、食米稻谷235市石，解决员生副食和食米问题[⑤]。五华县政府每月筹借农学院学生谷粮和副食费，名额50名；后因前来五华县复课的农学院学生日渐增多，又将筹借名额增至100名。[⑥] 法学院迁往蕉岭路亭复课的学生约有150人，蕉岭县政府每月借食米稻谷75市石，副食费75000元[⑦]……得驻地政府和乡亲慷慨资助，学校师生才暂得安身。不久后，教育部核发5000美元用作救济费，学校经济困顿的情况才有所缓解。[⑧]

经过学校同仁的不懈努力，各学院选址既定，米粮问题解决，员生也按学院分别集中。学校乃核定教职员名额，分拨经费，制定临时校历，以恢复校务。梅县校本部各学院分别于1945年3月16日复课，各学院复课日期及员生人数统计如表5.2所示。

---

① 《国立中山大学关于领到副食费等情的文》，中山大学档案馆馆藏档案，关联号020－004－0241－013。

② 《国立中山大学关于领到合计谷款等情的文》，中山大学档案馆馆藏档案，关联号020－004－0241－014。

③ 《梅县县政府关于将前借食谷归还等情的代电》，中山大学档案馆馆藏档案，关联号020－004－0241－079。

④ 《兴宁县政府关于安排中大员生住宿一事的代电》，中山大学档案馆馆藏档案，关联号020－009－0012－033。

⑤ 《兴宁县政府关于清还公粮及副食费数目等情的公函》，中山大学档案馆馆藏档案，关联号020－004－0241－082。

⑥ 《国立中山大学关于解决员生膳食等情的文》，中山大学档案馆馆藏档案，关联号020－004－0241－007。

⑦ 《广东省蕉岭县政府关于送中大法学院借谷分配县仓及各乡镇仓数量及送交日期与地点表的公函》，中山大学档案馆馆藏档案，关联号020－004－0241－009。

⑧ 《国立中山大学关于报告学校迁况及待款接济等情的文》。

表 5.2　1945 年 3 月国立中山大学校本部复课情况统计

院别	开课日期	教员人数	学生人数
先修班	3 月 16 日	新职员 11 人，特约教员授课 26 小时	86 名（从军学生在内，旁听生 20 余人）
师范学院	3 月 16 日	教授 9 人，助教 11 人	
医学院	3 月 16 日	专任教员 15 人，兼任教员 11 人	120 人
农学院	3 月 16 日		
工学院	3 月 16 日		340 人
法学院	3 月 16 日	教授 10 人，副教授 2 人，讲师 2 人，助教 10 人	320 人
理学院	3 月 16 日		83 人（6 月 3 日统计）
文学院	3 月 16 日	专任教员 13 人，助教 2 人，特约教师授课 60 小时	156 人（内有来梅新收借读生 83 人，6 月 3 日统计）
研究院	3 月 16 日	教员 6 人，助教 4 人	5 人

资料来源：《国立中山大学滞留仁化员生概况》。

梅县校本部于 5 月中旬举行 1944 年度上学期期末考试，7 月下旬举行下学期考试，两场考试均按期结束。由于期间滞留仁化的教职员生陆续来梅，学校于是决定 6 月 10 日后来梅报到的学生只准登记，不得参加考试，并将各学院的学生人数统计如表 5.3 所示。

表 5.3　1945 年 6 月国立中山大学校本部学生人数统计　　单位：人

院别	学生人数	院别	学生人数
文学院	183	医学院	188
理学院		师范学院	
法学院	356	先修班	
工学院	366	研究院	10
农学院	105		

说明：工学院学生人数中注册生 360 人，登记生 7 人。

资料来源：《国立中山大学滞留仁化员生概况》。

1945 年 7 月上旬，学校举行毕业考试，应届毕业生人数统计如表 5. 4 所示。

表 5. 4　1945 年 7 月上旬应届毕业生人数　　单位：人

院别	毕业生人数	院别	毕业生人数
文学院	26	农学院	39（包括在连部分）
理学院	19	医学院	
法学院	59	师范学院	100
工学院	88	先修班	

资料来源：《国立中山大学滞留仁化员生概况》。

二、连县分教处情况

连县地处粤湘桂三省交会点，为湘粤间重要水陆转换码头和古代行军要道。学校部分师生疏散至连县后，设立连县分教处。学校以连县三江镇西、南、北城楼以及晏苹图书馆等建筑作为校舍，研究院、文学院、理学院、法学院、工学院、师范学院、先修班分别在此部署。农学院则设在连县东陂西岸，医学院设在连县县城。师范学院附中来不及成立，疏散至连县的附中学生则由学校介绍进入国立第三华侨中学、连州中学等学校借读。① 当时在连县分教处任课的教授和讲师，文学院有钟敬文、陈秋帆、岑麒祥、李一剑、周梅羹、郑师许、胡耐安、何文广、王宝祥、董百洵、黄朝中等，理学院有何杰、黄际遇、邹仪新、张作人、熊大仁、叶述武、萧锡三等，法学院有梅龚彬、薛祀光、曾昭琼、刘燕谷、盛成、卓炯等。② 原国立中山大学校

---

① 钟贡勋：《中山大学沿革史稿》，《中山大学校史资料丛书（九）岁月留痕》，第 1 页。

② 陈才禄：《记中山大学连县分教处》，第 102 页。

长许崇清当时也在连县三江镇避难，被学校聘为教授。[①] 在连县的师生推选教务长邓植仪教授为连县分教处主任，负责连县分教处事宜，订立分教处的组织章程，均呈送教育部批准。各院系在连县安置妥当后，于1945年3月间复课。

当时连县分教处共有文、理、法、工、医、农、师等七个学院的师生300多人，其中教员104人，职员67人，学生200人。[②] 由于分教处不设宿舍，师生们或投亲靠友，或租住民房，原籍连县的师生则住在自己家里。分教处亦不设膳堂，不少同学上完课后需要回住所动手煮饭，手头宽裕的同学就到饭店里包餐。有些家乡在沦陷区的学生，因家庭接济中断，被迫出售衣物和书籍来解决吃饭问题。[③]

连县分教处的师生虽在连县暂得栖身，但连县三面为日军包围，日军随时都有可能打到连县来，师生们需要随时准备转移，内心还是十分焦虑的。据许崇清校长儿子许锡挥回忆，"某天半夜，突然有人敲门，说有一批日军从湖南下来，正向我们这儿前进，必须马上转移……但到底日军什么时候来，根据什么情况转移，心里也没有底。总务长何春帆就有办法，因为他从坪石突围时，带来了一队校警，他们有枪。他立马把校警队长找来，说：'现在我命令你马上带校警队到鹿鸣关守着，那里地势险要，易守难攻，日军来三江必须经过那个地方，你们要尽量在那里拖时间。'校警队长说：'我们这几十个人，凭着几十条枪，起码可以抵抗一阵子，你们一听见密集枪声，就马上过河，往瑶族山上走，如果我们战死了，你们就在这儿给我们建个纪念碑吧。'……后听说他们（日本人）绕道往广西去了，没有经过连县三江的范围，于是我们才有惊无险度过难关。"[④]

---

① 许锡挥口述：《许崇清与抗战时期的中山大学》。

② 《国立中山大学滞留仁化员生概况》。

③ 陈才禄：《记中山大学连县分教处》，第101～102页。

④ 许锡挥口述：《许崇清与抗战时期的中山大学》。

三、仁化办事处情况

因故未及随迁东江梅县的师生，则在仁化成立校本部办事处，办公地点设在仁化扶溪乡谭家祠。当时滞留仁化的有教员93人，职员60人，散居在仁化县城、石塘、扶溪等地。[①] 留仁化的教职员除早先率附属中学师生在仁化复课的附中校长司徒汉贤外，还有学校训导长陈邵南，医学院院长李雨生，工学院院长陈宗南，文学院教授陈安仁、谭太冲、朱子范、李全信，理学院教授吴尚时、朱志沂、金祖勋、苗文绥，法学院教授雷荣珂、卢干东等，工学院教授李文尧、杨锦雅、李子海、林鸿恩、胡相源、陈显时等，以及师范学院教授罗宗棠，先修班教员陈永汉、赵爱真等。[②] 留仁化的学生以师范学院附中学生最多，几乎全在此地。

由于学校本部已迁往梅县，学校总务长、教务长亦在连县主持复课，仁化分教处校务由文书组主任虞仰泉先生代为办理，其间分教处内外行政事务均用校长名义并以预盖校印的公文纸流转办理，分教处收款等事宜也用正式学校印章签领洽收。因分教处师生员工分散在仁化县城、石塘、扶溪三地，为方便联系，分教处在仁化县城设一联络站，派职员驻站专司收发书信电报。为加强与驻地附近机关的联系，分教处在仁化相邻的湖南汝城县设一通讯处，派教授二人主持与当地机关筹措接济及接洽费款等事宜。

坪乐事变后，滞留仁化的员生工役接济中断，生活亟感困难。为维持生活，分教处向当地军政机关及地方士绅筹借谷物及小款以解燃眉之急。后因谷物钱款续借困难，遂由校本部设法拨款补助济急。

在极端困难的情况下，仁化分教处的师生员工依然设法维持教学

---

① 《国立中山大学滞留仁化员生概况》。

② 黄义祥编著：《中山大学史稿（1924—1949）》，第410页。

活动。1944 年 3 月 10 日，师范学院附中员生在扶溪借用中心小学先行复课。大学部的教职员工亦着手筹备复课，但因复课经费尚无着落而未能实行。此外，工学院师生会同图书馆在石塘举办民众学校、文艺研究、时事播音及壁报等活动。①

第四节　公物损失情况

学校此次仓促搬迁的过程中“两次遇敌，公私损失甚重，员生伤毙五人”。抗日战争胜利后，学校曾派员前往坪石、乐昌等地统计损失。② 但由于搬迁仓促，校产损失多无法统计，仅图书资料损失情况记录尚算完整，现整理如下。

1944 年 6 月，由于粤北形势紧张，坪石或有沦陷危险，学校决定对图书馆馆藏图书进行疏运。6 月 9 日，图书馆将重要图书 400 余箱运至栗源堡，其余次要图书也陆续装箱待运。8 月中旬，校图书馆主任杜定友下令将学校图书公物共 963 箱分别封存于坪石、栗源堡、连县东陂等处。10 月，学校为安全计，再将原存连县疏散入乡的图书统一运入东陂马鞍山，原存栗源堡的图书于 11 月 16 日运往笆篱堡及檀斗等处保存。后来时局稍微缓和，加上开学需要，各学院又将图书 159 箱运回坪石使用。1945 年 1 月 15 日，时局再次紧张，学校对运回坪石的图书进行紧急转移，18 日将 116 箱图书安全运达乐昌。后因火车断绝，运费告罄，剩余图书无法转移。幸得图书馆馆员何恩泽、林锦堃、刘少雄等冒死留在坪石，将师范学院的图书迁入民房暂存。而后乐昌告急，学校于 1 月 21 日凌晨派馆员将图书抢运出乐昌。不料所雇民夫均被军政机关征用，直至乐昌沦陷，此批 116 箱图书加

---

① 《国立中山大学滞留仁化员生概况》。

② 《国立中山大学关于呈报派员赴坪乐调查损失等情的呈》，中山大学档案馆馆藏档案，关联号 020 - 002 - 0085 - 022。

上原存于乐昌的医学院图书 10 箱、先修班图书 4 箱，共计 130 箱一直未能运出。①

此次坪乐事变，图书馆在乐昌损失图书 130 箱，在坪石损失图书 155 箱，共计损失图书 285 箱，合计 61200 册（详细数量如表 5.5 所示）。

表 5.5 国立中山大学图书馆坪乐事变时图书损失统计

（1945 年 1 月 21 日）

馆室别	箱数	册数（约）	内　　容
主任室	11	300	本馆历年工作报告、图书统计、规章、图表、最近疏运统计及装箱图书总表、新馆计划全部案卷、主任著作 50 部、收集剪贴 30 余部、图书设备模型 20 余件等
总务室	8	400	全部登记簿、全馆总目录□□账簿、□书文件、借书证件等，以及秦子葵先生寄存书
研分馆	20	8000	《丛书集成》《二十四史》和重要参考书等
文分馆	18	6000	英文《万有文库》3000 册、《丛书集成》、《四库全书》、珍本参考书等
法分馆	29	6000	重要参考书、《资本论》等
医分馆	10	3000	医学分馆全部书志
工分馆	30	5000	工学院重要参考书
先修班	4	1000	《资治通鉴》等。以上 130 箱在乐昌损失
师分馆	59	15000	重要参考书、全部古书等。未经主任核准由东陂运回
师	35	10000	次要书原存管埠
工	22	2500	次要书由栗源堡运回

① 《关于图书损失经过情形等情的文》，中山大学档案馆馆藏档案，关联号 020－002－0085－020。

续表 5.5

馆室别	箱数	册数（约）	内　　容
总馆	39	4000	最近日报及次要书原存坪石。以上 155 箱在坪石损失
共计	285	61200	价值估计 918 万元

资料来源：《国立中山大学图书馆坪乐事变时图书损失统计表》，中山大学馆馆藏档案，关联号 020－002－0085－021。

另据中山大学图书馆副研究馆员、当时参加图书抢运工作的刘少雄回忆考证，原放于乐昌的 130 箱图书在抗日战争胜利后仅寻回 7000 余册，损失 13000 余册。另疏散在坪石附近的师院分馆图书 9000 余册，在抗日战争后胜利后仅寻回 2000 余册，损失 7000 余册。坪石、乐昌两地损失合计 20000 余册。①

第五节　艰难的教学科研

从 1945 年 1 月坪乐沦陷到 10 月胜利复员为止，国立中山大学在东江以及连县办学的时间，前后仅有不到 10 个月。此时学校各学院分散在粤东各县以及粤北的连县、仁化等地，一个学院甚至一个系被迫分散两地甚至三地办学。学校原本就捉襟见肘的图书仪器在仓促迁校的过程中又损失不少。在这种特殊情况下，学校虽然恢复了上课，但由于图书资料和设备均无法保障，教学科研等实际上并不能有效地开展。在条件如此艰难的情况下，中大的师生们仍然想方设法克服困难，开展了一系列教学科研活动，并于 1945 年秋间，遵照教育部规定，分别招考新生。

在连县分教处，大多数课程没有课本，也没有讲义印发，学生靠边听课边记笔记。只有国文、英语等少数科目，有油印讲义发给学

① 黎洁华：《抗日战争时期中山大学图书馆遭劫记》，《广东党史》2006 年第 6 期。

生。上课的地点因陋就简，或在教授家中，或暂借公地。由于师资不足，各学院的一、二年级学生便都在一起上公共课，大课堂里常是座无虚席。

中大原校长许崇清教授在连县避难，被学校聘为教授，开设哲学概论、教育哲学两门课，每周讲一两次，上课地点在分教处主任何春帆家中。上课时没有黑板，就用床板当黑板，学生坐在条凳上听讲。虽然来上课的学生不到 10 人，许校长依旧坚持认真讲授。[①]

在连县分教处的理学院、工学院没有什么科学仪器，上课只能纸上谈兵，全凭老师讲授。[②] 医学院设在连县县城，当时只有四名学生，包括连县籍的罗玉桃、欧阳恩宁和外地籍的蔡里阁、魏秀勤。医学院没有教授在连县，分教处只好聘请在连县开业的医生（中大校友）苏六昭、莫尚德、郭肇驹等给学生们上临床课，还邀请生化教授黄蟠道（连县人，家住河村）在他家里教授德语。[③]

农学院在连县分教处的师生有 100 人左右，他们在连县东陂灵山观上课。在连县的农学院教授除院长邓植仪外，还有丁颖、蒲蛰龙、赵善欢、黄菩荃、侯过、翟克（农经系主任）、王仲彦、林亮东等，农学院大部分的专业课和基础课都由他们担任讲授。一些基础课，如高等数学和化学则聘请理学院胡金昌、刘鸿等教授讲授。科研工作如丁颖教授主持的水稻品种多型性研究等，在农学院迁到东陂后依然继续进行。四年级同学的毕业论文，学院也要求在连县的同学进行一定的试验，以保证论文质量。1945 年 6—7 月间，学校曾通知在连县的农学院师生东迁至五华岐岭的农学院集中上课。在连县的农学院师生经过反复讨论后认为，一是留在连县的农学院师生多，公物尚算完整，在连县开展教学实践也比较容易；二是东迁旅途为日军封锁，旅运艰难；三是农学院在连县招生，便于在粤湘桂的考生投考。因此最后决定农学院仍留在连县办学，并要求在五华岐岭的农学院师生集中

---

① 许锡挥口述：《许崇清与抗战时期的中山大学》。

② 李剑、张晓红著：《此生情怀寄树草——张宏达传》，中国科学技术出版社 2013 年版，第 61 页。

③ 陈才禄：《记中山大学连县分教处》。

到连县上课（时在五华岐岭的农学院师生已于1945年3月复课，但师生人数不多，院务由简浩然副教授代理，教师有黄枯桐、黄仲文等）。①

在学术活动方面，连县分教处针对当时的国际形势，举行时事报告会和学术报告会。如5月21日请法学院代院长梅龚彬教授做题为《欧战结束后之太平洋局势》的报告，7月18日邀请著名国际政治专家张铁生演讲《旧金山会议后之国际形势》，其演讲精彩，分析精辟，到会者甚多，备受师生们欢迎。②

第六节　组织群众保卫曲江

1945年下半年，当日军扬言进攻韶关、国民政府下令大疏散时，国立中山大学中共地下党组织曾利用国民政府号召动员群众、保卫曲江的时机，向第七战区政治部提出组织数十人的中大工作队，到曲江郊区发动农民组织武装自卫，并向战区领了100多支枪，工作人员每月约20元的伙食津贴，准备万一曲江沦入敌手，留在敌后坚持游击战争。但是，国民党发现中大工作队有红色分子，便害怕起来，不到两个月便将枪支收回，把这个工作队解散。于是中大工作队决定不再留在曲江县，在韶关的党员转而商量去东江游击区打游击的问题。③

---

① 《华南农业大学校史》编委会编：《华南农业大学校史》，第51页。

② 易汉文主编：《中山大学编年史（一九二四——二〇〇四）》，中山大学出版社2005年版，第41～42页。

③ 钟紫编：《风雨忆同舟》，广东人民出版社1987年版，第11页。

复员编

第六章　重见石牌

1945 年 8 月，中华民族的抗日战争取得最终胜利。10 月，国立中山大学的师生迎来期盼已久的胜利复员，重回到阔别七年之久的广州。抗日战争期间，学校设备财产损失无数，校园满目疮痍，一些知名教授也离校他去，复员工作遇到极大困难。学校复员后，逐步回收了部分损失校产，修复损毁的校舍，延揽了一批有名望的教授来校任教。经过全校师生一年多的不懈努力，学校教学秩序得到恢复，科研和人才培养工作也得到一定程度的发展。

第一节　抗战胜利与复员计划

1945 年 8 月 14 日，日本政府照会美、英、苏、中四国政府，宣布接受《波茨坦公告》。8 月 15 日，日本天皇裕仁以广播《停战诏书》的形式，正式宣布日本无条件投降。胜利的消息传到学校后，师生无不欢欣鼓舞，他们和当地民众一起，共同庆祝胜利。在梅县分教处，“八月十四日下午晚饭时分，收音机听到中央广播电台播出胜利消息，我们终于获得最后胜利，日皇宣布无条件投降！一时，街头上汇集了高兴得手舞足蹈的人群，祝捷的鞭炮声震耳欲聋的欢呼声，酒楼上饮酒猜拳的吆喝声，人们都给突来的胜利，热望已久的胜利，

弄得个个都成狂人"[①]。在连县分教处，"整个镇都放了鞭炮，步枪、驳壳枪往天上开，把天空都点亮了，一直打到半夜"[②]。为了庆祝，学校还派员参加了在梅县公共体育场举行的同盟胜利杯男女篮球公开赛，以庆祝抗日战争的最终胜利。[③]

在抗日战争胜利的前夕，国民政府中央设计局开始组织政府各部门拟定复员计划，作为战后复员的依据。教育复员计划作为战后复员工作的重要组成部分，于抗日战争胜利前夕已大致完成。[④] 8 月 18 日，国民政府教育部召开紧急会议，决定在全国七个主要的收复地区设立教育部特派员办事处，随后颁布《收复区教育复员紧急办法》《各区教育复员辅导委员会接收教育文化机关等紧急处理办法要项》，作为各收复地区教育复员工作的指导方针。为了更好地指导收复区和光复区的教育复员工作，教育部在全国六个主要地区成立了教育复员辅导委员会，其中广州区教育复员辅导委员会特派员由国立中山大学教授张云担任。[⑤]

1945 年 9 月 20—25 日，国民政府在陪都重庆召开全国教育善后工作会议，就战后教育复员政策及战时教育体制向平时教育体制转换的方针策略等问题进行了集中讨论。尽管这次会议受交通不便、会期短暂、参会人员分配不均等因素影响，许多重要的议题未能充分展开讨论，对一些问题的看法也存在分歧，但与会代表在一些重大问题上达成许多共识。这次会议的召开为国民政府战后教育复员工作的开展指明了方向。国立中山大学的战后复员工作，大体上也是遵照这次会议的精神进行的。

国立中山大学经过七年的颠沛流离，三易校址，终于迎来了胜利

---

① 廖国骥:《母校生活忆述（节选)》,《中山大学校史资料丛书（九）岁月留痕》,第 74 页。

② 许锡挥口述:《许崇清与抗战时期的中山大学》。

③ 《三民主义青年团广东支团梅县分团办事处关于邀请国立中山大学参加同盟胜利杯男女篮球公开赛的公函》，中山大学档案馆馆藏档案，关联号 020 - 004 - 1149 - 001。

④ 贺金林著:《抗战胜利后国民政府教育复员研究》，社会科学文献出版社 2010 年版，第 27 页。

⑤ 贺金林著:《抗战胜利后国民政府教育复员研究》，第 32 页。

复员的日子。师生们在狂欢之余，开始为复员广州做准备。1945 年 10 月，学校成立了复员委员会，成员有金曾澄（兼任主任委员）、唐惜分（兼任副主任委员）、崔载阳、任国荣、萧锡三、胡体乾、张良修、罗潜、罗雄才、朱谦之、黄仲文、司徒汉贤、简浩然、彭尘舜。[①] 复员计划委员会简章如下：

国立中山大学复员计划委员会

（组织办法）简章

一、本校为研究复员问题，增强复员工作效率，特组织本校复员计划委员会（以下简称本会）。

二、本会委员由校长聘请本校各处院班校室主管人员及教授若干人充任。

三、本会计划范围有：

1. 教育方针 2. 教务规程 3. 教学设备 4. 学术研究 5. 推广事业 6. 教学方法 7. 训育实施 8. 导师制度 9. 员生福利 10. 校舍整理 11. 行政效率 12. 人事管理 13. 会计制度 14. 其他

四、本会例会每周二次，逢星期一、四上午九时在学校本部举行，必要时得召集临时会议。[②]

学校复员工作千头万绪，为统筹工作，学校复员委员会将复员任务分解成若干方面，由复员委员会各委员分别制定具体的工作安排。具体的分工以及负责人如下：员生福利，萧锡三、司徒汉贤；行政效率，萧锡三、简浩然；人事管理，彭尘舜；校舍整理，萧锡三、张良修；学术研究，任国荣、朱谦之；导师制度，任国荣；训育实施，任国荣；教务规程，崔载阳、罗雄才；教学方法，崔载阳；教学设备，朱谦之；推广事业，简浩然；会计制度，彭尘舜；教育方针，任国

① 《国立中山大学复员委员会名单》，中山大学档案馆馆藏档案，关联号 020－001－0021－020。

② 《国立中山大学复员计划委员会简章》，中山大学档案馆馆藏档案，关联号 020－003－0116－009。

荣、司徒汉贤；其他。

中大复员计划浩大，需要耗费不少，据复员计划委员会测算，学校整个复员费用共需国币107272万元（表6.1）。

表6.1　国立中山大学复员预算

项目摘要				金额/万元	
一	修缮费	1	修葺校舍	10000	10000
二	搜集费	1	搜集遗散校具	1000	6000
		2	搜集遗散图书仪器	5000	
三	迁运费	1	迁运校具	500	1205
		2	运回图书仪器	705	
四	购置费	1	增购校具	2000	62000
		2	交通工具	5000	
		3	增购图书仪器	50000	
		4	增购标本药品	5000	
五	开办费	1	设置实验二厂	10000	26500
		2	恢复农场	10000	
		3	恢复林场	1000	
		4	恢复医院	5000	
		5	恢复实验小学	500	
六	旅运费	1	补助员生旅费	1347	1347
七	办公费	1	办事处交通站	220	220
合　计				107272	

资料来源：《国立中山大学复员预算表》，中山大学档案馆馆藏档案，关联号020－002－0064－010。

复员委员会制定的复员计划非常具体。例如在提升工作效率方面，复员委员会提出“人人有工作”“适当分配工作”“勿作无用工作”三项要求，对教员、职员和工友都有相应的指导规范。又如“人人有工作”一项，复员委员会指出，“要讲求工作效率自必先使人人有工作，否则不可以言效率。本校过去常犯有工作无人做之弊，

其余努力工作者受此影响，即对其工作取放任苟且态度，以致整个机构无法推动或各部工作互相脱节”。对此问题的改进方案为：“（a）教员方面：请全校教授、副教授、讲师、助教切实履行其聘约上应尽之义务，如上课研究兼任学生导师及指导学生实习等工作，并严格限制各教师兼任校外职务，惟校方亦应就切实需要聘请教员，不可徇情随意聘任。（b）职员方面：裁汰冗员，非必需者及不能胜任其职务者，不再委雇。并请各院部主管切实考核各员工作成绩，随时报校惩奖。（c）工友方面：以校因各院部集中，应尽可能合并雇佣工友，增加工资，严禁其兼管其他职业，俾能尽忠职守。”①

为了提高全校师生员工对复员工作的积极性，学校复员委员会制定了相应的福利事业计划。福利事业计划分为临时性福利事业和永久性福利事业两部分。临时性福利事业计划主要保障学校回迁广州时师生衣食住行方面的需要，包括复员迁移办法（包括旅费补助和设置中途接待站）、广州接应办法（包括设置广州接待站和石牌往返班车）、临时贷款办法、冬寒被服救济等方面②；永久性福利事业计划主要是改善学校师生员工复员广州后的生活条件，包括学生宿舍设备、职员住宅设备、保健设施、娱乐设施、职员子弟教育、同志会组织大要六大方面③。

经过半个月的精心筹备，学校除留连县分教处部分人员负责将连、坪、临、乐等地的公物集中整理后运回学校外，1945 年 10 月下旬，分散在粤东各地的师生员工，齐集龙川老隆，乘坐船队，集体乘船返穗。中大的复员船队由几十艘“大眼鸡”组成，运载着复员师生和学校图书仪器等公物沿东江南下，一路旗帜飘展，延绵数十里，极为壮观。船队到了惠州，师生转乘汽车到东莞樟木头，再转乘广九铁路火车，最终到达广州。此时粤北、潮汕以及其他地区的师生员

---

① 《中山大学复员计划》，中山大学档案馆馆藏档案，关联号 020 - 001 - 0021 - 021。

② 《中山大学复员计划之临时性福利事业部分》，中山大学档案馆馆藏档案，关联号 020 - 001 - 0021 - 022。

③ 《中山大学复员计划之永久性福利事业部分》，中山大学档案馆馆藏档案，关联号 020 - 001 - 0021 - 023。

工，也怀着兴奋的心情，纷纷从各地返穗，陆续回到阔别七年之久的校园。①

复员广州后，为保证各项复员工作顺利进行，学校复员委员会将人员按职能分为若干组，负责具体复员工作。各分组职掌和负责人的名单如下②：

（1）接收组：负责接收校舍校产，主任黄仲文，副主任严明；

（2）工程组：修建房舍及水电，组长罗雄才；

（3）迁运组：迁运各地公物，主任邓植仪；

（4）校具设备组：办理厨房宿舍教室及办公室之用具设备，主任崔载阳，副主任简浩然；

（5）交通组：办理车辆电话等交通工具，组长赵善性；

（6）管理组：办理膳食舍务，主任任国荣；

（7）警卫组：负责警卫公安，主任何春帆；

（8）保管组：保管校舍校产，主任朱志淞。

1945 年 11 月 24 日，学校复员委员会召开会议，通过校舍分配决议案。根据会议决定，各院系仍按战前原址办公，具体办公地点分配如下：校本部、文学院、理学院、法学院、工学院、农学院、研究院及天文台在石牌原址，医学院在东山百子路原址，师范学院在体育馆以及化学教室一部分，总办公厅在化学教室原址，先修班在文明路旧校高中部及华侨宿舍部分食堂，附中在文明路旧校景堂院及附小饭堂，附小在文明路旧校平山堂（附小未恢复前暂作各学院驻市办事处）。学生宿舍安排在石牌原址。总办公厅在会议上同时决定 12 月 1 日开学，12 月 4—10 日注册，11—12 日选课，14 日上课。③

---

① 廖国骥：《母校生活忆述（节选）》，《中山大学校史资料丛书（九）岁月留痕》。

② 《复员委员会各组职掌表》，中山大学档案馆馆藏档案，关联号 020－009－0029－017。

③ 黄义祥编著：《中山大学史稿（1924—1949）》，第 414 页。

第二节 校产、校舍的回归及重建

国立中山大学在1938年内迁以来，三易校址，学校设备财产损失无数。规模宏大的石牌校园，先是被日军轰炸，后又为日军司令部占用（图6.1），留在校园内的图书资料、仪器设备、水电设施等几乎被劫掠一空，学校遇到建校以来从未有过的困难。1943年11月6日，代理校长金曾澄曾报告学校在迁校期间的财产损失情形："1938年10月底广州沦陷校产及器材经于1940年2月20日天字第765号呈送各院财产直接损失汇报表，其由港运回一部分器材在1939年12月底在海防沦陷敌手，亦以列具详细清单，在九龙沦陷器材并经造具清册，附同统计表于1942年2月22日汇集呈送。"① 1945年初粤北沦陷，学校仓促迁往梅州、连县等地，其间损失惨重，抗日战争胜利后，学校亦有派员赴坪石、乐昌等地统计损失。② 据学校统计上报教育部的数据，"计本校在抗战期间直接损失共1497628305.00元，惟所列损失系照当时国币价值"③。

一、校园、房产及仪器的回归

复员之初，石牌、文明路、百子路校园均被军事机关占用，后由校方负责人多方协商，历时两三个月才陆续收回，陆续交付校内各单位使用。1945年11月25日，学校收回文明路校园部分房舍，由于

---

① 中国第二历史档案馆馆藏档案，关联号全5（2），卷584。

② 《国立中山大学关于呈报派员赴坪乐调查损失等情的呈》。

③ 广东省档案馆馆藏档案，关联号全宗6（2），卷367。

图 6.1　日军侵占国立中山大学石牌校园时印行的明信片

石牌驻军尚未完全撤离，校本部和各学院办事处均暂设在文明路平山堂。直至 1946 年 3 月，文明路校园驻军才完全撤离，由学校接收完毕。1945 年 11 月 6 日，百子路医学院全部接收完毕，医学院于 7 日迁入办公。

石牌校舍接收一部分后，学校于 1945 年 12 月 5 日，在石牌设立办事处，就近办理一切事宜，聘侯过为主任；12 月 8 日，石牌校区已有 200 余名学生迁入住宿，同时迁入住宿的还有教职员家属约 120 人，各院工友 20 余人，校警 20 余人；12 月 27 日，文学院将原来设在文明路的办事处迁回石牌办公。1946 年 1 月 5 日，总务处、文书庶务组迁回；1 月 6 日，校长室、会计室、出纳组、贷金组迁回；1 月 7 日，理学院迁回；1 月 11 日，教务处迁入；1 月 14 日，训导处和法学院迁入。1946 年 11 月，占用石牌图书馆的驻军物资全部迁出，至此石牌校园才全部收回中大校方管理。①

① 吴定宇主编：《中山大学校史（1924—2004）》，第 211～213 页。

学校抗日战争时期分散在云南和粤北的公物，经过有关人员的查找和整理，陆陆续续运回广州。在东江、仁化的公物，复员广州后不久即运回；在连县的公物一部分于 1945 年 12 月 6 日运抵学校；1946 年 5 月 8 日，存于坪石的公物全部运回；1946 年 12 月 17 日，存于云南的公物全部运回。① 农学院农林植物研究所收回了原暂存香港的图书杂志和珍贵标本。② 此外，联合国救济总署还赠送中大教育器材万能铣床一台、化学药品一批以及其他器材。

二、校舍、实验场所的重建

抗日战争时期，文明路、百子路、石牌校园均受到了日军不同程度的轰炸，石牌校舍还被侵华日军用作司令部，校舍破败不堪，原有仪器和水电设备损失严重，复员后的中大办学条件极为窘迫。复员之后，学校即开始面向社会公开招标修缮。1945 年 12 月 8 日，石牌校园修缮工程开始分类招标；12 月 13 日，招标重修文明路旧校平山堂围墙；1946 年 1 月 4 日，学校家具和医学院修缮工程陆续招商承造；此后，学校又陆续进行了修葺校舍、墙壁、地台、门窗、玻璃、校道等项目的招标。除了维修旧校舍之外，学校还重新添置了一批家具，新建了许多宿舍，如文明路平山堂教授住宅、风雨操场先修班宿舍、石牌校区女生宿舍等。1946 年 1 月 11 日，学校恢复了石牌和平山堂之间的校车；2 月 20 日，托儿所开班；2 月 23 日，教职员福利食堂开业；4 月 9 日，石牌邮局开业；5 月下旬，学校的水厂、电厂经过维修，恢复正常；6 月 3 日，交通银行在学校建立办事处；9 月 4 日，石牌校区开始安装电话。校舍的修复和生活设施的完善，为学校教学

---

① 吴定宇主编：《中山大学校史（1924—2004）》，第 214 页。

② 《华南农业大学校史》编委会编：《华南农业大学校史》，第 53 页。

工作的正常运行提供了有力的保障。①

农学院教学楼及附设场所的各种建筑物，大小不下二三十所、座，在抗日战争期间均受到不同程度的损失，设备仪器损毁严重。复员后，原农学院、农林化学馆损坏较轻，稍加修缮即恢复使用；蚕学馆、农林产制造室、茶蔗研究室、农场主任室、乳牛房等则破坏较严重，还有近 20 座建筑被完全毁坏；在市区的农林植物研究所则为军事机关所占用。经过学校和农学院全体师生员工一年多的努力，克服了任务繁重和经费紧张的困难，农学馆、农林化学馆、蚕学馆、农林产制造室、茶蔗研究室得以修复，重建了农场的部分工人宿舍和稻作试验场等小型建筑共 5 座；农林植物研究所在市区法政路的楼房，经学校多番交涉，亦收回学校使用。

农学院附设农场面积约万亩，战前建设已有一定规模，在广州沦陷后遭到严重破坏，除森林股仍剩有部分老林木外，已一片荒芜。复员后，农学院由于人手紧张和经费不足，农场恢复进展缓慢。1946 年 3 月，由学校分配工人 20 名和少许经费重新开垦。为加快农场恢复进度，农学院院长邓植仪教授请学校函请广州行营战俘管理处征调熟悉耕作的日军战俘 50 人帮助开垦②，并请总务处派校警两人负责看守管理。③ 经半年多努力，恢复了部分稻田、茶园、果园及菜圃等。

农学院附设林场面积比农场更大，又设在校外，恢复工作比农场更为困难。白云山模范林场面积达 2. 18 万亩，在沦陷期间遭受严重损失，虽拟定恢复计划，但无力实施。乐昌演习林场在乐昌沦陷期间亦遭受损失，复员期间边规划修复，边砍伐部分适龄林木，所得资金用于发展生产及补助森林学系购置图书仪器及研究考察之用。

---

① 吴定宇主编：《中山大学校史（1924—2004）》，第 215～216 页。

② 《国立中山大学农学院关于请示可否在一九四六年三月十八日上午抽调熟识耕作之日本战俘五十名的函》，关联号 020 - 005 - 0001 - 056；《国立中山大学关于通告将派本院技士何椿年携函前赴战俘管理处洽领日本俘虏的函》，中山大学档案馆馆藏档案，关联号 020 - 005 - 0047 - 012。

③ 《国立中山大学农学院关于请转告总务处派校警二名负责看守管理在农场垦荒之日本俘虏的函》，中山大学档案馆馆藏档案，关联号 020 - 005 - 0047 - 009。

稻作试验场由于人员经费紧张，于 1946 年春停办分场，将有关人员调回石牌总场，集中力量以图恢复。经过努力，较快地把总场近百亩水田和数十亩旱地栽上水稻及其他作物，繁育了一批优良稻种供广东稻改所作推广之用。农林植物研究所的植物标本园，在抗日战争之前已有相当规模，广州沦陷后毁于日军之手，经过努力也已恢复。①

第三节　机构、院系的调整

一、人事调整

复员广州之后，国立中山大学在人事组织和院系所设置等方面也做了较大调整。1945 年 12 月代校长金曾澄因年老有病，请辞代校长之职获准，国民政府行政院也正式免去邹鲁的校长职务，教育部任命王星拱接任。12 月 21 日，王星拱正式出任中大校长。

王星拱是安徽怀宁人，早年留英学习化学，回国后曾任国立北京大学教授、理科学长，担任过国立第四中山大学高等教育部长、国立武汉大学校长等职。早在国立广东大学筹备期间，王星拱就曾被聘为筹备委员，参与草拟办学规章制度，因此十分熟悉中大的办学宗旨和办学情况。②

王星拱长校之后，进行了一系列人事调整③，如聘郭嵩龄为总务长，邓植仪继任教务长，任国荣继任训导长（1946 年 8 月，改聘黄尊生为训导长）。学校复员之初，各院院长及先修班主任基本依旧聘

① 《华南农业大学校史》编委会编：《华南农业大学校史》，第 52～53 页。

② 黄义祥编著：《中山大学史稿（1924—1949）》，第 414 页。

③ 黄义祥编著：《中山大学史稿（1924—1949）》，第 414～415 页。

任，他们是：文学院院长朱谦之，法学院院长胡体乾，理学院院长何杰，工学院院长陈宗南，农学院院长邓植仪，医学院院长黄榕增（兼任附属医院主任），师范学院院长毛礼锐，先修班主任萧锡三。1946 年起，除农学院和先修班外，其他各学院院长陆续改聘，各院新任职情况为：文学院院长王力（王了一），法学院院长萨孟武，理学院院长徐贤恭，工学院院长陆凤书，师范学院院长蔡乐生，医学院院长陈翼平[①]（1947 年 8 月起兼任附属医院主任）。

为加强学术研究，王星拱继任校长之后，从全国各地陆续聘来一批知名学者：如文学院的商承祚、王力、王起、杨树达、刘节、岑仲勉、罗香林、方光焘、周达夫、谭戒甫、朱师辙、朱延丰、姚薇元、钟道铭、洪谦、黄文山、孔德、周其勋等，法学院的王亚南、萨孟武、薛祀光、高承元、夏书章等，理学院的徐贤恭、钟盛标、潘钟祥，师范学院的蔡乐生，等等。原研究院农科研究所农林植物学部主任陈焕镛教授，抗日战争期间一直在香港坚持研究工作，为保护珍贵植物标本而没有随校搬迁，抗日战争胜利之后一度被学校解聘，王星拱校长在弄清事情原委后立即恢复了他的职务。这些新聘学者与留校任教的教授一起，极大地提升了中大的师资阵容。[②]

二、院系调整

1945 年复员广州后，中大院、系、研究所的设置先后有较大调整。其中研究院的变动比较大。1946 年，教育部颁布《废止大学研究院暂行组织规程》，并订定《大学研究所暂行组织规程》。根据相关规定，中大各研究院自 1947 年起取消，所属文科、师范、农科及

① 《国立中山大学关于聘请陈翼平兼医学院院长及附属医院主任的聘函》，中山大学档案馆馆藏档案，关联号 020－002－0197－030。

② 黄义祥编著：《中山大学史稿（1924—1949）》，第 415 页。

医科各研究所分由文学院、师范学院、农学院、医学院兼办。

经过调整和增设，中大院、系、研究所等机构日臻完善，办学规模日益宏大。此时全校计有文学院、法学院、理学院、工学院、农学院、医学院、师范学院 7 个学院，33 个学系，3 个专修科和 14 个研究所；附属单位有先修班、附中、附小、幼儿园、农场、林场、工场、附属医院等。在校本科生人数，战前的 1937 年度为 2145 人，1946 年度增至 3618 人，增加了 1473 人。[①]

第四节　教学、科研的恢复[②]

一、秩序的恢复

国立中山大学复员广州后，为了尽快恢复教学秩序，学校各部门各司其职，纷纷开展工作，为正常开展教学科研活动创造条件。例如，教务处负责修复校舍、查找运回图书仪器、制定公共必修课的教学方法和标准事宜；训导处负责重新修订学生奖责、学生法则、学生请假规则、学生社团组织章程、学生宿舍规定、学生出版壁报等规章制度，推行导师制，指导学生进行课外活动，筹组学生自治会，增加体育设备，推行卫生工作，等等；总务处致力于购置校具，增建学生宿舍，添置床板、上课桌椅等各项办公和研究设备，等等。

复课之初，由于学校各项设施和服务尚未完全恢复，部分校舍仍为军事机关占用，师生员工的生活仍然相当窘迫。学生到校之后，不分学院年级，每房住 4 人；后因学生增多，宿舍不敷分配，改为每房

---

① 吴定宇主编：《中山大学校史（1924—2004）》，第 198 页。

② 本节内容除特别注明外，文中引用材料均出自《中山大学校史（1924—2004）》《中山大学史稿（1924—1949）》。

住5人。每生只发两块床板、两张条凳和一张小书桌。上课时学生自带一张小凳和一块黑板进行教学。随着来校工作的教职员工陆续增多，教职员宿舍也同样紧张。石牌校区教职员宿舍共19间，除了每层四角的大房间住4人外，其他房间一律住2人。如此安置后，仍有部分教员无法安排住宿，学校又将各学院院舍、教员研究室以及其他房间临时改作教员宿舍。1947年4月起，学校在市区文明路旧址西堂后面附近以及雨操场等地兴建教授宿舍，教职员工的住宿问题才得以解决。

二、学生注册人数激增和对困难学生的资助

学校复员广州后，复员委员会召开会议，决定12月1日开学，4—10日注册，11—12日选课，14日上课。后因驻军未撤，上课时间被迫延迟至1946年1月。1945年度上学期新生报到、旧生注册及补课人数达2506人。各院系注册情况如表6.2所示。

表6.2　各院系注册情况　　单位：人

院系所	新生报到	旧生注册	补课
研究院		13	
文学院	56	181	44
法学院	138	344	155
理学院	92	75	62
工学院	30	315	199
农学院	43	149	57
医学院	45	116	91
师范学院	36	191	74

医学院于1945年12月20日率先复课，文学院于1946年1月21

日复课，工学院于1月24日复课，农学院于1月25日复课，法学院于1月30日复课，理学院于2月5日复课，师范学院于2月11日复课。复课之后，各学院针对那些因战事未能随校上课的同学，根据教学的具体情况分别安排了补课。

1945年度下学期学生注册总人数为3597人。1946年度新生招生报名人数达6000人，为方便考生应考，学校特意在市区百子路医学院、惠爱东路中大附中等处设分考场。为解决在石牌考试的考生的交通问题，学校与粤汉沪铁路管理局广州段商洽，考试期间每日上午7时到9时安排3列火车从市区大沙头车站开往石牌中山大学南门，下午由5时半起由石牌南门开往大沙头。广州公共汽车公司也于考试开始前和结束后在文德路旧校和石牌安排汽车数十辆，方便考生乘坐。1946年第一学期学生注册人数总计达4127人，此后各学期学生注册人数均在3000人以上。

在解决经济困难的学生复学方面，1945年8月国民政府教育部颁发了《战时国立中等以上学校及省立专科以上学校学生给予公费办法》，规定除保育生、大中学校师范生、抗战功勋子女及革命功勋子女均为全公费不受比例限制外，自1945年秋季起，国立中等以上学校及省立专科以上学校各科新生，全公费及半公费名额以分别占各校注册入学新生总额40%为最高额，优先给予经济来源确已断绝的战区生和侨生、家境确属清寒的学生、收入不足供给求学费用的公教人员子女、蒙藏及其他边疆各族学生，目的是“使贫穷学子能享受公费，律机会真能均等”。

抗日战争结束后，国民政府改行奖学金制度。1947年7月，教育部颁发《国立专科以上学校及省立专科以上学校学生奖学金办法》，规定从本学年开始，除师范生、保育生和个别政府给予特别照顾的学生享受公费外，国立和省立高等院校分别招考奖学金学生和自费学生，奖学金学生的名额以本校招生总数的20%为限。家庭经济困难的学生可以凭证明报考奖学金学生，如果考试总成绩在全校录取新生40%以前，即可入学为奖学金学生。1947年，国民政府又将设置奖学金制度列入《中华民国宪法》，从法律上保障了奖学金制度的

贯彻实施。①

在教育部的指导下，中大为解决贫困学生的复学问题，制定了十余种困难学生资助章程，建立了涵盖免费、公费、缓费、奖学金、勤工助学的资助体系。1946 年 3 月 12 日，贷金学生贷金增加 1000 元，共 7500 元；3 月 26 日，贷金暂增至 10750 元。② 学校的这些措施，为品学兼优的贫寒学子入学提供了经济保障，一定程度上维护了教育的公平性。

三、调研和实习活动的恢复

复员广州后，学校克服了物价飞涨、经费紧张等重重困难，积极开展各类调查和实习活动，将课堂讲授与实地见习结合起来，培养学生理论联系实际的能力。台湾工农业基础较好。国民政府光复台湾后，中大多次组织各院系师生赴台考察实习，师生考察完毕回校后举行专题展览介绍，收到很好的效果。

文学院历史系高年级学生在罗香林教授带领下，前往广州市光塔寺、光孝寺和流花桥等处考察文物，做史料研究。历史学与中国语言学两个研究所的研究人员前往位于广州黄埔的南海神庙（波罗庙）进行考察。

1946 年底，法学院社会学系学生在龙冠海教授、岑家梧教授的带领下，分赴广州市社会事业机关参观考察。1947 年 4 月，社会学系举行了历时 3 周的广州市社会工作及社会行政机关总调查并举办调查成绩竞赛。除对广州全市社会工作机关进行调查外，师生们还赴佛山调查当地的社会状况。

1946 年 4 月，理学院地理学系师生及师范生共 51 人，在系主任

① 贺金林著：《抗战胜利后国民政府教育复员研究》，第 117 页。

② 易汉文主编：《中山大学编年史（一九二四——二〇〇四）》，第 43 页。

吕逸卿教授的带领下，利用春假赴广州黄埔一带开展地理考察，这是地理学系成立以来举行地理考察参加人数最多的一次。1946 年 6 月，生物学系师生在吴印禅教授及讲师黄维康、张宏达等的带领下，联合博物系，到肇庆鼎湖一带进行野外实习。

工学院尤其重视学生的实习活动，学院在校内办有专门的实习工厂，供各系锻工、钳工、木工、铸工等实习之用。除在校内实习外，各系学生还利用暑假到外面的各大工厂实习。

农学院各系结合各自的专业情况，除分别在校内附设的农场、林场、稻作试验场等场所进行实习外，还分赴省内外各地开展各种形式的实习和考察活动，以增进学生的知识及技能。为改善教学条件，茶蔗研究部向台湾订购了制茶机、揉茶机，畜牧兽医系向联合国救济总署争取划拨了一批良种乳牛，① 附设稻作试验场建立了稻种风干室及种子人工干燥室，以利教学研究。

医学院学生除在东山百子路的本校附属第一医院以及长堤的附属第二医院实习外，还分别前往广州、澳门、台湾等地医院进行实习。

师范学院尤其重视毕业班学生的教育实习，每年精心组织毕业生在本校附中、附小等学校实习试教。同时，师范学院还注重教育考察，常组织师生分赴湘桂、台湾等地考察教育，让学生了解各地教育实际情况。1946 年底，师范学院与广东省立民众教育馆在石牌长湴村合办石牌社会教育区，收容失学民众 200 多人，并每星期举行赠医赠药活动，以便利村民。

四、学术活动的恢复

国立中山大学有着优良的学术研究传统。复员广州之后，时局动荡，物价飞涨，科研经费紧缺。全校师生克服重重困难，很快投入到

---

① 《华南农业大学校史》编委会编：《华南农业大学校史》，第 55 页。

学术研究活动之中，各学院普遍开展了学术活动。

文学院为增进学生的研读兴趣，培养良好的学术氛围，举办了各种学术讲座活动。1946 年 1 月 15—19 日，文学院举行学术演讲周，分别请文学院院长朱谦之、研究院院长崔载阳，以及该校教授吴三立、钟仁正、张嘉谋、陈安仁演讲。其中，朱谦之院长主讲题为《奋斗八年》《音乐与学习》《文艺复兴期欧洲文学中所见之中国》《战后文化之展望》《现代史学之新倾向》等。1946 年 5 月 25 日起，文学院定期举办文化科学讲座，首先由朱谦之院长主讲。第一讲文化政治学，第二讲文化法律学，第三讲文化经济学，第四讲文化教育学。每周一讲，分四周讲完。1946 年 6 月 25 日，请王力（王了一）教授主讲《中国新诗的格律》。第一讲自由诗，第二讲诗的长短，第三讲音步，第四讲韵脚的构成，第五讲韵脚的位置，第六讲商籁。从 25 日起，每逢星期二、四、六开讲，分两周讲完。

1946 年 3 月 22 日，文、法两学院举办联合学术讲演，请著名小说家茅盾（沈雁冰）主讲《和平民主建设阶段之文艺工作》。

学会方面，法学研究会请前法学院院长、全国经济委员会委员黄元彬教授演讲；社会科学研究会请文学院院长王力教授、哲学系主任朱谦之教授、政治学系主任王辉明教授、社会学系主任高达观教授演讲；经济学会请经济学系主任王亚南教授演讲，请接任的系主任彭尘舜教授讲《怎样研究经济学》，请文学院杨成志教授讲《原始经济与现代文明》。

理学院从 1946 年开始组织科学座谈会，每两周一次，请本校教授或校外专家讲演。科学座谈会第一次集会于 12 月 7 日在理学院地理学系图书馆阅览室举行，共有师生 50 余人参加。第二次集会于 12 月 21 日举行，王星拱校长亲自演讲《理性在人生中之地位》《物理之演进》等专题。此后，科学座谈会先后请理学院院长徐贤恭主讲《营养与健康》，吕逸卿教授主讲《广州的气候》，工学院建筑工程学系主任龙庆忠主讲《番禺南海神庙》，等等。

学会方面，理学院科学研究会“自成立以来经常举办学术讲演，已历多次”。例如，许淞庆教授讲《科学在中国》，钟盛标教授讲

《太阳热的来源》，贾国永教授讲《Huygens 的第二种波对光源开不了倒车》，吕逸卿教授讲《广州的气候》，罗开富教授讲《广州附近之地形》，葛毓桂教授讲《中国建立自然科学的基本问题》，邹仪新教授讲《五月九日之日蚀》，工学院罗雄才教授讲《化学工业的本质》，建筑工程学系主任龙庆忠教授讲《番禺南海神庙》，陈国达教授讲《从水陆分布说到大陆的生成》，许淞庆教授讲《二次联立方程式与四次方程式之新解法》，邹豹君教授讲《计划经济与区域设计》，等等；

地理学会每两周举行一次地理讲座，请专家学者作学术演讲。先后邀请丁骕教授主讲《漫谈新疆》，吕逸卿教授主讲《越南山水人物》，梁溥教授主讲《广东怎样分省》，资源委员会专门委员、地质学系前任教授陈励刚先生主讲《海南岛地理地质概况》，钟功甫先生主讲《扬子水峡筑坝之地理基础》，广东省政府顾问麦蕴瑜先生主讲《南沙群岛问题》，杨成志教授主讲《美洲印第安人与亚洲蒙古利亚人之关系》，著名电学专家吴敬寰教授主讲《雷达之构造及其应用》，邹豹君教授主讲《西北问题的侧面》。

工学院化工学会请梁孟齐教授、李文尧教授、省政府顾问麦蕴瑜、农学院农化系余蔚英教授讲与工业有关的学术问题。

农学院每月举行一次学术讲演会。农学院农艺研究会请刘萃杰教授做有关农业和农业经济的专题演讲，请王仲彦教授主讲《作物育种体系之再检讨》。此外，农经系张农教授还发起成立了农政促进会。

医学院不定期举行学术讲座。1946 年 2 月 27 日，请卫生专家李廷安博士演讲《中国卫生问题》。

师范学院定期举办学术演讲。例如，1946 年 4 月 1 日，请名作家、立法委员简又文先生主讲《理想的广东文献馆》；5 月 10 日，请国民党中央党部副秘书长郑彦棻先生主讲《中国与国际现势》。学会方面，师范学院心理学研究会请王书林教授、余文伟教授、阮镜清教授、教育学系主任王越教授及陈孝禅教授讲有关心理学问题；教育研究会、教育学会联合邀请私立南华学院院长钟鲁齐博士做《如何准

备做一个良好的教师》之演讲；教育学会请许崇清教授、王越教授、雷荣珂教授、郭一岑教授及广州大学教务长谭维汉博士讲教育学的有关问题；美术研究会请文艺作家司马文森作演讲，并举办欧洲历代绘画名作展览；体育学会请吴文忠教授讲《我国体育的回顾与展望》，并为了锻炼学生体魄开设西洋拳术训练班。

学校其他各学术团体为增进学术研究，也都定期或不定期举办学术专题演讲。如大学研究会请历史学系阎宗临教授讲《德国历史的悲剧》，青年会请李挺教授讲《肺结核防治问题》，研究所联合会请黄枯桐教授讲《农村复兴问题》，等等。

为了纪念革命先行者孙中山先生，学校定期举办国父纪念周，请知名教授和学者演讲。先后在纪念周上演讲的教授、学者和讲题如下：王星拱校长讲《理性在人生中之地位》《理性与人生》，教务长邓植仪教授讲演《中国土地利用之两大问题》，文学院院长朱谦之教授讲《中国文化之新阶段》，名作家、立法委员简又文主讲《理想的广东文献馆》，法学院代院长梅龚彬教授讲演《最近之国际形势与中国》，从南洋考察归来的参政员陈绍贤主讲《南洋华侨教育》，工学院院长罗雄才教授主讲《科学研究与工业》，师范学院院长唐惜分主讲《改制以后的师范学院》。

五、对外学术交流的恢复

国立中山大学历来重视对外学术交流活动。复员广州后，中大的教师们经常到校外讲学，参加各种学会的活动。同时，学校也派出学生和教员到国外深造，以充实师资，增广见闻。

1946 年 8 月，文学院讲师钟日新赴美深造；10 月，教育部准予在中大任教已逾 10 年的文学院历史学系教授陈安仁先生休假赴美进修；1947 年 5 月，文学院二年级学生陈云玑赴美留学。

1947 年 4 月，应美国援华联合会邀请，法学院教授雷荣珂赴美

进修；5 月，教育部挑选政治学系学生赴土耳其留学。

数学天文学系于 1946 年 3 月发起成立南中国数学会，同时创办《数学教育》杂志，第一期于 1947 年 3 月出版。1946 年 7 月，化学系袁文奎奉教育部派遣，赴美国考察化学工业，并到加拿大研究造纸。

1946 年 8 月，工学院土木工程学系黎献勇副教授受教育部选派赴美进修水利及考察工业教育，重点考察美国田纳西流域管理局（T. V. A.）水利计划及预算。黎献勇副教授赴美期间获美国依阿华州立大学研究院奖学金，在 T. A. V. 受训，任丰塔纳（Fontana）水力变电厂助理工程师，于 1947 年 12 月中旬回校。1946 年 12 月，建筑工程系符罗飞教授在香港举办个人画展，深得各界人士推崇。

1946 年 11 月，农学院与全国善后救济总署广东分署合办广东柑橘繁殖场，办场的宗旨为复兴广东柑橘生产和推动柑橘试验研究工作的开展。1947 年度，农学院赵善欢教授应国立北京大学农学院昆虫学系之邀，前往讲学一年。

1947 年 1 月，国立台湾大学函请农学院蒋英教授前往研究考察农林植物。蒋英教授先后在台北林业试验所的植物园、植物标本馆和台大农学院、理学院进行植物分类研究工作。

此外，农学院还注意农业的推广工作。例如，农场森林股恢复了本土和外来优良树种的繁殖工作，向校外供应优良树苗和种子；病虫害学系曾向中国农村复兴委员会洽领约万磅杀虫药剂，派员往广州市郊免费替果农进行实地防治。①

1947 年初，医学院黎希干奉教育部委派，到美国哈佛大学研究细菌学，并考察公共卫生事业，历时一年多，其间所有费用均由美方补贴。1947 年 3 月，医学院杨简获美国医药援华会奖学金，赴美国宾夕法尼亚大学进修病理学。杨简在美期间的研究工作备受指导教师赞扬，后获多诺基金会（Donmor Foundation）奖学金，继续研究病理学专题。

---

① 《华南农业大学校史》编委会编：《华南农业大学校史》，第 56 页。

1947 年 4 月，应美国援华联合会邀请，师范学院院长蔡乐生赴美国进修。

复员广州后，中大陆续邀请了一些外国学者、专家、教授来校讲学、考察、参观。1946 年 4 月，英国海军来校进行农药 DDT 系列讲演，内容包括近代防疫方法及卫生设施、蚊蝇等害虫用 DDT 防除方法、飞机上设虫喷雾设备及释放技术。同时，该团队还与农学院教授赵善欢博士合作测定 DDT 喷后成效，并在石牌校区进行飞机喷雾试验。1946 年 5 月，农学院昆虫学会请英国昆虫学家罗伊·尤约特（Roy Elliott）上尉讲演《英国战时昆虫事业及新杀虫剂之应用》。1946 年 6 月 20 日，学校邀请中英科学合作馆主任罗斯毕教授在体育馆礼堂讲演文化问题，各院停课一小时参加听讲；之后，罗斯毕教授在理学院礼堂为地质、地理两系学生讲演《地理学之应用》。同日下午，学校邀请罗斯毕的夫人在法学院礼堂为全校女生讲演《英国女子高等教育》。

回到石牌后，中大的教学和科研逐渐得到了恢复和发展，培养出了一大批社会急需的各类人才。全国各地的企事业单位、机关等部门纷纷要求学校推荐毕业生前往就业。1946 年 6 月，广西省省银行和高等法院来校延揽人才；粤汉铁路管理局征用电机工程学系毕业学生；交通部电讯总局选送工学院毕业生任电教技术员；广东省党部社会服务处征求中大毕业生担任中学教员；台湾省行政长官公署函请学校介绍优秀毕业生，文学院选送应届毕业生 10 名赴台服务；台湾省林业局函请农学院推荐农林人员赴台工作。1947 年，两广盐务管理局前来征求化验专门人才，审计部西南铁路审计办事处函请学校选送工科毕业生前往服务。

第五节　校园文化的恢复

一、举办展览

为丰富师生业余生活，普及科学知识，增广见闻，国立中山大学各学院和研究会利用图片、实物等举办丰富多彩的展览会，广受师生欢迎。

1946 年 3 月，学校三二五美术学会举行大规模欧洲历代绘画名作欣赏会和幻灯美术欣赏会。

工学院建筑工程学系毕业生为筹集赴香港考察建筑工程之经费，于 1946 年 6 月 14—16 日举办图案展览，共展出图案 100 多帧，内容分建筑设计、都市计划、室内装饰等，是复员以来该系举办的第一次展览。

1947 年 3 月底，理、工、农、医、师各学院举办青年节和儿童节科学展览，各学院“均有珍贵独具之标本，与呕心杰作之图案画展及其他有关科学种类，俱选备陈列，琳琅满目，不胜枚举，实为本校复员后第一次之伟大展览”①。理学院共布置了 18 个展览室，各种仪器、标本、模型、图表分类陈列，引人注目，观者塞途。其中，化学系的分析化学、有机化学、理论化学实验，生物学系的显微镜下的生物，地理学系的越南史地，天文台的天文仪器观测，观众尤感兴趣，常常驻足观看，不忍离开。

---

① 《本校科学展参观踊跃，珍品具备陈列》，《国立中山大学日报》1947 年 4 月 1 日。

二、音乐文艺活动

复员广州后，学校为丰富师生的精神生活，经常举办文艺演出、音乐会等文娱活动，广受师生们的欢迎。

文学院于1946年7月4日晚举办音乐晚会，请黄友棣教授用提琴独奏世界名曲，并讲述音乐派系的发展。

师范学院学生服务委员会于1947年5月8日晚在学校体育馆举办音乐演奏会，节目有马思聪教授的小提琴独奏、梁广瑞同学的男声独唱、王慕理的钢琴独奏、马思聪等的弦乐四重奏、伍智贞的女高音独唱、王友健的大提琴独奏、罗荣钜的男中音独唱等，广受师生好评。

第六节　图书馆的恢复

一、解决燃眉之急

图书馆是学术研究的源泉。学校复员广州后，图书馆因馆址并无着落，不能开馆。为了保证师生正常的学术研究活动，图书馆一面呈请学校选定馆址，购置书架桌椅；一面同省立图书馆协商（时中大图书馆主任杜定友兼任省立图书馆馆长），准许中大教师和学生前往借阅。

图书馆公告说："兹为适应本校教授及四年级同学选述论文起见，特商准广东省立图（书馆），凭本校图（书馆）初证之借书证，先行借阅。已自昨25日（1946年2月25日）起在平山堂大礼堂该

馆临时办事处分发借书证。凡本校教授持有学院介绍书及持有四年级注册证者均可照领。” 由此暂时解决了中大师生的燃眉之急。

1946 年 3 月 2 日，图书馆暂借工学院第 39、40、41 号教室为临时馆址，先行展阅报纸杂志 434 种。“凡广州市内所能购到者，均已收集齐全。” 4 月，第一批图书约 1 万册编竣，并于 4 月 3 日送入石牌，但因书架无着，无从陈列查阅。5 月，一部分书架运到，图书馆即于 5 月 6 日正式开放。一时间读者踊跃，“因座位不敷，后至者多有向隅之叹”。[①]

二、藏书量的增长

为长远计，图书馆主任杜定友明察暗访、四处奔波，立志要在 3 年时间内恢复学校图书馆 30 万册的旧观。复员广州之初，因学校复员委员会并无其名，图书馆馆址亦无着落，为开展工作，杜定友自挂“中大、省、市图书馆联合办事处”招牌，以其名义寻访失散图书。[②]当是时，市面上散落出来的图书随处可见，每斤不过三四十元，可惜校方已停薪七八个月，杜定友囊中羞涩，只好望书兴叹。学校经费紧缺，百废待兴，图书购置经费远远不足。因此，恢复战前图书藏量，主要通过回收图书馆战前流散藏书和接受社会捐赠的方式进行。

广州沦陷期间日本侵略军夺取中大物资甚多。复员广州后，经过校方的不懈努力，成功追回部分流失校产。部分图书回归情况如下：

1946 年 1 月 21 日，杜定友的友人在香港永源货仓发现图书 171 箱，多为中大图书。杜定友闻讯，当即呈请校长去函交涉，并面请广东省教育厅姚厅长派特派员张子春赴港交涉。3 月 10 日，杜定友亲往香港办理寄存图书接运事宜。16 日，中大存港图书以及接收到的

---

① 吴定宇主编:《中山大学校史（1924—2004)》，第 214 页。

② 李卓:《抗战期间中山大学图书馆发展纪实》，《图书馆学刊》2014 年第 1 期。

敌伪遗留西书727册共173箱运抵广州。①

1946年2月初，学校接收伪广东大学所藏中大图书18664册，其中以中大出版物为多，约占三分之二。

1946年2月，学校从东亚研究会收回志书20314册。②

1946年3月，军政部广州区特派员公署函告在本市后楼房上街十六号之二、之三寻获图书一批，均为战前中大馆藏。学校立即派员予以接收。计有合订本各省政府公报等960册、丛书集成及其他图书杂志2395册，合计3355册。③

1946年8月，教育部广州区教育复员辅导委员点收伪广东大学图书标本，得旧杉木书柜64个、旧杉木书架31个、目录箱1个、破坏打字机1架、坐台风扇1把，由学校派员接收。④

1946年10月，国民政府军事代表团在日本接收我国被劫图书仪器时发现有中大图书共计11180册，这批图书运回国内后由学校派员接收。⑤

1946年11月，广东省教育厅将从香港运回的被日军掠夺的图书中发现的地图半箱及碑帖2箱交由中大图书馆接收。⑥

1948年2月，国民政府中央信托局粤桂闽区敌伪产业清理处接存敌商日文书籍一批，共211册，移交中大接管。

1948年12月，日本归还物资处理委员会从日本运回我国被劫物资的“海辽”轮中发现中大两广地质调查所图书共计536册⑦，这批

---

① 吴定宇主编：《中山大学校史（1924—2004）》，第214页。

② 《国立中山大学复员委员会关于发还东亚研究所图书等事的函》，中山大学档案馆馆藏档案，关联号020－004－1460－003。

③ 《国立中山大学图书馆关于报接收广州市后楼房上街十六号之二三两处图书一事的文》，中山大学档案馆馆藏档案，关联号020－004－1460－045

④ 《关于接收伪广东大学家具情形的报告》，中山大学档案馆馆藏档案，关联号020－004－1167－025。

⑤ 《国立中山大学关于本校被劫留日本书籍准驻日代表团洽领等事的函》，中山大学档案馆馆藏档案，关联号020－004－1460－073。

⑥ 李卓：《抗战期间中山大学图书馆发展纪实》。

⑦ 《日本归还物资处理委员会关于从日运回中国被劫物品内有两广地质调查所书籍536册等情的代电》，中山大学档案馆馆藏档案，关联号020－001－0196－061。

图书由两广地质调查所商请中央信托局代为运至广州接收。[①]

国内外赠送图书杂志是学校与外界进行学术交流的一项重要内容。复员广州后，图书馆努力向海内外各方征集图书，杜定友馆长对此更是不遗余力。仅1947年度，图书馆就收到各方赠书总计58851册。复员初，学校接受赠书情况如下：

（1）团体捐赠。

1946年4月，法国政府赠送医学图书全套。5月，重庆中英科学合作馆寄给中大备书计330种。6月，美国新闻处赠送1945—1946年外文新闻杂志20余种。同月，图书馆收到西文中国史料图书130余种，其中有关于中亚西藏记录的名贵古本。

1947年1月，台湾省气象局赠送中大图书62册。"均属珍贵研究资料，其中最难得者为关于航空气象方面之记录，为日人多年秘密研究作开辟华南及南洋航空路线设计之根据。"该批资料全部交给地理学系保管研究。[②]

（2）私人捐赠。

1946年6月，工学院李敦化赠工学院阅览室4部巨著；土木工程学系梅荣赠送该系土木工程书籍2册，该系毕业留美学生何家瑚、周桢华、陈孟涛等在美购得土木工程新书26册捐赠该系。10月，中英科学合作馆主任罗士佩赠与图书馆新版英文《万有文库》27种，每种两部，一部存总馆，一部存文学院。

经过图书馆全体同仁的共同努力及海内外各界的支持与慷慨捐赠，到1946年4月18日，中大图书馆藏书达约12万册，恢复到坪石时期的数量。到1948年下半年，藏书已增至18万余册，算上其他小册子和未整理的书籍，合计25万余册。中大图书馆已基本恢复战前的藏书量，其中由专项经费购入者仅占约十分之一，其余都来自国内外机关团体和个人捐赠。

---

① 《两广地质调查所关于请将日本归还本所书籍转运广州给领等情的公函》，中山大学档案馆馆藏档案，关联号020-001-0196-058。

② 吴定宇主编：《中山大学校史（1924—2004）》，第232页。

第七节　沉痛悼念

1945年国立中山大学仓促迁校和复员广州期间，不少员生遇难。1945年3月3日，坪石沦陷，工学院卫梓松教授因病未能走避。卫教授为保持民族气节，宁死不屈，于3月20日服用大量安眠药，自杀殉难。坪石沦陷后，师范学院附中教师陈兴焰、学生诸兆永和另一位同学在转移过程中与日军遭遇，不幸遇难。

1945年12月15日上午，学校在文明路礼堂举行抗战死难员生追悼会。追悼会由代理校长金曾澄主持，卫梓松教授夫人报告卫教授在坪石沦陷时的殉难经过，附中校长司徒汉贤报告附中员生在南雄、百顺遇敌殉难的经过。其后，由金曾澄代理校长等相继演讲。中大师生以挽联致哀，表达对抗战中死难员生的哀思。文学院院长朱谦之教授撰挽联“亮节昭史乘，悲风立沧溟”，容肇祖教授撰联“粤海痛沉珠山河已复钟簴犹存只恨再生无术，同门伤益友骅骝未聘骏骨先收堪念百年树人”。

理学院黄际遇（任初）教授从事教育数十年，既是民国时期中国数学界的泰斗级人物，更是学贯中西，兼长文理且于书法、楹联、棋弈皆精，在师生中很受尊重。1945年10月21日，他从北江坐船返校时不幸于清远坠水遇难。学校命张云、王星拱、金曾澄、邓植仪等教授成立黄任初教授治丧委员会，于12月16日在文明路礼堂举行追悼会，前来悼念者众多。国民政府特发褒扬令曰：“志行高洁，学术渊深，启迪有方，士林共仰。”梁实秋撰文：“先生博学多才，毕生劳瘁，未厄于敌骑肆虐之时，乃殒于结伴回乡之际，噫！”老舍挽联云：“博学鸿才真奇士，高风亮节一完人。”饶宗颐的评价是：“先生自幼颖异，书过眼终身不忘。精力充溢，体貌俊伟似齐鲁人。其学长于数理解析，蜚声国际。”[①] 治丧委员会还组织成立了黄任初教授

① 尹作升、李平生主编：《斯文一脉》上卷，山东人民出版社2014年版，第17页。

著作出版委员会，并筹集讲学基金以资纪念。[①]

1945 年 10 月 23 日，从龙母分散返家的潮汕籍师生 11 人在汕头集中，乘坐汕头集源公司的“祥发”轮回校。25 日在平海附近因油箱爆炸起火，乘客跳水逃生，遇难百余人，其中有中大师范学院教育学系助教林惠仙以及师范学院学生黄光华等 7 人。另一批潮汕籍师生乘坐汕头华商公司的“祯祥”轮于 1945 年 10 月 25 日从汕头出发，因严重超载，又遭遇风浪，于 28 日凌晨在离香港 9 海里的针山海面沉没，溺死200 余人，其中有中大师生陈廷佳等47 人。[②] 学校潮汕籍死难员生善后委员会于 12 月 23 日举行了潮汕籍死难员生追悼会。[③]

1945 年抗日战争胜利后，中大师生重回石牌，学校的教学、科研活动也逐渐走上正轨。从 1945 年抗日战争胜利到 1949 年 10 月中华人民共和国成立，中国社会发生了翻天覆地的变化。中大全体师生谨记孙中山先生救国救民的遗训，读书不忘革命，以满腔的爱国热情积极投身于各种争取民主与和平的社会运动，如参与了 1946 年初声讨国民党当局破坏和平、镇压爱国学生的“一二・一”惨案，同年 12 月声讨北平“沈崇案件”的反美国抗暴运动，以及 1947 年全国性的“反饥饿、反内战”学生运动，等等，在这一时期的社会剧变过程中留下了自己的身影。

---

① 吴定宇主编：《中山大学校史（1924—2004）》，第 196 ～ 197 页。

② 《国立中山大学暨私立岭南大学两校员生复员殉难记》，中山大学档案馆馆藏档案，关联号 020 - 002 - 0085 - 013。

③ 易汉文主编：《中山大学编年史（一九二四——二〇〇四）》，第 42 页。

附录

附录一　国立中山大学历任校长名单

校长	任职时间	代理校长	任职时间
邹鲁	1924 年 2 月—1925 年 11 月	褚民谊	1925 年 2—6 月
顾孟余（未到任）	1925 年 11 月底—1926 年 6 月	陈公博	1925 年 11 月底—1926 年 2 月
		褚民谊	1926 年 2—6 月
戴季陶	1926 年 6 月—1930 年 9 月	经亨颐	1926 年 8—9 月
朱家骅	1930 年 9 月—1931 年 6 月		
		许崇清	1931 年 6 月—1932 年 1 月
邹鲁	1932 年 2 月—1940 年 4 月		
		许崇清	1940 年 4 月—1941 年 7 月
		张云	1941 年 8 月—1942 年 5 月
		金曾澄	1942 年 5 月—1945 年 12 月
王星拱	1945 年 12 月—1948 年 6 月		
张云	1948 年 6—10 月	陈可忠	1948 年 6—10 月
陈可忠	1948 年 10 月—1949 年 6 月		
张云	1949 年 6—10 月		
李凡夫（国立中山大学军管代表）	1949 年 10 月—1951 年 2 月		

附录二　相关档案名录（附照片）

1. 关于筹备国立广东大学的大元帅指令（1924年6月6日）

2. 中华民国国民政府秘书处公函第1405号（1926年8月21日，国民政府发布命令，正式宣布将国立广东大学改名为国立中山大学）

3. 石牌中山大学校防护分团组织及消极防空设施计划书（关联号020－002－0084－001）

4. 国立中山大学关于捡送市民防毒要览等情的函（1938年3月16日，关联号020－007－0054－100）

5. 广州各慈善机关收容难民情形调查表（1938年7月26日，关联号020－007－0058－120001）

6. 国立中山大学西迁纪实（1939年3月10日，关联号020－002－0062－013）

7. 国立中山大学关于领到合计谷款等情的文（1945年3月，关联号020－004－0241－014001）

8. 国立中山大学关于领到副食费等情的文（1945年3月，关联号）

9. 兴宁县政府关于安排中大员生住宿一事的代电（1945年3月，关联号020－009－0012－033001）

10. 国立中山大学连县分教处关于转呈卫梓松教授受敌威胁不屈悲愤自戕情形请予抚恤等情的呈及附件（1945年8月18日，关联号020－004－0017－002）

11. 国立中山大学暨私立岭南大学两校员生复员殉难记（1946年11月，关联号020－002－0085－013）

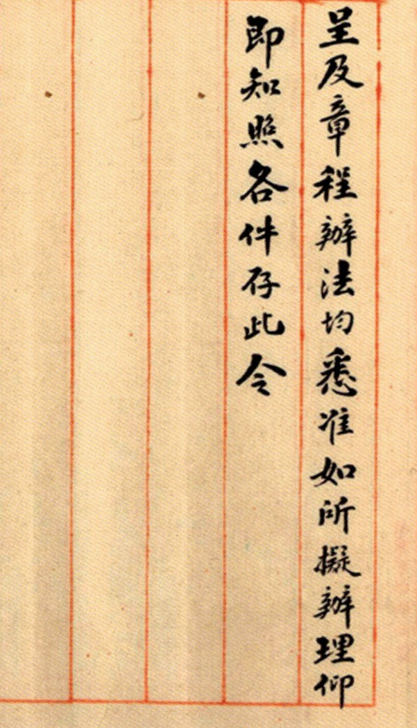
服字第[illegible]號

指令

民國十三年六月七日到

大元帥指令第五五八號

令國立廣東大學籌備主任鄒魯

呈報高師法大農專三校合併改為國立廣東大學及定下學期成立招收新生等情併附呈章程辦法乞示遵由

呈及章程辦法均悉准如所擬辦理仰即知照各件存此令

中華民國十三年六月　日

監印　李祿超

附图1　关于筹备国立广东大学的大元帅指令（1924年6月）

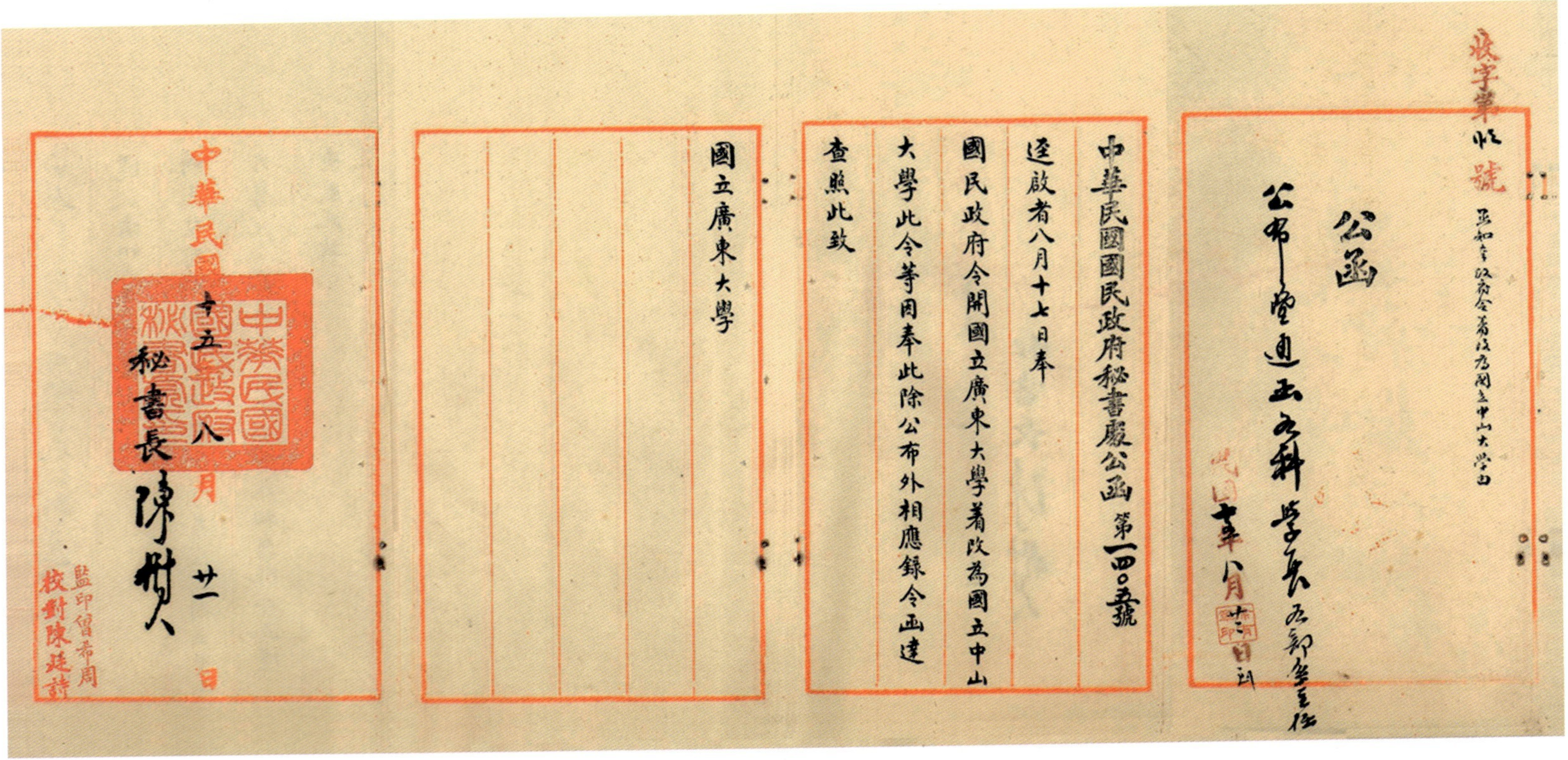

中華民國國民政府秘書處公函 第一四〇五號

逕啟者八月十七日奉

國民政府令開國立廣東大學着改為國立中山大學此令等因奉此除公布外相應錄令函達

查照此致

國立廣東大學

中華民國十五年八月廿一日

秘書長 陳樹人

監印留希周

校對陳廷詩

附图2 中华民国国民政府秘书处公函第1405号（1926年 8月）

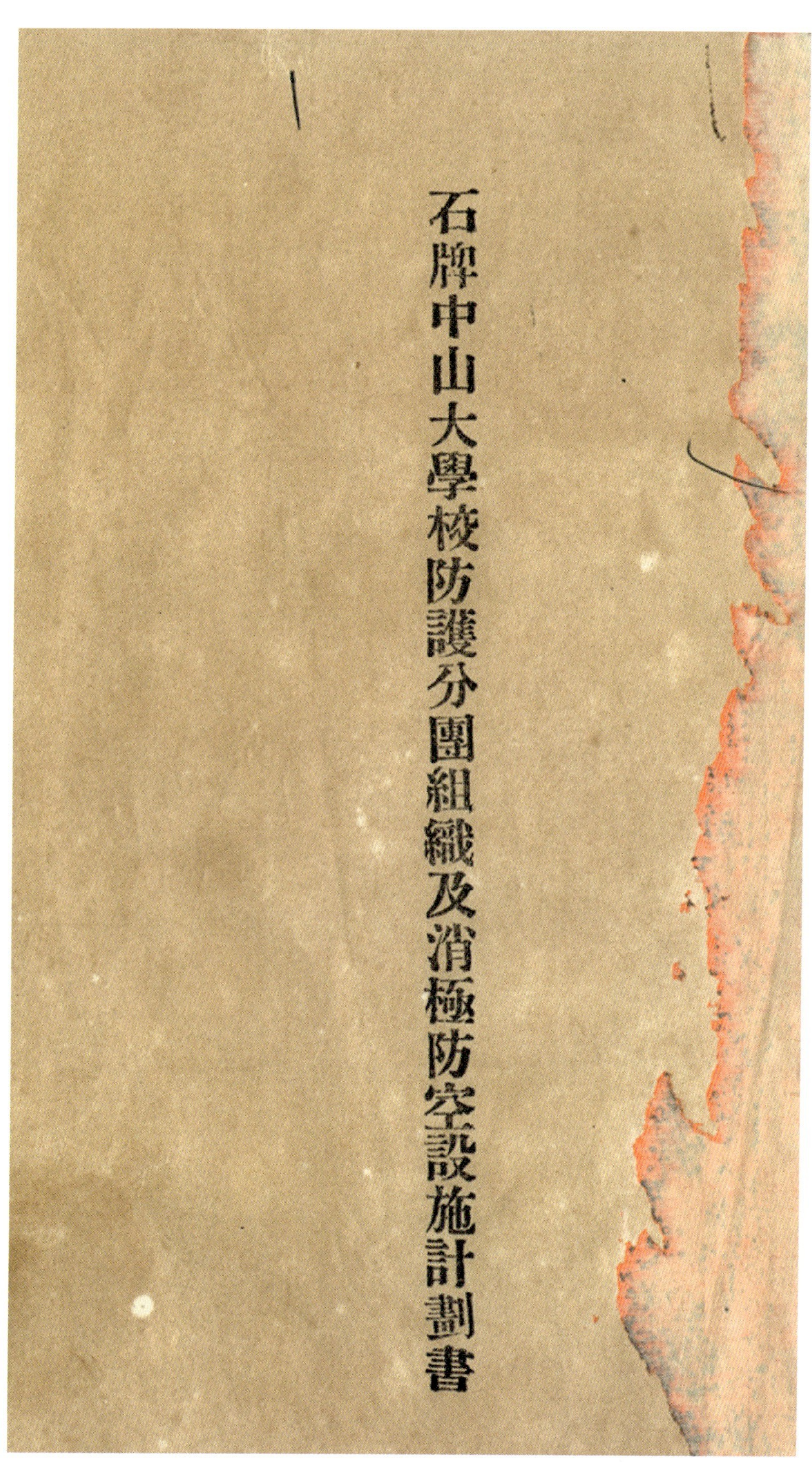
石牌中山大學校防護分團組織及消極防空設施計劃書

目次

一、導言
二、防護分團之組織
三、訓練
四、設施
五、空襲時之實施要領

石牌中山大學校防護分團組織及消極防空設施計劃書

一、導言

廣州爲華南重鎮，國防要衝，在未來之國際戰爭中，其將遭受敵國之空襲，乃屬必然之趨勢，敵國空軍如來襲本市，其攻擊之對象，當以我方軍事要塞，重要機關，工廠，文化及經濟中心地點爲其目標，實施轟炸手段，以破壞及毀滅我都市，故言國防者，莫不以努力防空建設，爲當務之急，所謂「無空防即無國防」，我中山大學爲華南最高學府，數千優秀青年學子叢集之所，規模宏大，爲全國之冠，石牌新校，建設四載，耗資達數百萬元，苟平日無相當之防空設施與準備，一旦發生空戰，吾恐敵人譽爲「中國之文化城」，燦爛巍峩之黌宮，將於一瞬間犧牲於無情敵彈之下，化爲焦土，國家之精

華，鉅量之資財，而無所憑障矣。

防空事業分積極與消極兩種，積極之防空係以我優秀之飛機，與防空槍炮，與敵人抗戰，或根本消滅其空軍，消極防空所以補積極防空之不足，用種種方法，以期減少空襲時人民之傷亡，與乎物質之損害，蓋不論積極防空之建設如何週密，終不能完全使敵國空軍不侵入我都市腹地，實施轟炸，尤其我國處此財政枯竭，經濟困難時代，積極防空建設，需費浩大，自以建設消極防空，較爲輕而易舉，積極防空政府及軍事當局已有相當規劃之外，至於消極防空工作，當由市民自動起來組織，查廣州市對於消極防空，已有防護團之設立，其計劃係將全市依警察分局區域，成立二十二個防護區團，負責辦理各該區內防護事宜，並規定凡屬重要機關團體工廠學校，應有防護分團之設立，我校遠離市廛，距市約二十里許，校園廣袤，面積達萬餘畝，建

築物已成者數十座，附近地勢空曠，無天然之遮蔽，對空目標最屬顯露，且傍鄰西南民航機場，與廣州空軍總站遙遙相對，環境與地勢，均屬扼要，實有組織防護分團之必需，爰不揣淺陋，就愚見所得，擬定母校防護分團組織計劃，及今後之防空設施事項，以就正於各師友！

二、防護分團之組織

學校防護分團之組織，應以簡單經濟實用為原則，而以消極防空為主要任務，平時應與廣州市防護團本部取得密切聯絡，以期互相協助，其隸屬系統畧如下表：

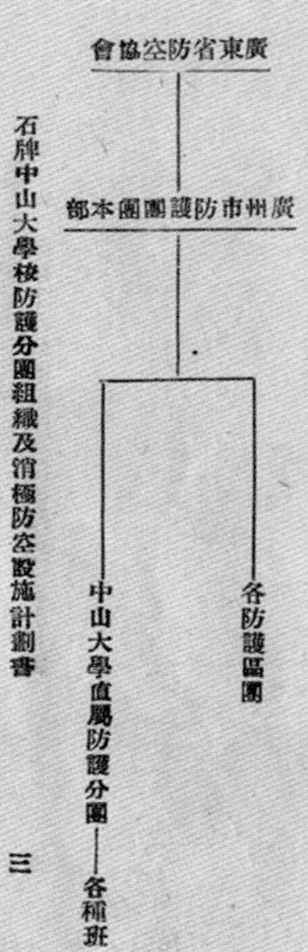

防護分團部之組織系統如下表：

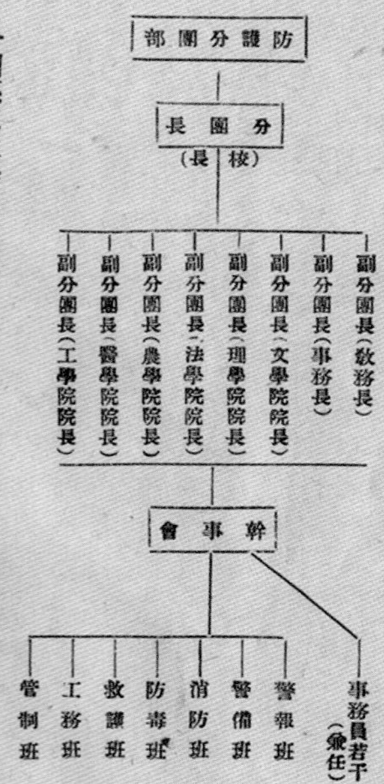

分團係以大學全體教職員學生工友為主幹，且均屬分團之當然團員，最高指揮長官為分團長，由大學校長兼任之，副分團長八員，由教務長事務長

及文理法農醫工六學院院長兼任之，分團部附設於學校軍事訓練部之內，必要時得另設一辦事處，分團部內設幹事會負責規畫及執行防護一切事宜，由理工農醫四學院各推教授一人，連同軍事訓練部主任共五人爲幹事，以軍事訓練部主任爲常務幹事，負召集及指揮責任，並酌請軍訓部內職員爲事務員，兼辦分團部內事務，以上各員均屬義務性質，概不支薪，依照規定，設立下列各種班：

1. 警報班——負校內通訊連絡及防空警報監視傳達之責，挑選校內工役精壯者三十人編組之。

2. 警備班——負警戒保護之責，必要時尚須協助其他各班，於空襲時之各種活動，將校警全部編組之。

3. 消防班——負火災預防火災撲滅之責，挑選校內職工及理工兩學院學

生編組之，班員一百人。

4. 防毒班——負防毒指導及消毒工作之責，挑選校內之理化教師及學生編組之，約需班員五十人。

5. 救護班——負中毒及受傷者之救急收容及治療之責，除由校醫處全體人員負責外，並挑選校內職工或學生共五十人編組之。

6. 工務班——負戰時電線道路自來水管被破壞時之修補，及平時建築僞裝遮蔽等工事之責，除由發電廠及自來水廠工人負責外，並加入機械廠技術人員與工役編組之，約需班員二百人。

7. 管制班——負空襲時秩序之維持管理，與乎燈火管制隱蔽熄滅檢查之責，由發電廠職工及其他校內職員三十人編組之。

各班就班員中，選擇一人爲班長，以便指揮統率，以上所列各班班員人

數，只約畧估算，得依環境情況變通之，以能充分遂行其任務爲原則。

三、訓練

學校防空訓練之目的，在使所屬職工及學生明瞭消極防空之一般智識及動作，以期一旦受敵機空襲，減少必要之損害，而保障學校活動之機能，訓練之全責，由軍事訓練部担任，必要時得由政府防空機關派員指導之，應於不妨碍辦公之範圍內，或在軍訓時間內加入防護勤務訓練及實習科目，已挑選定者由軍訓部派教官分別集合訓練各種操作，以一個月爲期，期滿後抽調其他教職員學生輪流入班作同樣之訓練，務使全校人員均能熟練防護工作各種勤務，至於防空智識之訓練，平時由理工醫三學院教授於本身範圍內，加授關於防空之學科，並指導學生引起其對於防空學術研究之興趣，我國對於防空學術，尚在萌芽時代，作此種新科學之探研者極尠，譬如毒氣之製造與

防禦方法，新式面具防毒衣之仿製，防空工程之構築等，均爲當今最急切之需求，吾人應努力研究者也。

防護教育科目，分主科附科及實習三種，得擇其較切要者講授之，其餘可印發宣傳品傳閱，其細目如左：

一、主科科目

1. 救護
   - a. 藥物學
   - b. 救急法　1. 止血　2. 人工呼吸　3. 駁骨　4. 中毒治療　5. 觸電
   - c. 繃帶術
   - d. 担架術

2. 消防

a. 消防常識

b. 消防方法

c. 燒夷彈之構造及撲滅方法

3. 防毒消毒

a. 防毒常識

b. 防毒方法

c. 消毒常識

d. 消毒方法

4. 工務

a. 工務常識

b. 僞裝與遮蔽方法

c. 道路及水電之爆破整理法

d. 防空避難室之構築

二、附科科目

1. 防空之一般要領

2. 警報及通信之方法及意義

3. 警備之方法及意義

4. 燈火管制常識

5. 對空監視及飛機識別法

三、實習科目

1. 救護

a. 各種救急法實習

b. 繃帶法實習

c. 担架術實習

2. 消防

a. 各種消防器材使用法實習

b. 救火實習

c. 燒夷彈撲滅實習

3. 防毒

a. 各種防毒器材使用法實習

b. 各種消毒用具使用法實習

c. 防毒實習

d. 消毒實習

4. 工務

a. 偽裝遮蔽實習

b. 道路水電爆破修補實習

5. 燈火管制

a. 燈火管制實習

6. 避難

a. 出入避難室實習

防護教育目的，在灌輸一般防空智識與技能，尤其注重實用方法，俾適於戰時之用，在相當期間內，應舉行全校防護演習，以期熟練，並與廣州市之防空演習聯合一致。

四、設施

學校團體因經濟關係，斷不能作大規模之防空建設，只就可能範圍內預爲籌劃，逐漸推行。其在防空上具有特殊價值者，得呈請政府另行設施，其他概以利用本校現有各種器材及設施爲主，茲擬就本校各項防空設施，及今後應行建設之事項如左：

1. 關於警報傳達者：

a. 日間利用發電廠現有之汽笛及上課銅鐘，以作防空警報，聲音之大小，以能遍傳校內各地爲度，現時安置之地點，尚屬適當。

b. 晚間利用電燈之熄滅方法，以作警報符號。

c. 在可能範圍內，裝置信號燈或警鐘於分團部內。

d. 在分團部內設置收音機，以聽取廣州市防空司令部之警報，並即時

傳達於校內各院部，或裝設直通廣州市防空司令部之電話專線。

2. 關於防空通信者：

a. 利用本校之自動電話總機，(尚未建造完竣)除駁接廣州市自動電話綫外，校內各處之電話綫路，應有蓄電池獨立供給之裝置，以便通至廣州之綫路中斷時，校內各處仍可通話，不受影响。

3. 關於燈火管制者：

各院部應按照現時校舍燈火狀況，督促員工分別完成左列諸設備，並常舉行檢查，俾臻於完善：

a. 全校各建築物窗戶，及能透光之處，一律用布簾緊密遮蔽。

b. 所有各路燈及屋外燈，用黑布燈罩遮蓋。

c. 預備低光電燈泡，及紅綠色燈泡若干，以爲限制燈光時之用。

d. 準備洋燭油燈手電筒若干，以備電燈全部熄滅時，警備班員維持治安警戒照明之用。

e. 應籌劃改裝電線，劃分屋外與屋內線兩種管制。

4. 關於消防設備者：

本校新建各種建築物，均用鋼筋三合土材料，對於防火之要求，尚屬適合，但為安全計，仍應進行左列各事項：

a. 貯備消防用具，太平桶，沙包，滅火藥品等。

b. 將各種危險化學品油類及惹火物移置安全地點，並派專人管理。

c. 保存現有各種水塘湖沼，以備自來水斷絕供給時消防之用，

d. 在學校各地，分佈設置消防龍頭。

e. 設置防火地帶，此項計劃由農學院規劃，以防火災蔓延，毀滅農場。

f. 如經費充裕，購置滅火機抽水機若干輛，及其他消防器材。

5. 關於防毒消毒者：

a. 貯備油紙及油布，以為防毒門窗及包裹物件之用。

b. 於校舍內擇定堅牢門窗嚴密者，佈置為防毒室。

c. 購置消毒防毒用具，藥料，如漂白粉石灰肥皂石油苛性炭等。

d. 在可能範圍內，應購置防毒面具若干，防毒衣及靴套若干，平時可作學生研究及試驗之需。

6. 關於救護避難者：

a. 設置防空避難室——查現時全校，只得工學院强電流實驗室之地下室一間，然面積尚狹，不敷全校員生之需，以後新建校舍，應均有此種地下室之設置，平日用以貯藏物品及重要文件，事變時可作避

難之用。

b. 設置避難壕——石牌地方遼濶，土質鬆浮，於環校各地帶，掘築避難壕溝數處，以作避難之所，比諸建築地下室，尤爲經濟合用。

c. 設置救護車——現時晚間在校員生，一旦發生病症，雖有駐校醫師爲之治療，然遇急重病人，須用救護車送至醫院救治，方屬萬全。

d. 擴充校醫處——現時之校醫處，地方似欠狹小，宜擴大房舍，增設病床，救護用具藥品等。

7. 關於僞裝遮蔽者：

a. 現時校內各道路，多用三合土材料建造，其色白而反光大，在晚間最易爲飛機發現，極不適合防空之要求，應講求改善，用顏色料塗掃表面，以後建造土瀝青深色路面爲宜。

b. 購備僞裝用具，如僞裝網，僞裝油布，烟幕彈等。

c. 現時建築物，除宿舍外，大部份屋頂用綠色瓦蓋，然仍要講求迷彩及變狀之方法，必要時採用之。

d. 廣植樹木——本校因建校未久，所植樹木不多不大，未能掩蔽校舍，此後宜加植高大樹木，並多佈置綠面。

e 利用迷彩顏色料，塗佈自來水塔。

f. 利用木料及攀懸植物，蓋搭棚廠，遮蔽本校東北之水源地，蓄水池及抽水機房。

g. 遮蔽發電廠金木機械二廠。

8. 關於警備者：

a. 劃定警備區域，分別由校警及農場警察，依照設置哨所位置防衛警戒。

b. 設置哨所及瞭望台——在南門、北門、西門、及門詔山、岷山、天山、葱嶺、天梯山、太岳山、陰山、西山、燕山、松嶺、大蜆山、泰山、森林股辦事處、嵩山水廠、農場警辦事處、虎山、楓嶺、武夷山、鳳凰山、羅浮山、五指山等各處高地，配置哨所，並利用天文台爲瞭望台，以作對空監視警戒之用。

c 增强警備力量，添置槍械。

d. 警備人員配備脚踏車，以爲巡邏警戒區之用。

9. 關於工務者

a. 工務班之組織，其下分電氣，道路，自來水，建築各組，平時負建設保護之責，戰時負修補之責，應調製全校道路平面圖，自來水管

分佈圖，電燈電話綫路分佈圖等。

b. 利用原有機械工廠各種修理器材，以供修繕工程之應用，缺乏者添置之。

c. 建設播音台——查本市嶺南大學曾有小規模播音台之設立，此舉對於宣揚校譽甚爲重要，本校應從速設立一所，平時既可供無線電學實驗之用，事變時可作警報通信急需。

d. 本校建築物，似欠太密集中部一處，如化學教室與化學工程教室數學天文教室數座，互簷毗接，雖管理交通聯絡上較爲便利，然校地廣濶，似不應過於團聚一隅，今後建築校舍，宜作分散式，每座分隔面積增大，除減少炸彈威力，並防毒氣之積聚。

e. 新建校舍宜採不規則形。

f.新建校舍宜採用小型，避免過高過大者。

g新建校舍應注意牆壁屋頂所用材料顏色。

h.現時校舍如機械電機合館，土木工程館，教職員宿舍，研究院等，作四方環形，中具天井，此種建築，易滯留毒氣，今後不宜採用。

i.現時所有電線，均用架空電桿，此後宜改埋地下，既美觀復合防空之要求。

五、空襲時之實施要領

防護分團部，最要隨時與廣州市防護團本部取得密切之聯絡，同時所轄各班，其任務均有連帶關係，亦須互相聯絡協助。

一遇發生空襲，担任防護任務者，應即出動，全力以赴，分別作防護操作，其未担任防護任務者，須按指定區域地點以行避難。

當敵機來襲廣州時，本校防護分團之最重要工作，爲警備燈火管制與避難，其次爲救護消防防毒諸業務，茲述其實施要領如下：

分團部利用電話及收音機，接到廣州市防空司令部播發之第一號空襲警報時，知敵機將到，立即派出警備班人員，馳赴各哨所作警戒及監視之任務，對於水塔，發電廠，機械廠，地下室，總辦公廳等處，應特別加派警備人員，以防歹徒混入校內，施行破壞，並同時通知警報班，發出空襲警報汽笛，用校內電話線通告各處，如在夜間，並用燈火熄滅符號，全校員生未担任防護工作者，入避難室中，由管制班員指導之，準備敵機之來臨，同時實行限制燈火，將不必需之燈光熄滅，接到第二號緊急警報時，知敵機廹近，於是通知發電廠將全部燈火熄滅，並由管制班人員出動，檢查校內有無其他不能熄滅之火光，其餘消防救護工務防毒各班，亦整裝待發，設遇敵機向我校轟炸，即出發被破壞地點，實行各班本身應盡之任務，當接到第三號解除警報時，發電廠汽笛發出同樣之警報，並將電燈復明，避難員生回復工作，其餘各班由班長召集，點查人員器材，已否齊全，然後分別復員，仍返分團部集合，警備班班員應在空襲完全停止時方行歸隊。

（附設施配備圖乙幅）

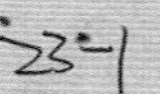

符號

警備哨所
分團本部
警報器地點
通訊機關
避難所
救護班部
消防班部
防毒班部
工務班部
管制班部
遮蔽及偽裝
瞭望台
播音台地點

附註：

上列各種班部地點係空襲時便利就近工作而設平時所有各班均附設分團本部內。

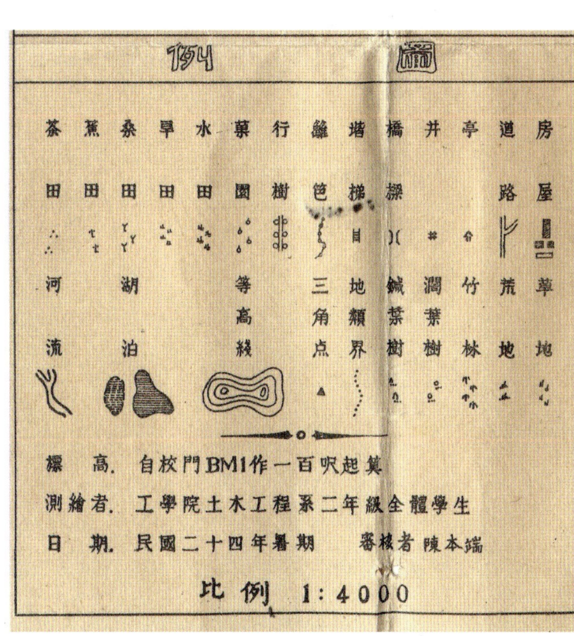

附图3 （28）图例、符号、附注

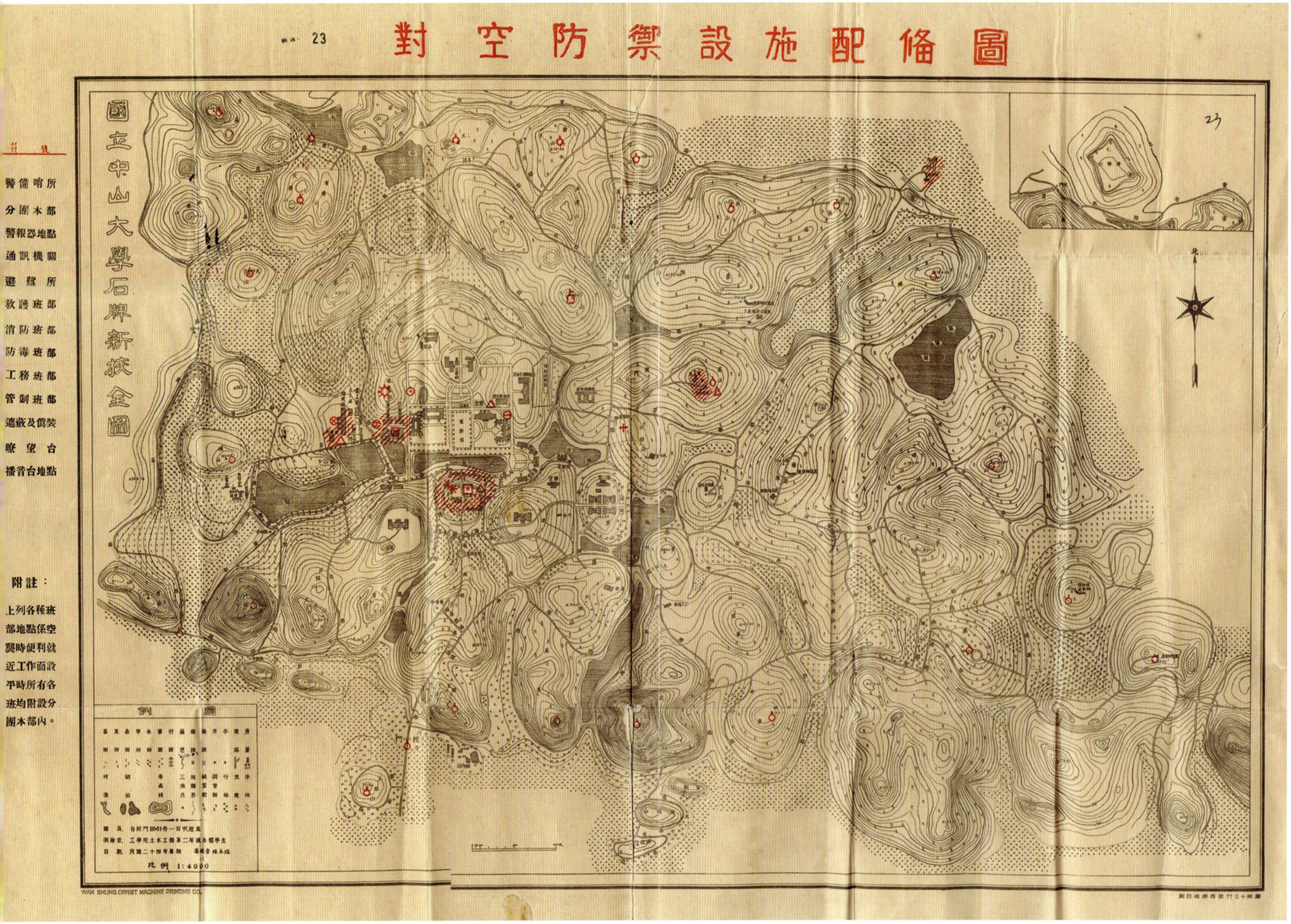

23

對空防禦設施配備圖

國立中山大學石牌新校全圖

符號

警備哨所
分團本部
警報器地點
通訊機關
避難所
救護班部
消防班部
防毒班部
工務班部
管制班部
遮蔽及僞裝
瞭望台
播音台地點

附註：

上列各種班部地點係空襲時便利就近工作而設平時所有各班均附設分團本部內。

圖例

測繪者 工學院土木工程系二年級全體學生

日期 民國二十四年暑期

比例 1:4000

WAH SHUNG OFFSET MACHINE PRINTING CO.

附图3　石牌中山大学校防护分团组织及消极防空设施计划书

~~香港九龍~~廣州各慈善機關收容難民情形調查表

民國卅七年七月廿六日

128

收容機關 國立中山大學附屬第一醫院

收容難民數目	性別	男	女	男童	女童	總計
	現在人數	三人	二人		一人	八人

收容難民辦法		
	收容地點	廣州市百子路本院
	收容之難民以如何為標準	因遭敵機襲擊，致受傷者為準。
	收容之難民以何處來者為多	本市為多

收容難民情形		
	難民之住食情形	1. 病室住宿用具概由本院供給，分別傷狀輕重，每大房住宿六人或三數人，同時並代為料理一切。 2. 膳食費用，一日三餐，均由本院供給。
	難民之管理情形	1. 事務方面，由本院派定專人管理。 2. 醫務方面，由各科醫生分科治理。 3. 護務方面，除由各科高級護士分理外，並派定專人總理一切。
	將來作何處置	1. 傷勢痊愈者，聽其自由出院，以後倘有決意來院診治時，經核均可到院醫理。 2. 倘難民無家可歸者，則轉送難民所收養。 3. 傷民殘廢不能工作者，則代送殘廢難民收養院。
	以前有無遣散及人數若干	以前因傷入院留醫痊癒出院者計六百四十七人（其中無傷入院留醫痊癒出院者二百三十四人）。 （難民由院發回家，係代為散藥，自行回家者，人數未列入合計內。）

備考	

香港各界救濟華南難民聯席會調查組

調查員負責人

附图5　广州各慈善机关收容难民情形调查表

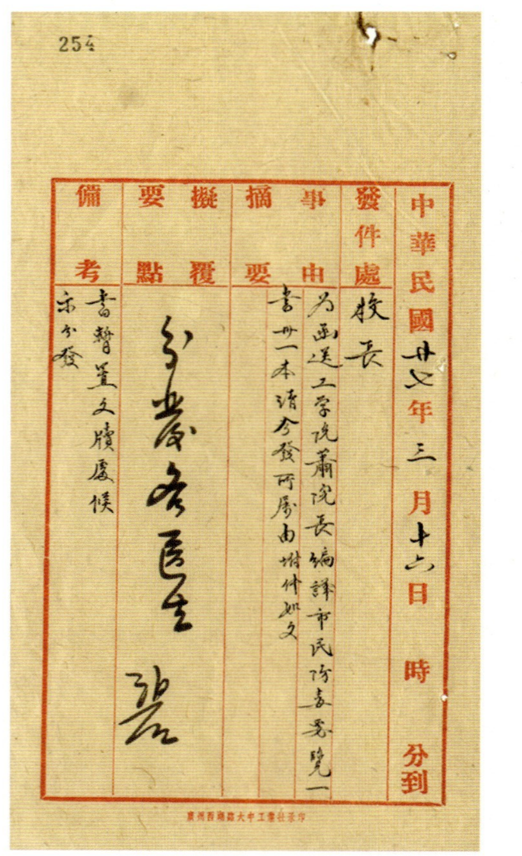

254

中華民國廿七年三月十六日 時 分到	
發件處	校長
事由摘要	為函送工學院蕭院長編譯市民防毒要覽一書卅一本請分發所屬由 附件如文
擬覆要點	[illegible]
備考	書暫置文牘處候示分發

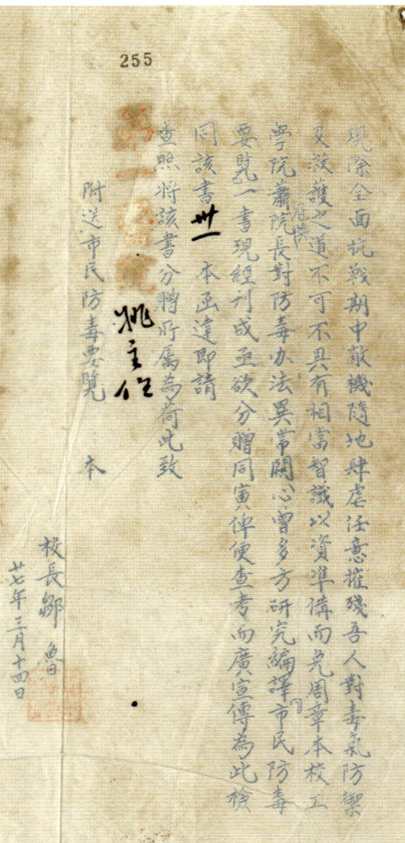

255

現際全面抗戰期中敵機隨地肆虐任意摧殘吾人對毒氣防禦及救護之道不可不具有相當智識以資準備而免周章本校工學院蕭院長對防毒辦法異常關心曾多方研究編譯市民防毒要覽一書現經刊成亟欲分贈同寅俾便查考而廣宣傳為此檢同該書卅一本函達即請查照將該書分贈所屬為荷此致

姚主任

附送市民防毒要覽 本

校長鄒魯

廿七年三月十四日

附图4　国立中山大学关于捡送市民防毒要览等情的函

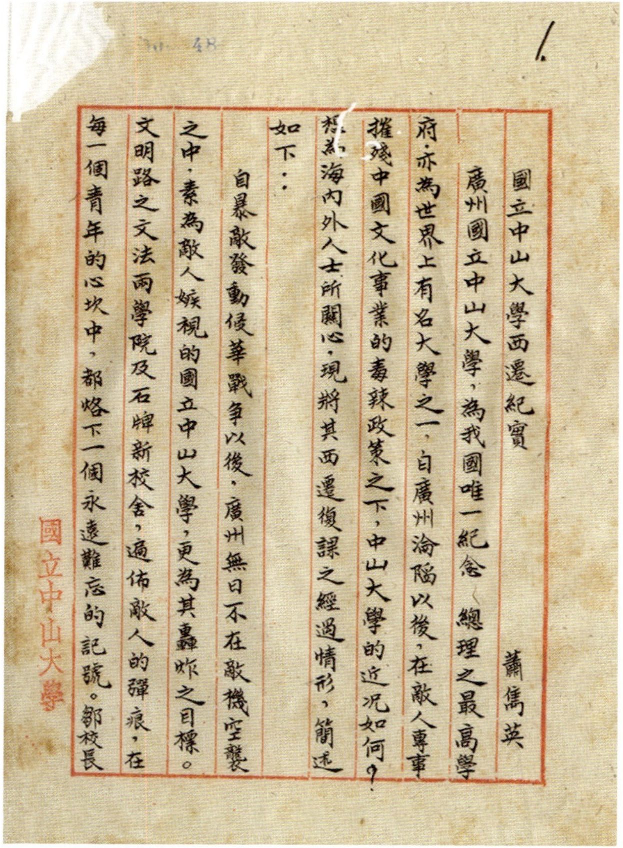

國立中山大學西遷紀實

蕭冠英

廣州國立中山大學，為我國唯一紀念總理之最高學府，亦為世界上有名大學之一。自廣州淪陷以後，在敵人專事摧殘中國文化事業的毒辣政策之下，中山大學的近況如何？殊為海內外人士所關心。現將其西遷復課之經過情形，簡述如下：

自暴敵發動侵華戰爭以後，廣州無日不在敵機空襲之中。素為敵人嫉視的國立中山大學，更為其轟炸之目標。文明路之文法兩學院及石牌新校舍，遍佈敵人的彈痕，在每一個青年的心坎中，都烙下一個永遠難忘的記號。鄒校長

(1)

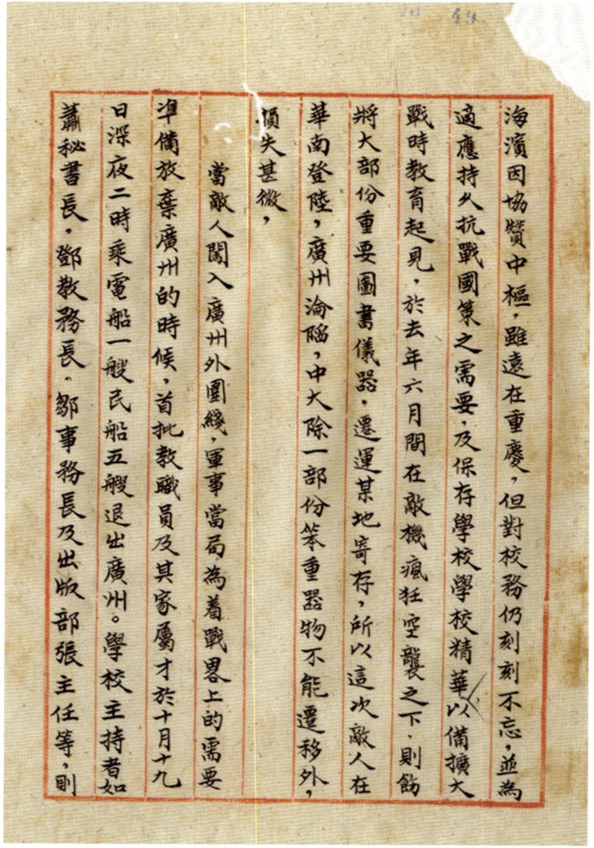

海濱同協贊中樞，雖遠在重慶，但對校務仍刻刻不忘，並為適應持久抗戰國策之需要，及保存學校學校精華以備擴大戰時教育起見，於去年六月間在敵機瘋狂空襲之下，則飭將大部份重要圖書儀器，遷運某地寄存，所以這次敵人在華南登陸，廣州淪陷，中大除一部份笨重器物不能遷移外，損失甚微，

當敵人闖入廣州外圍綫，軍事當局為着戰略上的需要準備放棄廣州的時候，首批教職員及其家屬才於十月十九日深夜二時乘電船一艘民船五艘退出廣州。學校主持者如蕭秘書長，鄧教務長，鄧事務長及出版部張主任等，則

(2)

於二十日始乘汽車離校趕赴羅定，準備及佈置臨時校舍，以備收容由廣州退出之員生。最後一批教職員即押運所存圖書儀器於二十一日始離開廣州。但此時廣州已陷於混亂狀態，交通工具均被徵作軍用，除顧用民船五艘載運圖書儀器外，欲覓一電船拖行亦不可得，此時的廣州，重要建築物已開始破壞，爆炸之聲震遐邇，濃烟四起，這景象說明廣州已在萬分危急中，不得已乃將民船放乎中流，借助自然界的力量，飄流至順德縣之勤流。但至此時若再任其飄流已不可能，乃派人分赴江門陳村等處僱請電船，幸蒙江門范德星先生及陳村郵局竭力協助，始得電船一艘，惟船

（3）

費極昂，由勤流至羅定非五百元不辦，如此巨款，當時因事出倉卒，學校公費未及携帶，且在逃難途中，籌措亦極不易，於無辦法中，後由各押運員工不拘多少，盡罄囊中所有，湊足上數，始得動輪，由此可見處於危急關頭，最易生「風雨同舟」之感，以小喻大，則中華民族為爭生存而抗戰，全民族團結一致，出錢出力，當非偶然之事。然因此而得保存國家公物，押運員工之愛國愛校精神，至堪敬佩！自勤流出發後，因受敵機沿途追擊，不得不晝伏夜行，遂延至二十九日始達羅定。

當廣州危急之際，本校校警一隊於十月二十一日由石牌撤

（4）

回市區，至百子路中大農學院舊址前，為當地軍警誤會，致被搶傷三人，殊引為憾！

到羅定後，一面設址辦公，籌劃復課，一面電呈教育部及鄒校長報告及請示，並通函各地各同學同事，請迅速集中，恢復課業。但因交通不便，郵電阻滯，至十一月中旬尚未復課，而教育部及鄒校長已來電着遷龍州。

本校奉令後，於十一月二十五日開始西遷，並先在南江口集中，至十二月一日動輪西駛梧州，並一面派人在龍州計劃校址，一面在廣州灣及梧州各地設置通訊處，以便員生登記。秘書長，教務長，事務長，文法兩院長，及圖書

(5)

館主任等則於十二月五日始離羅定，經信宜，茂名，而赴廣州灣，沿途視察南路員生登記情形。蕭（冠英）、鄒（卓然）吳（康）、黃（元彬）諸先生九日離廣州灣乘汽車赴龍州。筆者與鄧教務長（植儀）杜主任（定友）張主任（掖）等則由廣州灣轉輪赴港，出席於十三日下午在崇正會館舉行之留港教職員大會，鄧教務長代表學校當局對留港同事同學致懇切慰問，並會商西遷後之校務進行事宜。

正在西遷龍州途中，復奉部令再遷雲南。乃電托滇籍教授鄧孝慈、吳信達、鄧文康三先生就近尋覓校址。旋得龍主席之協助，以澂江環境最佳，遂決定遷往澂江縣。

(6)

在鄒校長懇切指示及各負責人員積極進行之下，澂江校舍及設備，均能於短促期間內完成。為使滯留各地之員生便利赴滇起見，由本校編印「赴滇指南」小冊，對赴滇路程及旅途中所應注意事項，臚列甚詳，並分在龍州（鄒事務長負責）、河內（張掖）、同登（杜定友張夢石）、海防（張雲梁甌第）、昆明、香港等處設立辦事處，辦理員生赴滇之一切手續及予員生在旅途中以種種便利。國內各地員生多由廣州灣、澳門、汕頭等處赴港轉滇，然由港赴滇須經法屬之海防及河內，凡經法屬尤須準備過境護照。而領照手續，向極麻煩，幸此次得外交部駐港簽証處戴處長德撫，蔡主任道堯

(7)

竭誠協助，予本校以種種便利，並專為中大員生赴滇而特發中大臨時護照，本校員生得分批依期趁輪抵校，過境時復蒙越南當局予以優待，均極感謝！

由港轉滇之員生，以船期及客位限制，只得分批出發，每批五十人，由一月三十日之第一批起至三月十日已有十五批，數達七百五十人。駐港辦事處原借用崇正會館，後因種種不便，改在德輔道中之南屏酒店，每日答覆各地員生之函詢，及辦理員生之登記，收款，領照，船票編隊，出發等項手續，最為繁瑣，港方負責人古文捷，柳金田，程鴻浩，區國良諸先生暨臨時請來幫忙之同學同事等，均極忙碌。

(8)

5

56

照目前估計，留港員生約三月下旬即可全部赴滇。

因為交通上的限制，由國內沿海省份要進入雲南，以取道香港海防河內為最便捷，由國內直接前往，困難極多。但本校除由港轉滇者外，亦尚有數百學生不畏艱苦步行赴滇歸校者他們因參加廣州集訓，當廣州退出時，隨隊輾轉到達連縣，一聞本校遷滇復課，遂由連縣結隊徒步西行，此種大無畏之精神，充分表現出中國青年之堅毅性，這種堅毅性無疑是從抗戰洪爐中鍛鍊出來的！在偉大的抗戰火焰照耀之下，中華民族以前所蘊藏着的精華都能盡量表露了。

本校此次西遷，雖屬持久抗戰過程中應有之舉，然總不免

（9）

000 57

帶一點逃難的意味，但我們亦決不會忘記誰迫我們西遷，誰迫我們逃難的！我們的行動也正要體驗「十年生聚」的古訓。所以員生在出發途中，生活極嚴肅，精神極緊張，這也可以說是懔然於民族垂危及本身責任重大之自覺的表現。是以所經各地，都得僑胞愛護及當地政府之協助和讚揚。

澂江校舍，早已佈置就緒。鄒校長因念戰時教育責任之重大，學生求學光陰之寶貴，曾屢次電催各地員生兼程赴滇，並請各教授務於二月十五日前先以航郵寄校報到，以便準備一切。至已返國及赴北平之德籍教授，亦電催回校服務。

至於澂江環境如何？最近蕭秘書長冠英曾函留港同事

（10）

同學，茲摘錄如下，以見一班：

「(上畧)冠英於本(三)月九日安抵澂江縣城，該縣林巒聳翠，風景宜人，南有撫仙湖名勝，風帆沙島，竹樹烟雲，儘堪遊息；氣候則四時皆春，雖值冬季，綠雲滿野，四望青青，洵足至樂！本校移設是間，先經鄧教務長及竇篴主任籌備一切，文，師暨研究三院設城內文廟及玉皇閣；法，理，工，農，醫五院均設城外。各院院長除陳院長外(按陳院長已於三月四日由港動程)均已到澂，並設立辦事處，宿舍已亦租賃多所，分配員生居住，倘或不敷並經計劃建築中，椅卓用具分別租借購置，至圖書儀器，亦經由龍州起運，不日到達。地方治

(11)

安問題，在城外居住者，經函縣政府准復已分飭各區鄉鎮保甲長就近派壯丁切實保護，在城内居住者，軍警林立，更無可虞。茲值國步方艱，冠深禍亟，本校受本党負托之責，為國儲才，以備任使，諸同事同學允宜努力前進，發奮有為，一德一心，羣策羣力，以促校務之進行，現定三月一日復課，決不展期，務希旅港諸君，即日赴滇來澂(中畧)，至同學中有因家境困難，學什費不敷者，本校可盡量貸金，務必成全其學業。越之沼吳，十年教訓，普之勝法，歸美教師，又况國難方深，千鈞一髮，嵗不我與，盍興乎来！(下畧)

現各院均已於三月一日正式上課，到校學生亦達千人，

(12)

平日寂寂無聞之澂江，現来了一批中華民族的優秀兒女，雖遠居後方，但我相信同學們必不會忘記家鄉淪陷的慘狀，父母兄弟姊妹受敵人的摧殘，以及百餘萬英勇戰士在前方之浴血抗戰，而辜負了父母及國家的期望！

中大由廣州而至澂江，由停課而至復課，雖然經歷了不少的艱難與困苦，但總能達到所預期的目的。足見我們雖然放棄了一個城市和一些校舍，但我們仍可在別的地方從新建設起來。我們的精神是永遠不能屈服的！中大還有一特殊之處，它不但是紀念 總理的最高學府，也是 總理而諭鄒校長所手創的大學。總理更曾在此演講過現在全國人民奉

(13)

之為抗戰建國最高原則的三民主義。敵人更稱中大為「抗日大本營」，中大不特在党國上有着歷史淵源，而其所負歷史給予的使命亦極重大。抗戰二十閱月，敵人已深感徒恃野蠻武力來征服中國是不可能的，乃轉圖竄改三民主義來欺騙淪陷區內的中國民衆：然而這可斷定它是一種幻想！更可以顯現出三民主義的偉大！三民主義將永遠彪炳於世界，中山大學亦將永遠存在於世界！然而這個責任，要諉在每個中大同學的身上，諉在每個中華民族兒女的身上！當中大西遷新生之始，願與各同學同事共勉之。（廿八年三月十日——香港）

(14)

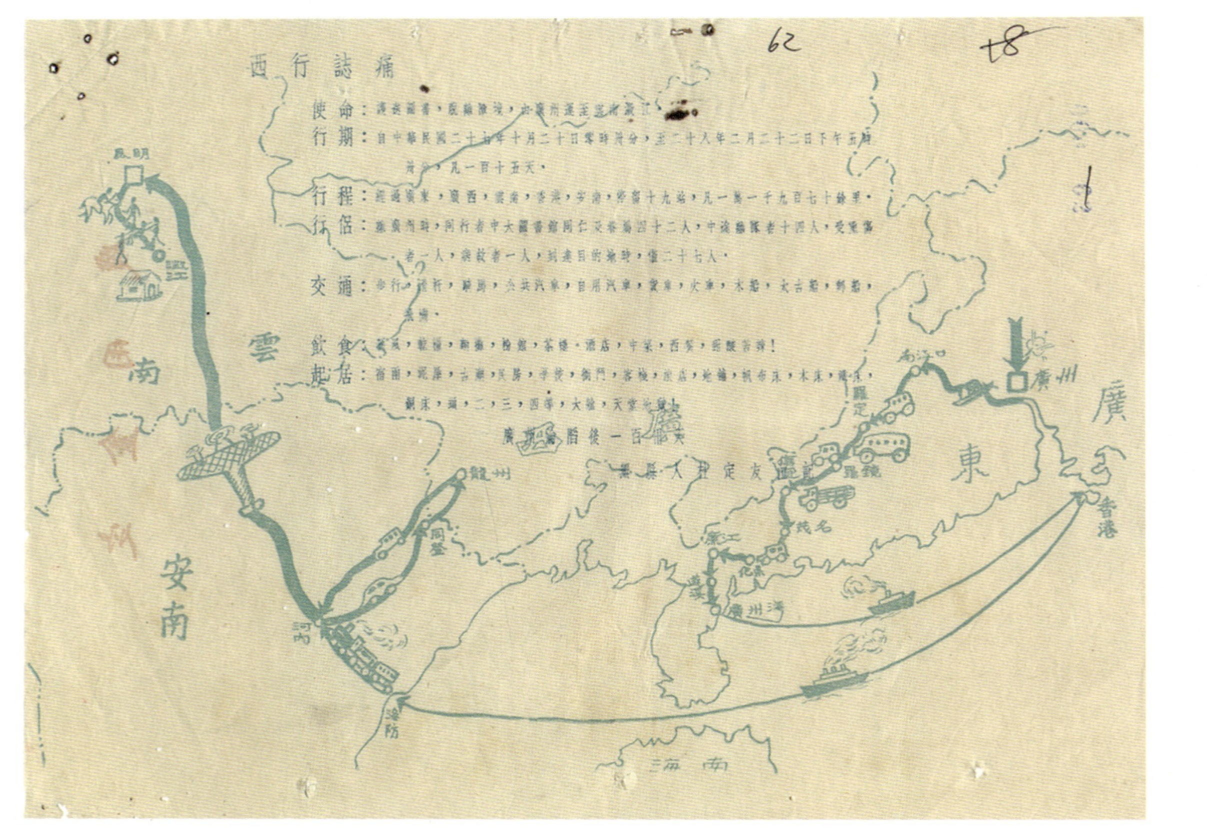

（15）

附图6　国立中山大学西迁纪实

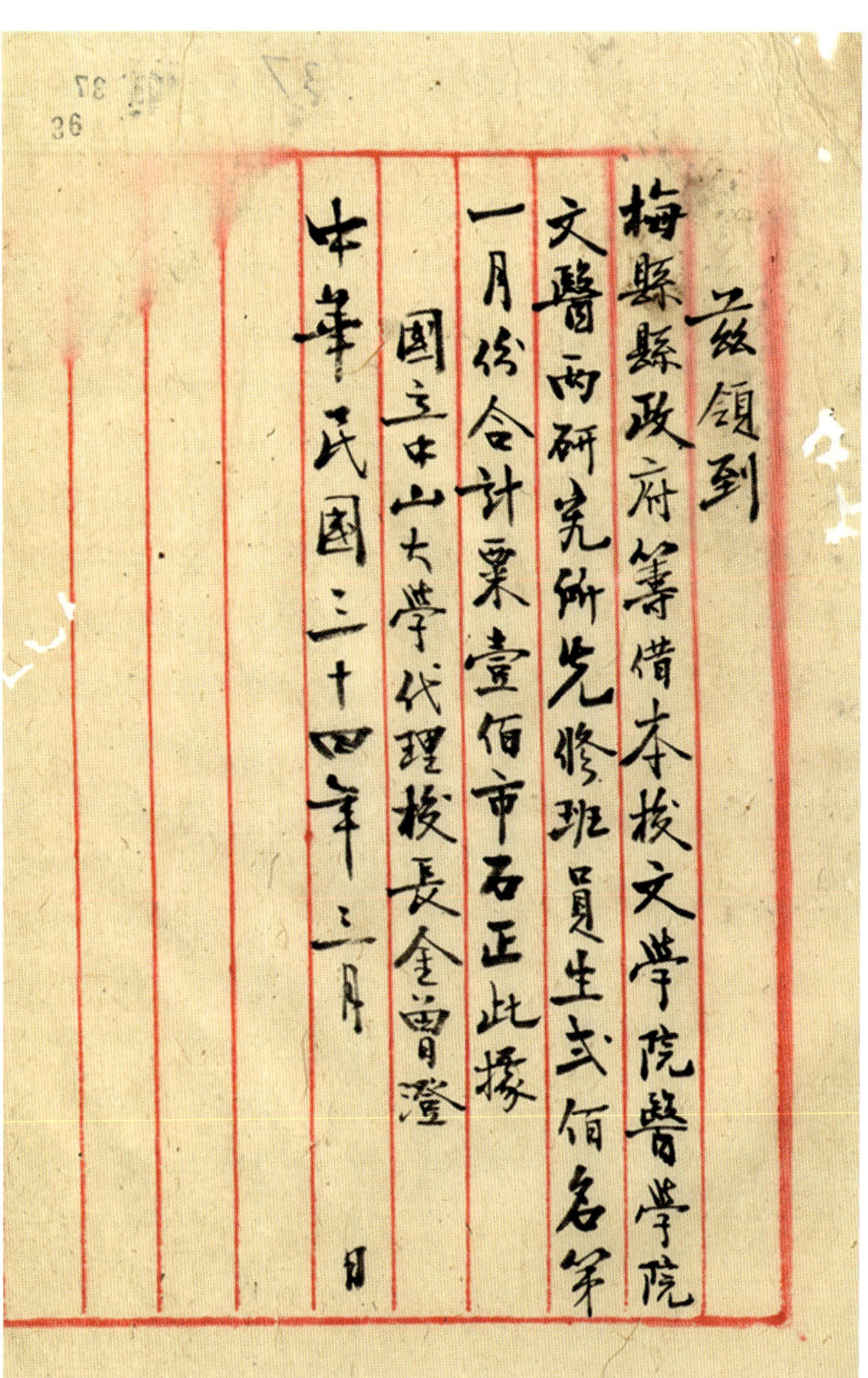

茲領到

梅縣縣政府籌借本校文學院醫學院

文醫兩研究所先修班員生弍佰名筭

一月份合計粟壹佰市石正此據

國立中山大學代理校長金曾澄

中華民國三十四年三月　日

附图 7　国立中山大学关于领到合计谷款等情的文

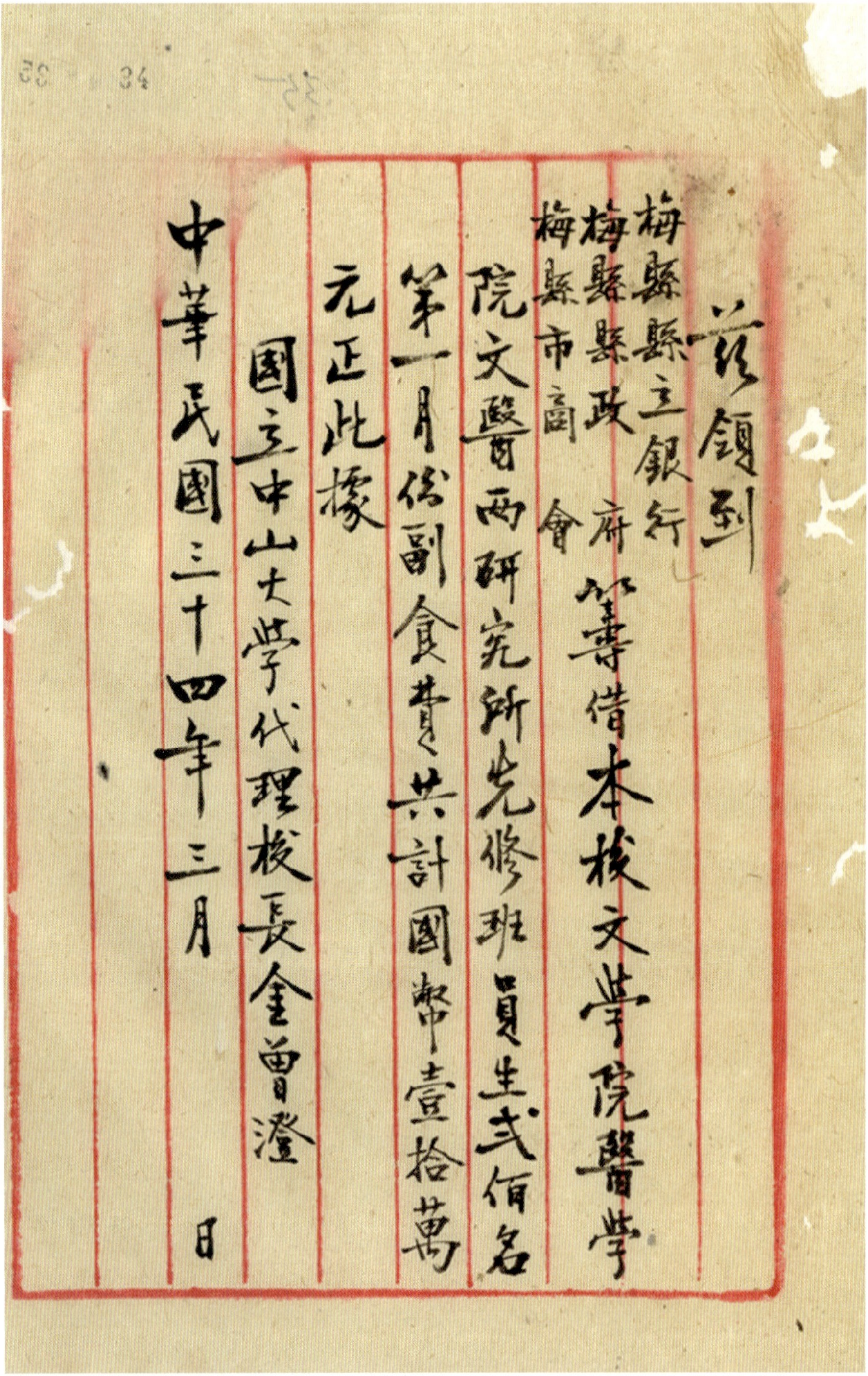

茲領到

梅縣縣立銀行

梅縣縣政府　籌借本校文學院醫學

梅縣市商會

院文醫兩研究所先修班員生貳佰名

第一月份副食費共計國幣壹拾萬

元正此據

國立中山大學代理校長金曾澄

中華民國三十四年三月　日

附图8　国立中山大学关于领到副食费等情的文

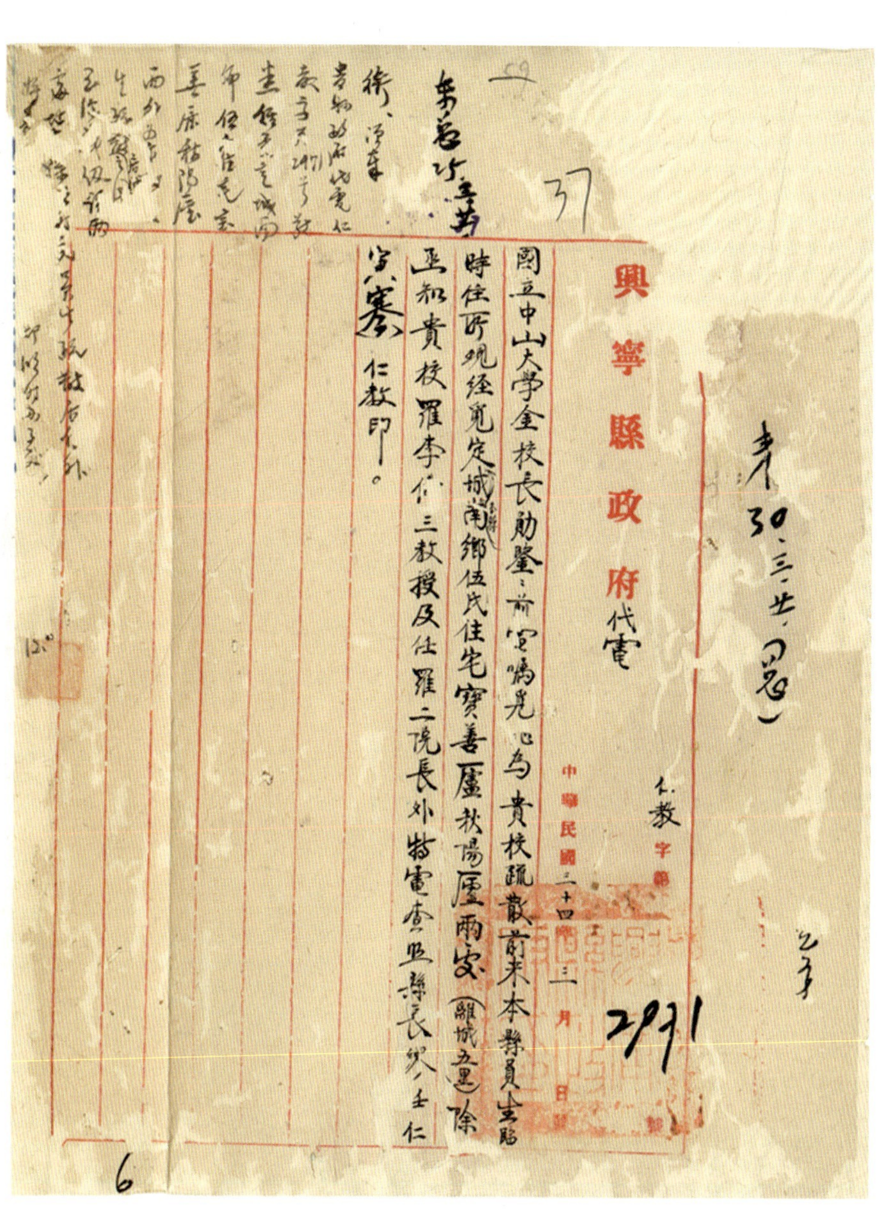

興寧縣政府代電

仁教字第 號

國立中山大學金校長勛鑒：前宜鳴兄心為貴校疏散前來本縣員生臨時住所，現經覓定城南鄉伍氏住宅寶善廬、秋陽廬兩處（離城五里），除函知貴校羅、李、何三教授及任、羅二院長外，特電查照為荷。縣長鄧壬仁寅寒 仁教印。

中華民國三十四年三月 日

附图9　兴宁县政府关于安排中大员生住宿一事的代电

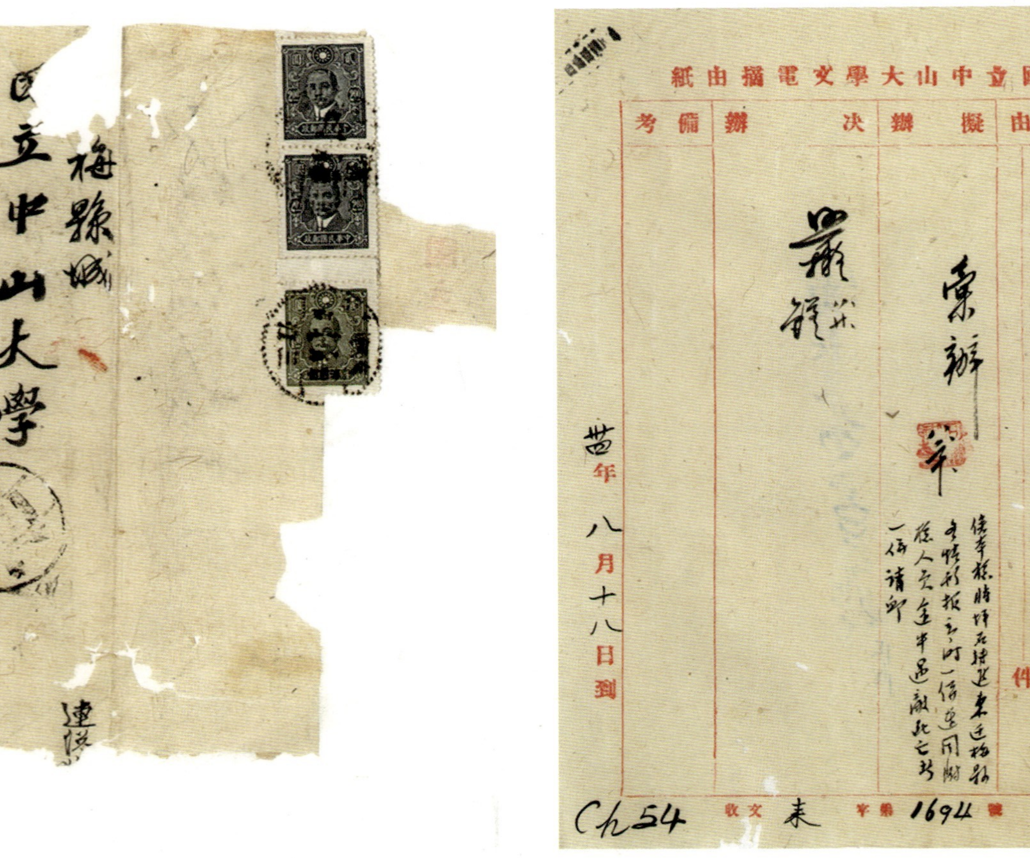

國立中山大學文電摘由紙

摘由	連縣分教處轉呈衛教授梓松於坪石陷敵感身義不為屈悲憤自戕情形請賜撫卹由
擬辦	彙辦
決辦	
備考	
附件	

卅四年八月十八日到　收文 來 字第 1694 號

Ch54

（1）

掛號

金校長鈞啟

國立中山大學 梅縣城

國立中山大學連縣分教處緘

地址：廣東省連縣三江

（2）

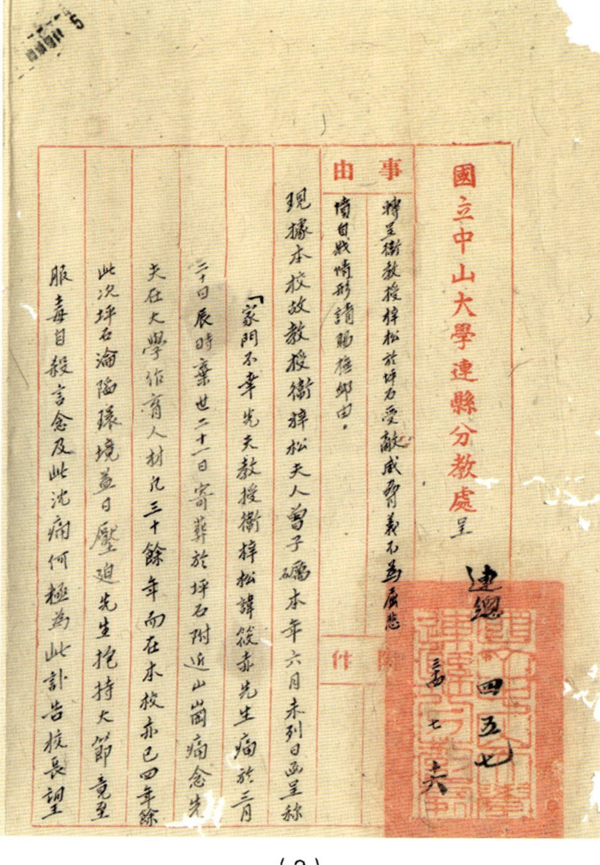

國立中山大學連縣分教處呈

事由：轉呈衛教授梓松於坪石受敵威脅義不爲屈悲憤自戕情形請賜撫卹由。

現據本校故教授衛梓松夫人曾子孋本年六月未列日函呈稱：

「家門不幸，先夫教授衛梓松諱綮赤先生痛於三月二十日辰時棄世，二十一日寄葬於坪石附近山崗。痛念先夫在大學作育人材凡三十餘年，而在本校亦已四年餘。此次坪石淪陷，環境益日壓迫，先生抱持大節，竟至服毒自殺，言念及此，沈痛何極。爲此訃告校長，望

（3）

賜撫卹，并請轉知校內同人及代呈教育部照例撫卹，加以表揚，庶死者有知，得瞑目。謹附上傳略，望

賜垂鑒，不勝飲泣待命之至。」

等情，附傳略乙份。據此，查所稱尚屬實情，除由本處一次過撥發卹助金弍萬元外，理合抄同原繳傳略乙份呈請

察核，轉呈教育部照例優予撫卹，以示褒揚，實爲公便。

謹呈

校長金

附抄呈原繳傳略乙份

國立中山大學連縣分教處主任鄧植儀

（4）

故教授衛梓松先生事略

先生姓衛氏諱梓松字筱赤廣東台山縣人父流基
經商海外清光緒十一年初一日先生生於英屬域多利
埠為英屬僑民年十三始回國十四歲丁父憂時廣州
新設廣雅書院為兩廣大學堂改為廣東高等
學堂先生歷為校中高材生光緒三十三年高等
預科畢業獎給優貢升入正科宣統二年畢業
三年學部覆試獎給舉人即任廣東省立女小師
範教員民國肇建先生回籍任台山縣立中學教
員民國二年八月入國立北京大學工科土木工程门

(5)

五年六月畢業以優秀任北京大學助教七年四月
任京奉鉄路局工程師八月校長蔡元培聘為兼
任國立北京大學講師担任地質系平面測量礦
山測量應用力學水力學製圖等功課八年六月美
人關德樂在北平創建協和醫院參用中國宮殿
型製聘先生為主任建築工程師落成之後中外
人士无不稱美十二月先生所著實用測量法一
書由商務印書館出版此書出後風行全國經印
至十七版又經十六年職業學校教科書委員會通
過定為職業學校教科書十二月一日農商部長李根

(6)

源荐任農商部技正審核礦場建築十五年十月
改任實業部技正十六年八月院長李芳以昇聘任國
立北洋大學教授十八年八月校長沈尹默聘任北平大
學教授九月兼任國立清華大學講師二十一年九月兼
任國立北平師範大學講師二十五年國立東北大學遷
西安校長臧啟芳聘任東北大學教授先生居北平自
民國七年至二十五年皆兼任國立北京大學講師至
是移居西安始辭母校兼職廿六年暑假回籍校長
陸嗣曾聘任廣東省立勷勤大學教授兼土木工程系主
任又兼任國立中山大學講師廿七年廣州淪陷流寓

（7）

佛山香港等[illegible]旋至韶關廿九年十月廣東省政府主
席李漢魂聘廣東省振濟委員會委員三月又荐任
廣東省政府技正九月兼任韶關新住宅區建設委員
會委員兼任工程主任三十年校長張雲聘任國立中山
大學工學院教授兼建築工程系主任歷任至今先生
貌清癯性和藹行己謹對人忠富貴任心而平居無
疾言遽色教學三十餘年學生無不愛其善教而憚
其督責有方學成之後皆心念不置也先生專精
之研究為鋼筋混凝土建築鋼鉄建築房屋建
築橋樑建築設計及測量學等三十二年四月教

（8）

育部以先生教學勤劬滿二十年每年給獎學金三千元
又八月中列入部聘教授候選人三十三年審定為合
格教授先生以教學積勞致有胃病今年一月日人
擾粵漢路線坪石淪陷援中同人紛散先生憂忿
之餘痼不欲生胃病遂益深三月日人三井曾在清
華大學受學者求見先生欲保先生病痊強出
任粵漢鐵路事先生竟不為屈置之不答憤病
交煎奮慨之餘自是已懷必死之見矣三月二十日辰
時延服多量安眠藥自殺於校舍中得年五十有
八子鴻與先生結婚四十年搶救無從呼天莫應而

(9)

先生完成大[illegible]竟與世長辭矣嗚呼痛哉先生有
子女五人長男超偉國立北京大學化學系畢業次超
幹國立美術專門學校畢業次超敏協和大學醫
科大學修業以北平事變輟學任醫生次超碩廣州私立
國民大學土木工程科修業女皖湘金陵女子文理
學院畢業或效勞國家或糊口他處皆越在遠方
不得親視含斂子鴻隨侍先生念不欲生惟以子女
散在四方勉當大事而先生畢生勤勞作育人材
以及操守之貞忠義之節不啟使之湮沒無聞
是亦未亡人之責也寢苫枕塊語無倫次當世大大

(10)

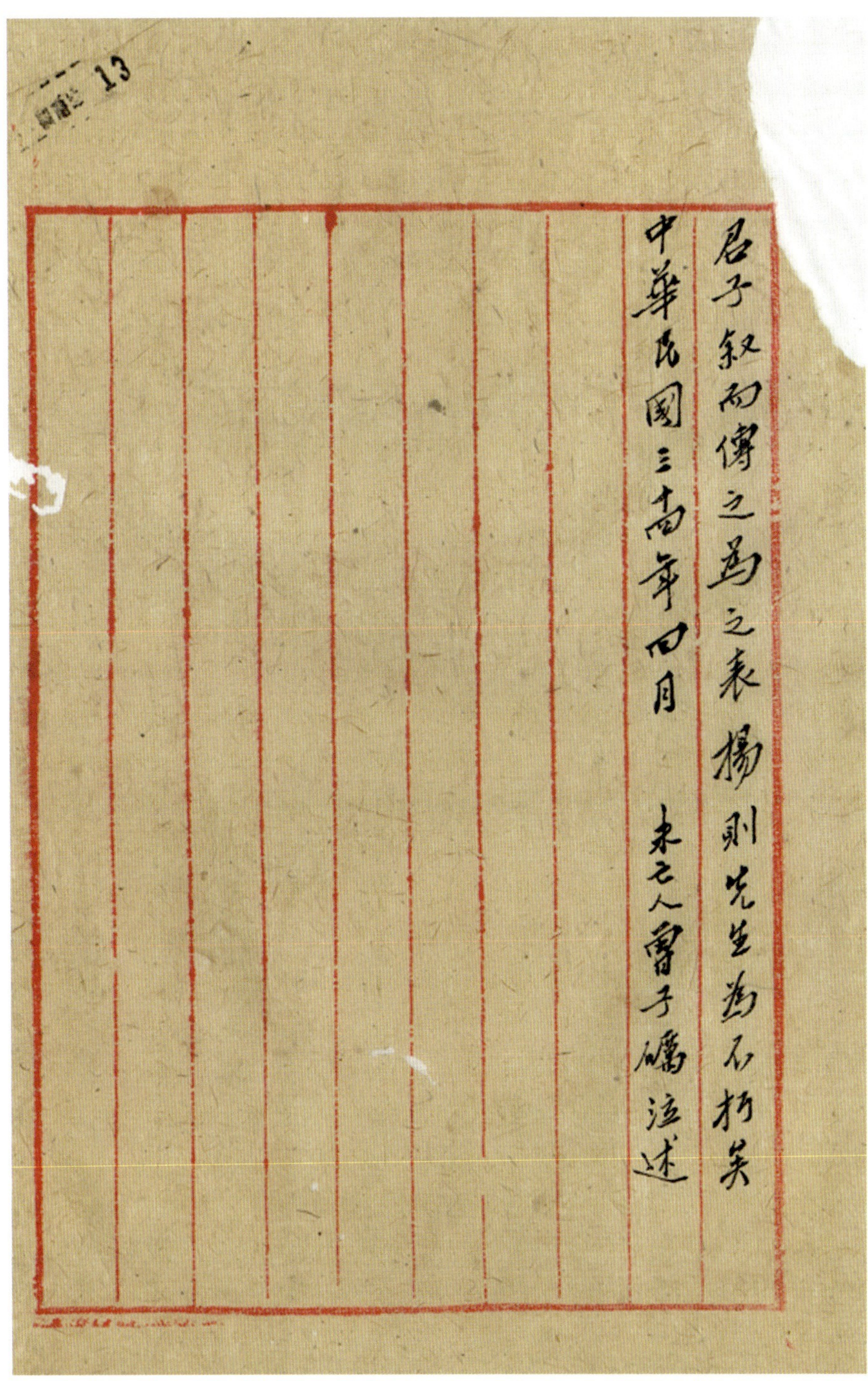

君子叙而傳之為之表揚則先生為不朽矣

中華民國三十四年四月　未亡人曾子儒泣述

（11）

附图 10　国立中山大学连县分教处关于转呈卫梓松教授受敌威胁不屈悲愤自戕情形请予抚恤等情的呈及附件

國立中山大學暨私立嶺南大學兩校員生復員殉難記

中華民國三十四年秋，抗戰勝利，倭寇投降，政府令戰時內遷各校迅速復員，於是國立中山及私立嶺南兩大學自廣東東江一帶限令員生於十一月一日以前回廣州原校註冊復課；輜重人物，集中老隆，沿江西下，惟潮籍員生因家鄉淪陷七載，且自坪石突圍退出時將平常書籍盡失，遂泛韓江，過家門，稍充衣物器具書籍旅費，麕集汕頭，候輪進海趕赴廣州本校報到，當是時休戰不及兩月，中外商船尚未復航，有香港市儈唐敏初徐子祥者，利用時機，從中取巧，自香港政府租得接收日寇航行西江一帶兩艘小貨船，其一改名禎祥，向珠江航政局申請載重二百零四、一二噸，由汕頭華商公司黃鵠鳴代理，其一改名祥發，申請載重一百三十四，五二噸，由汕頭集源公司徐人傑代理，兩輪原非客輪，無客艙客牌及種種救生設備，依法不得載客航海，徒以公司貪利，夤緣當路，准予航行，商民以港汕停航數載，交通初復，急不暇擇，爭相乘搭，計祥發輪於十月二十三日由汕啓碇，船員五十二名，載貨及客七十五名，廿四日泊汕尾，加配貨及客三十八名，合一百六十五名，廿五日抵平海海面，油箱爆炸，火熾風狂，烟焰障天，搭客紛紛跳水獲救生還者僅八十二名，焚溺死者八十三名，內有中大學生六名，該輪越日沉沒，禎祥輪於十月廿五日由汕啓碇，計滿載貨物及乘客船員三百五十餘人，廣東五區專員陳克華率同隨員衛隊赴廣州開會亦在其中，因載重逾量二倍，船身沒入危險綫五寸以上。風浪既大，航行濡滯，駛至碣蝌停輪避風停機，乘客咸覺危險，而欲歸不得，二十六日凌晨，風浪稍霽，乃啟輪前行，是晚十二時許，駛近平海，鍋爐炸裂，汽滿機停，船身顛簸殆盡，幾瀕危殆者數，賴中大嶺南兩校員生皆同船員將貨物行李拋棄海中，勸告搭客集中艙底，以求重心平衡，於是船身稍定，鳴鑼揭幟求援，廿七晨八時先後有漁船四艘來救，船主唐敏初吝惜船費，辭去兩艘，是時平海在望，乘客鼓噪喧嘩，要求泊岸逃生，陳專員克華以輜重太多，開會時迫，謂平海多盜，拒絕所請，先將漁船一艘，令衛士持槍把守艙口制止乘客過船，乘客咆哮，爭相擊鬥，舟中之指可掬，又賴兩校員生竭力維持秩序，讓客先登，秩序稍定，然猶以為陳克華將泊平海，故不惜危險嚴復也，不料陳克華進意不良，揚颺之後，不准傍岸，叔持船主何帶成直趨香港，捨嶲急則斬纜而逃，自是風浪漸大，船行愈慢，入晚更甚，雖有數漁船來救，而陳以為賊船行劫，令衛士鳴槍制止，漁船不敢近，陳亦斬纜掉頭揚帆逃去，禎祥只剩一船拖帶，飄盪海際，不能航行，延至廿八日午前四時，遂沉沒於離香港九海里之針山海面，計死者二百有餘，籍稍遇船及落海遇救者一百三十八名，中大員生死者五十名，遇救者十一名，嶺大學生死者四名，潮汕菁華，一朝喪盡。事聞。父兄震悼，志士凄其。邱府令省政府主席羅公親筆嘗問，省港澳汕各報，咸著論攻擊陳專員克華之叔持遺棄，曠其職責，以致釀成奧害，兩海關航局之瀆職，公司代理之濫載，皆應負刑事責任，此兩輪失事兩校員生殉難離過之大略情形也，（以上摘錄十一月廿二陳克華禎祥失事記，及遇難獲救侯埰林亦聖樂素敬等發表家書暨各報記載）家長等遭罹國難，轉徙流離，子女沐浴烟瘴，銜冒鋒彈，隨校播遷，出入滇越黔桂山巔水涯之陰，歷有年所，湘桂既陷，奉令[illegible]，疏散未幾，奉令復課，復課一月，兩韶坪繼陷，隻身突圍，卧雪餐風，盡日一食以走三十餘天，乃抵東江收容，方幸倭寇解甲，還我河山，脫萬死一生 之險，唱漫捲詩書之歌，以為從此可以努力學術，參加復興工作，何圖政治不良，官司失職。復員途中。輪船失事，兩官一查，飄盪呼號，竟於最後五分離港九里之處，被陳專員斬纜遺棄，全船覆沒，彼蒼者天，殲我良人，遂由被害家屬開會舉澤等為代表，通電上控，迭奉院部電覆，歸廣東省政府澈查核辦，本年三月，隨奉廣東省政府主席羅電開：

「三十四年十一月銑電悉，除第五區行政督察專員陳克華被控各節，須俟澈查明確，再行核辦外，關於救濟撫卹一節，經電珠江區航政局迅即舉辦死難家屬登記，及予該兩船公司及代理人以行政處分，並責令先行發給死難者每人國幣四萬元，獲救生還者救濟費二萬元，關於法律部份如死者家屬等向法院起訴，應俟法院判決，依其判決辦理，關於捨己為羣壯烈犧牲之中大嶺大員生，經電飭汕頭市政府在該市中山公園內籌建紀念碑，以資紀念，至航局及海關失責部份已將詳情分電交通財政兩部核辦，特復」。

艙甸重，覩溺危殆者數，賴中大嶺南兩校員生暨同船員將貨物行李拋棄海中，勸告搭客集中艙底，以求重心平衡，於是船身稍定，鳴鑼揭幟求援，廿七晨八時先後有漁船四艘來救，船主詹毅初吝惜船費，辭去兩艘，是時平海在望，乘客鼓噪喧嘩，要求泊岸逃生，陳專員克華以輜重太多，聞會時迫，謂平海多盜，拒絕所請，先躬漁船一艘，令衛士持槍把守艙口制止乘客過船，乘客咆哮，爭相攀爬，舟中之指可掬，又賴兩校員生竭力維持秩序，讓客先登，秩序稍定，然猶以為陳克華將泊平海，故不惜危險厥後也，不料陳克華逃意不良，揚颿之後，不准傍岸，叔持船主何帶成直趨香港，除衛急則新纜而返，自是風浪漸大，船行愈慢，入晚更甚，雖有數漁船來救，而陳以為賊船行劫，令衛士鳴槍制止，漁船不敢近，陳亦新纜掉頭揚帆逃去，稍祥只剩一船拖帶，飄盪海際，不能前行，延至廿八日午前四時，遂沉沒於離香港九海里之針山海面，計死者二百有餘，獲拯逃船及落海而救者一百三十八名，中大員生死者五十名，遇救者十一名，嶺大學生死者四名，潮汕菁華，一朝喪盡●事聞●父兄震悼，志士淒其●僉荷今省政府主席羅公親蒙嘈問，有港滬汕各報，咸著論攻擊陳專員克華之叔持遺棄，廢弛職責，以致釀成奕害，兩海關航局之瀆職，公司代理之濫載，皆應負刑事責任，此兩輪失事兩校員生殉難經過之大略情形也，（以上輯錄十一月廿二陳克華稱祥失事記，及遇難獲救倖烊林亦聖陳慮敏等發表家書暨各報記載）家長等遭罹國難●將徙流離，子女沐浴烟瘴，衝冒鋒鏑，經枝播遷，出入漢越黔桂山巔水涯之隙，歷有年所，湘桂既陷，奉令[illegible]，疏散未幾，奉令復課，復課一月，兩韶坪繼陷，隻身突圍，卧雪餐風，盡日一食以走三十餘天，乃抵東江收容，方幸倭寇解甲，還我河山，脫萬死一生之險，鳴淺接詩書之歡，以為從此可以努力學術，參加復興工作，何圖政治不良，官司失職●復員途中●輪船失事，兩宵一晝，飄盪呼號，竟於最後五分離港九里之處，被陳專員新纜遺棄，全船覆沒，彼蒼者天，殲我良人，遂由被害家屬開會舉澤等為代表，通電上控，迭奉院部電復，歸廣東省政府澈查核辦，本年三月，接奉廣東省政府主席羅電開：

「三十四年十一月皓電悉，除第五區行政督察專員陳克華被控各節，類俟澈查明確，另行核辦外，關於救濟撫卹一節，經電珠江區航政局迅即舉辦死難家屬登記，及予該兩船公司及代理人以行政處分，並責令先行發給死難者每人國幣四萬元，獲救生還者救濟費二萬元，關於法律部份如死者家屬等向法院起訴，應俟法院判決，依法判決辦理，關於捨己為羣壯烈犧牲之中大嶺大員生，經電飭汕頭市政府在該市中山公園內籌建紀念碑，以資紀念，至航局及海關失責部份已將詳情分電交通財政兩部核辦，特復」

等因，經蒙汕頭市翁市長於十月七日召集汕頭各界組織籌建「中山嶺南兩大學復員殉難員生紀念碑委員會」於市府，即日議決籌款二千萬元擇定公園南面，鳩工建築，限期完成，澤等子女，忝列國殤，長留紀念，咸沐

羅主席暨

列憲矚照厚燃褒揚旌表之德，謹將兩輪肇事及兩校員生殉難經過記述如上奉呈

垂察叩乞　濡染大筆

嘉錫宏章，俾壽貞珉，以垂不朽，臨書嗚咽，不盡欲言

計附殉難員生名籍履歷表

中山嶺南兩大學復員殉難員生家屬代表　林祖澤　陳欣實　郭應清　林兆齡　吳邇嚴　洪宏聞　張少庭　邱卓倫　謹述

中華民國三十五年十一月　日

通訊處：汕頭新馬路鐵巷里二號　林祖澤　汕頭外馬路[illegible]號　吳[illegible]

（2）

附图11　国立中山大学暨私立岭南大学两校员生复员殉难记

后　　记

中山大学是世纪伟人孙中山先生于1924年亲手创办、为培养革命与科学文化建设人才的高等学府，它与黄埔军校一起，寄托了先生振兴中华的希望。经过近10年的建设，至20世纪30年代中后期，国立中山大学建成了占地面积1万多亩的石牌校园，拥有文、理、法、工、农、医、师范七大学院、23个学系和研究院及其他附属机构的完备学科体系，教学、科研硕果累累，成为南中国乃至全国的学术重镇。九一八事变后，日本帝国主义的铁蹄肆意践踏我国大好河山，置我同胞于水深火热之中。1938年10月，日寇侵占广州，国立中山大学奉命西迁。抗战期间，中大一迁澄江、二迁粤北、三迁粤东，三易校址，颠沛流离七个年头，校舍、图书、仪器、设备等损失特别巨大。

在国难深重的岁月里，国立中山大学的师生员工发扬中山先生的爱国精神，砥砺气节，团结一致，不畏艰险，坚持教学科研，努力保存文化、赓续学脉，并为抗战建国培养了大量的人才，创造了中国近代高等教育史的奇迹。广大师生积极投身到抗日救亡的洪流中，为抗击日本侵略者贡献力量，甚至牺牲宝贵的生命，使我校成为抗战烽火中祖国南方的“抗日大本营”。

本书于抗战胜利70周年纪念之际开始编纂，历时两年完稿。值此七七卢沟桥事变80周年纪念之际，我们出版了这本《抗战烽火中的中山大学》，就是为了宣传中大几度迁徙、三易校址的办学历史，以缅怀先辈，继承精神，为中山大学创建具有中国特色的世界一流大学，提供精神动力和文化支撑。

为编纂本书，除了遍阅馆藏档案，我们还多次到广东省档案局、广东省立中山图书馆、云南省档案局、澄江县档案局、澄江县史志办等机构蒐集档案史料，并重返学校西迁故地云南澄江，走访了一批当时的亲历者及其后人。在梁山教授、吴定宇教授、黄义祥老师等前辈学者研究的基础上，我们也发掘、整理了部分以往校史研究成果中较少或尚未涉及的档案和史料，主要包括以下几个方面：

一、石牌校园建设时的备战系统和备战措施；

二、九一八事变后，学校的学科建设、科学研究及人才培养方向的转变与成果；

三、抗战时期学校对学生的培养、管理和资助措施；

四、中大医学院在广州遭受长达 14 个月空袭时，对大批难民和伤兵的收容与救治活动；

五、内迁过程中，学校对地方和社会的服务与贡献，以及师生参与战时军需生产、工程建设和服从国家征调的概况；

六、学校迁到粤东、连县、仁化等地办学的档案史料。

为方便读者更清晰地了解相关史实，本书遴选了部分尚未公布的档案作为附录。

本书承蒙中山大学历史系邱捷教授、刘志伟教授审阅并提出宝贵意见，更得到刘志伟教授赐序，也得到了广东省、云南省及澄江县等地档案机构的大力支持和帮助，在此一并致以深深的谢意。书中图片未注明出处的，既有来自本校档案馆馆藏，也有来自陈汝筑教授、易汉文研究员主编的《巍巍中山——中山大学校史图集》。由于编纂水平及时间所限，本书难免有疏忽或遗漏之处，敬祈读者批评指正。

编　者

2017 年 9 月